KB248592

아시아를 상상하다: 닫힘과 열림

Imagining Asia: Closed or Open

김병준 고일홍 엮음

김병준 이주현 구범진 박수철 채경수 강진아
조영헌 김석환 오가사와라 히로유키(小笠原弘幸) 구하원 지음

진인진

아시아를 상상하다: 닫힘과 열림

초판 1쇄 발행 | 2023년 1월 30일

엮　음 | 김병준, 고일홍
저　자 | 김병준, 이주현, 구범진, 박수철, 채경수, 강진아, 조영헌, 김석환, 오가사와라 히로유키(小笠原弘幸), 구하원
편　집 | 배원일, 김민경
발행인 | 김태진
발행처 | 진인진
등　록 | 제25100-2005-000003호
주　소 | 경기도 과천시 별양상가 1로 18 614호(별양동 과천오피스텔)
전　화 | 02-507-3077-8
팩　스 | 02-507-3079
홈페이지 | http://www.zininzin.co.kr
이메일 | pub@zininzin.co.kr

ⓒ 서울대학교 아시아연구소 2023
ISBN 978-89-6347-540-0 93300

* 책값은 표지 뒤에 있습니다.

** 이 저서는 2020년 대한민국 교육부와 한국연구재단의 지원을 받아 수행된 연구입니다(NRF-2020S1A6A3A020 65553).

• • • • •

해제

아시아를 상상하다 : 닫힘과 열림

김병준 (서울대학교 동양사학과)

1.

오래 전부터 '동양(東洋)'이라는 용어를 사용해 왔다. 오리엔트에서 기원한 이 용어에는 서양 중심적 사고가 담겨있다. 또 그 용어가 지시하는 지리적 범위도 매우 애매하다. 따라서 '동양'은 학술적 개념으로서 사용하기에 적절하지 못하다는 점이 지적되었다. 그리고 그 대체 개념으로서 '아시아'라는 용어를 사용하기 시작했다. '아시아'는 용어 자체가 지리적 개념이므로 확실히 그 지시 범위가 명확하다. 또 '동양'과는 달리 서양에 비해 낙후되었다거나 신비적이라는 주관적 가치가 배제되어 있다. 가치중립을 표방하는 학술적 개념으로 적절하다고 할 수 있겠다.

그런데 '아시아'는 아시아대륙을 의미한다는 차원에서 하나의 지리적 단위가 될 수 있을지 모르지만, 그 안에는 상이한 자연환경과 사람을 포함한다. 상이한 자연환경과 사람은 자연히 상이한 문화와 역사를 의미한다. 적어도 동아시아, 남아시아, 중앙아시아, 서아시아라는 정도의 지역으로 구분되어 각각 별개의 역사문화 단위를 구성했다. 즉 '아시아'는 문화와 역사를 아우르는 하나의 단위가 되지는 못한다. 그럼에도 불구하고 본래 지리적 범위가 애매한 '동양'이라는 용어가 주로 동아시아를 지칭할 때가 많았던 데 반해, '아시아'라는 용어를 사용하게 되면서는 그 범위가 아시아 대륙 전체로 확장되곤 한다. 가령 '동양사'라고 할 경우 한국과 중국, 일본, 베트남을 그 대상으로 하지만, '아시아사'라고 하면 동아시아, 남아시아, 중앙아시아, 서아시아를 모두 아우르는 지역을 상상한다.

본서의 제목을 '아시아를 상상하다'라고 붙인 이유는 여기에 있다. '상상'이라는 말에는 상상의 객체가 현실에 존재하지 않는다는 것을 전제한다. 하지만 동시에 현실에 존재했으면 좋겠다는 희망을 담고 있기도 하다. 존재하지 않았던 '아시아'를 존재했으면 좋겠다는 희망 하에 우리가 '아시아를 상상'하고 있다는 점을 표현하고자 했다.

'지구화'가 20세기말에 유행하기 시작해 21세기에 들어와서는 더 이상의 의문을 달지 않을 정도로 당연시되었다. 어느 한 지역에 국한되지 않고 세계의 모든 개인, 집단, 사회가 하나의 지구 안에서 서로 긴밀하게 상호작용을 하고 있는 현실이 반영되었던 것이다. 이런 상황에서 아시아를 하나의 단위로 보는 것은 전혀 어색하지 않았다. 아니, 지구화 과정에서 아시아는 하나의 단위로 인식되어야만 했다. 사실 이번 HK$^+$ 사업의 주제를 '메가아시아와 아시아들'로 결정한 것도 이러한 배경 하에 나왔다. 다른 사업과 달리 인문학과 사회과학이 함께 추진하면서 아시아를 하나의 단위로 설정하고 다양한 학문을 통섭하며 학제적 접근을 시도하려는 의도였다. 그러나 자칫 이 주제는 본래부터 '메가아시아'가 존재했던 것처럼 들릴 위험성도 있다. 그래서 '아시아들'이라는 말이 덧붙여졌고 부제에 '정체성'이라는 개념을 추가함으로써, '메가아시아'를 지향하면서도 과거와 현실은 여러 개의 '아시아'로 구성되었다는 점을 드러내고자 했지만, 여전히 오해의 가능성은 적지 않다. HK$^+$ 사업의 〈비교지역연구 클러스터〉가 '메가아시아'의 실체적 정체성을 드러내려는 작업을 맡았고, 본서는 이 중 첫 번째 책으로서 전통시대에 '아시아들'이 어떻게 존재했는지를 역사적으로 정밀하게 드러내려는 데에 목적을 두고 출발했다. '아시아를 상상하다'는 바로 이런 문제의식에 바탕을 두고, 전통시대 아시아가 하나의 단위가 아니라 상이한 역사공동체로 구성되었고 그것을 뛰어 넘는 교류와 접촉이 매우 어려웠다는 점을 확인하고자 설정된 제목이다.

2.

'아시아를 상상하다'라는 제목에는 또 다른 의미를 담았다. 상상의 주체를 지금 여기에 살고 있는 우리뿐만 아니라, 전통시대 아시아에 살고 있었던 사람들로 확장해 보았다. 그 당시 역시 아시아는 존재하지 않았지만, 그들은 과연 아시아를 상상하고 있었을까라는 질문은 가능하다. 아시아 전체를 상상하지 않았더라도 자신이 속한 정치적 영역을 넘어선 세계를 상상하고 있었을 것임에 틀림없다.

　　가령 중국은 이적(夷狄)에 대한 대칭 개념으로서 중원(中原) 지역을 중심으로 한 개념이며 시기에 따라 그 영역이 확대되기도 하고 줄어들기도 하지만, 중국인들은 늘 자신의 영역에 속하지 않은 이적을 상상하고 있었다. 자신과 다른 생산양식과 문화를 가진 자들을 제대로 이해하기는 힘들었지만, 상인이나 포로 등을 통해 전해들었던 말 혹은 외교 접촉을 통해 취득했던 제한된 자료를 통해 그들을 상상했다. 그리고 그러한 상상을 바탕으로 자신의 영역 바깥에 있는 자들을 '조공책봉' 체제로 지배하고자 했다. 그리고 이들을 아우르는 천하(天下)라는 개념도 만들어 내었다. 천명을 받은 천자가 통치하는 질서를 당위로 규정하고 이민족 지배를 정당화했다. 하지만 천하라는 세계를 상상하면서도 현실적인 힘의 강약에 따라 그 상상의 범위도 크게 달라졌다. 타자에 대한 상상은 자신이 처한 상황에 따라 크게 달라질 수밖에 없다. 강력한 세력을 갖고 있었던 제국의 시기에는 강한 자신감을 바탕으로 상상의 범위가 넓어질 수밖에 없었다. 이적에 대해서도 이들을 '사악(四嶽)의 후예로 보고 왕화(王化)에 순종하는 자'로 상상한다. 반면 외적의 침입으로 외환에 시달리고 있을 시기에는 그들을 금수(禽獸)와 같은 존재 혹은 중국에서 추방된 범법자의 세계로 상상하였다. 동아시아만이 아니라 아시아의 다른 지역에서도 마찬가지였을 것이다. 요컨대 전통시대 사람들 역시 아시아를 상상하고 있었지만, 그 상상은 현실에 즉해 변하는 것이기도 했다. 결국 전통시대 사람들의 아시아 상상은 좀 더 구체적인 역사적 상황 속에서 드러난다는 것이다.

따라서 전통시대 아시아인의 아시아 상상은 크게 두 가지로 접근해 볼 필요가 있다. 하나는 전통시대 아시아 각 지역이 역사적 실체로서 어디까지 확장되었는지를 살펴보는 역사학적 접근이다. 또 하나는 그러한 현실체를 넘어서 자신과 주변을 포함한 세계를 어떻게 이해했는지에 대한 사상적, 인식론적 접근이다. 첫 번째 역사학적 접근이란, 전통시대 아시아의 각 지역에 실재했던 국가, 특히 중심국가로서의 제국과 그 주변 지역 사이에 연결된 정치외교적 관계에 주목해 각 지역에 존재했던 역사공동체를 확인하는 작업을 말한다. 즉, 상대적으로 닫힌 세상을 의미한다. 두 번째 사상적 접근이란, 지역마다 현실적으로 존재하는 역사공동체 간의 관계에 대한 인식 및 그것을 뛰어넘는 세계를 어떻게 상상하고 있는지를 살펴보는 작업을 말한다. 현실의 세계를 초월한 열린 세상이라 할 수 있다. 그러나 이 두 가지는 서로 떨어질 수 있는 것이 아니다. 실재했던 '아시아'와 이들이 상상하는 '아시아'를 비교함으로써 '메가아시아 속 여러 아시아의 정체성'을 확인할 수 있으며, 나아가 이후 전개되는 전체 공동연구의 '메가아시아'를 정의하는 역사적이며 개념적인 기초를 다지고자 한다.

3.

본서의 제목 '아시아를 상상하다'에는 두 가지 '상상'이 겹쳐져 있다. 아시아가 과거에 존재하지 않았던 선언적 개념이라는 점을 드러내기 위해 지금 우리가 상상한다는 것, 그리고 과거에도 아시아 각 지역에서는 자신의 공동체를 넘어선 아시아를 상상했다는 것이다. 현재 메가아시아의 지점을 확인하면서 동시에 메가아시아의 가능성을 타진해 보려는 것이다.

이번 첫 단계에서는 메가아시아라는 개념이 상상 속의 개념이라는 점을 명확히 하기 위해 전통시대 아시아 각 지역의 구체적인 역사문화권을 확인하려고 했다. 거시적이고 선언적인 메가아시아를 탐구하기 위해 그 정체성을 확보하는 것이 필요하기 때문이다. 한편 전통시대 아시아의 각 지역에서 어떻게 아시아를 상상했는지를 밝혀야 하지만, 그 상상의 전제 조건인 구체적 역사가 선결되어야 했기 때문에 이 점에 집중했다.

목차

해제**(김병준)** ·· 3

제1장 원형과 변주: 복속 이민족에 대한 한(漢) 제국의 인식과 통치 **(이주현)** ···11

제2장 명 태조 주원장의 고려국왕 책봉: 조작된 기록, 책봉의 실상 **(구범진)** ···39

제3장 16세기 일본인의 자국 인식과 '무국(武國)' **(박수철)** ······························79

제4장 16~17세기 격동하는 동아시아 해양 질서 속 팽호와 대만 **(채경수)** ··· 111

제5장 따라잡기형 발전모델과 16~19세기 아시아의 설탕 교역 **(강진아)** ······ 139

제6장 15~18세기 중국 동남 지역과 해양 질서의 모호성:
류큐(琉球)를 중심으로 **(조영헌)** ·· 177

제7장 카르트朝 말릭 샴스 앗 딘을 통해 본 13세기 중·후반
몽골 제국의 세계 질서 **(김석환)** ·· 209

제8장 오스만 제국 전반기(1299~1600년) 술탄이 지닌
아이덴티티의 변용 **(오가사와라 히로유키[小笠原弘幸])** ························ 245

제9장 인도를 상상하다: 여신, 지도, 이름 **(구하원)** ······························· 267

찾아보기 ·· 287

．．．．．

제1장

원형과 변주:
복속 이민족에 대한 한(漢) 제국의 인식과 통치

이주현(동아대학교 역사문화학부 사학전공)

I. 들어가며

오늘날의 감숙성(甘肅省) 일대에는 오래전부터 다양한 민족과 집단이 거주하였으며 사람과 물자의 지역 간 교류가 활발하게 이루어졌다. 이 지역은 문명과 문명, 지역과 지역을 잇는 '통로'인 동시에, 전통 시대 중국인들이 생각한 '세계의 서쪽 끝'이기도 하였다. 그 정치적·경제적 중요성을 일찍이 간파한 한 무제는 흉노와 치열한 전투를 벌인 끝에 이 지역을 차지하였다. 본래 흉노 혼야왕의 영토였던 하서회랑 일대에는 무위(武威), 장액(張掖), 주천(酒泉), 돈황(敦煌)의 하서사군(河西四郡)이 세워져 한 제국의 통치가 실현되었다. 한 번 나가면 다시는 돌아올 수 없는 '미지의 세계'로 상상되던 지역은, 오랜 노력 끝에 '제국의 일부'로 변화한 것이다.

그러나 그 과정은 녹록지 않았다. 하서사군의 안팎에는 다양한 이민족들이 거주하고 있었기 때문이다. 한과 치열한 전투를 벌인 흉노는 물론이거니와 강(羌), 소월지(小月氏), 진호(秦胡) 등은 때로는 한에 복속되고 때로는 반란을 일으키곤 하였다. 따라서 군사적 거점을 중심으로 영토를 확장한 직후 한이 직면한 문제는 영역 내 이민족에 대한 안정적 통치였다.

그렇다면 한은 이곳의 이민족에 어떻게 대응하였을까? 이 질문은 고대 동아시아의 중심 국가였던 한이 현실 세계를 인식한 방식과도 밀접히 관계된다. 한을 비롯한 역대 중화 제국은 천하를 중화와 이적으로 이분하였고, 중화의 왕자(王者)인 천자의 천하 지배를 '당위'로 주장하였다(김병준, 2021: 51). 그러나 양자의 실제 관계는 상상 속의 그것과 같을 수 없었고, 때로는 국경 안의 이민족을 안정시키는 것조차 쉽지 않았다. 따라서 현실 세계에서의 한은 제국의 외연을 넓히는 동시에 경내의 이민족을 원활히 제국 내로 흡수하기 위해 고군분투하였다.

한의 영역 통치 방식은 군현제(郡縣制)였다. 전술한 바와 같이 한은 하서회랑 일대에 4개의 군을 두었는데, 이는 이 지역과 그 안의 사람들에 대해서도 빠짐없이 군현 지배를 관철하겠다는 의지의 표상이었다. 실제로 하서회랑 일대의 이민족 대부분은 군현에 직접 편제되거나 속국(屬國)에 속하여 군의 통제를 받았다(김병준, 2013a: 140-141; 初世賓, 2004: 170). 다만 한은 군현제를 보편적 통치 원칙으로 운용하면서도 각 이민족의 차이를 인정하지 않을 수 없었을 것이다. 이민족들의 생활 방식, 존재 양태는 저마다 달랐고 복속 당시의 정치 지형 역시 상이하였기 때문이다.

특히 하서사군 및 그 인근에 거주한 내속(內屬) 이민족의 스펙트럼은 다양하였다. 무력으로 한에 정복된 흉노, 강 등의 유목민족이 그 주류를 이루었지만 개중에는 전쟁과 무관하게 소집단 단위로 한에 복속한 이들도 있었다. 실제로 '항복하여 귀의한 오손 여자 복군(復帬)'[1], '항복하여 귀의한 대월지의

---

1 『敦煌漢簡』簡1906,
   "降歸義烏孫女子
■ 復帬黃驪馬一匹·騂·牡
   兩拢, 齒二歲, 封頸, 以
   敦煌玉[門]都尉章"

문수륵(閒須勒) 등[2]에 관한 기록을 볼 수 있다. 오손, 대월지는 한과 전쟁을 벌인 바 없고 특히 대월지는 사실상 한의 통제 바깥에 있었기 때문에[3] 그곳의 백성들이 전쟁의 패배나 한의 정치적 압박으로 인해 부족 단위로 항복했을 가능성은 작다. 그러나 한대(漢代) 문헌의 '항(降)'이 '내속'과 같은 의미로 쓰인 점에 유념한다면(熊谷滋三, 1997)[4] 이들 '항귀의'이민족이 한에 복속한 상태임은 분명하다.[5] 이처럼 다양한 유형의 복속 이민족들이 존재하였다면, 이들에 대한 지배 방식에도 다소의 차이가 있었을 것이다.

한이 이민족을 인식한 방식이나 양자 간의 관계에 관해서는 많은 연구가 선행되었다. 특히, 중화 제국이 인식한 국경선인 '외경(外境)'과 별개로 존재한 제국 내 이민족의 세계인 '내경(內境)'을 개념화하고 이로부터 상상의 제국 질서와 실존한 제국 질서 사이의 간극을 적시한 연구(이성규, 2005), 변경의 부도위(部都尉)·속국도위(屬國都尉) 그리고 군현제에 의한 이민족 통치의 보편성을 밝힌 연구(김병준, 2005; 2013a; 2013b 이성규, 2006)는 이 글의 문제의식과 밀접히 관계된다. 그러나 선행 연구는 주로 군현과 속국을 중심으로 논의를 진행하여 그 외의 이민족 지배 방식에 관해서는 중점적으로 다루지 않았고 보편적인 지배의 원형에 주로 초점을 맞추었다. 또한, 행정기구(군현, 속국도위, 이민족 통제관)를 중심으로 한의 이민족 통제 방식을 분류한 최근의 연구(佐藤達郎, 2018)가 눈에 띄지만, 해당 연구는 복속한 이민족이 한의 군사 체계에서 가진

2　『懸泉漢簡(貳)』 I T0405④A:22, "府移, 玉門書曰: 降歸義大月氏閒須勒等"

3　『漢書』 卷96下 「西域傳下」: 3928, "而康居·大月氏·安息·罽賓·烏弋之屬. 皆以絶遠不在數中, 其來貢獻則相與報, 不督錄總領也."

4　熊谷滋三에 따르면 한대의 귀의는 이민족이 한에 대하여 종속적 태도를 가진 것을 가리키는 광의의 귀의와 귀복(歸服)하여 '외신(外臣)'이 되는 협의의 귀의로 구분되었다.

5　'항귀의'로 기록된 대월지의 문수륵 등과 달리 아래의 대월지 귀인은 '귀의'로만 기록되었다. 이러한 차이점을 보면 문수륵 등과 달리 대월지 귀인은 실제 한에 복속되지 않은 상태였을 것이다. (『懸泉漢簡(貳)』 I T0309③:98, "歸義大月氏貴人一人, 貴人粲(婦?)一人, 男一人. 自來龜茲王使者二人, 貴人三人 凡九人")

의의에 주로 초점을 두었을 뿐, 이민족에 대한 한의 인식이나 제국 질서까지 논의를 확대하지 않았다.

본고는 바로 이상의 문제의식에 주목하여 이민족에 대한 한의 인식 및 대응을 확인해보려 한다. 구체적으로는 한에 복속하여 하서사군 안에 거주한 강(羌)을 분석 대상으로 삼아 한이 이들을 통치한 방식을 살펴보고 그것이 의미하는 바를 논할 것이다. 강은 오랜 기간 이 지역에 거주한 이민족이고 관련 기록이 비교적 풍부하다. 아울러 한 제국 안팎의 강인들은 하나의 통일된 정치 집단을 이루지 못하였기 때문에, 대(對) 이민족 정책의 구체적 양상을 살펴볼 때 적절한 분석 대상이라 여겨진다.

먼저 첫 번째 장에서는 문헌의 기록을 통해 한 제국의 이민족 통치 원형을 살펴본 후, 출토 문서를 바탕으로 이 '원형'이 현실에서 어떻게 관철되었는지 확인하겠다. 다음으로 두 번째 장에서는 원형과 다소 다른 방식으로 한에 통치된 강인의 예를 통해 이민족 통치에 일종의 '변주'가 존재하였음을 논하고자 한다. 그리고 마지막으로 세 번째 장에서는 복속 강인의 통치에 보이는 '원형'과 '변주'를 한 제국의 이민족에 대한 인식 및 대응이라는 측면에서 논할 것이다. 이상을 통해 한이 현실에 존재한 주변 세계를 인식한 방식을 간접적으로나마 파악할 수 있을 것이다.

II. 이민족 통치의 원형

군현제에 의한 일원적 통치는 한대 이민족 지배의 원형이자 가장 이상적인 방식으로 여겨졌다(김병준, 2013a: 120-122). '이상적 통치 방식'이라는 말에서 짐작할 수 있듯이 군현제에 근거한 이민족 지배는 간단하지 않았지만, 한의 통치자들은 이를 포기할 수 없었다. 이는 왕망이 실권을 쥔 후 금성군(金城郡) 새외 서해(西海)에 서해군을 신설한 사건에서 잘 드러난다.

왕망이 천하의 태평을 이룬 후 북쪽으로 흉노를 교화하고 동쪽으로는 해외에 이르고 남쪽으로는 황지(黃支)를 회유하였는데, 오직 서쪽에만 더한 바가 없었다. 곧 중랑장 평헌 등이 금폐를 잔뜩 가지고 새외의 강을 회유하여 땅을 바치고 내속을 청하도록 하였다. 평헌 등이 아뢰어 말하기를 "강호(羌豪)인 양원(良願) 등의 종족은 대략 12,000인 정도로 내신(內臣)이 되기를 원하고 있습니다. (…) (강인들을) 때에 맞추어 본업에 처하게 하고 속국을 설치하여 영호(領護)함이 옳습니다"라고 하였다. (황제가) 왕망에게 이 일을 하달하자 왕망이 다시 아뢰어 말하기를, "(…) 지금 삼가 살피니 동해군, 남해군, 북해군이 있으나 서해군은 없습니다. 청컨대 (강인) 양원 등이 바친 땅을 서해군으로 삼으십시오"라고 하였다. (…) 또한 50조의 입률 조항을 추가하고 범한 자는 서해군으로 천사하였다. 천사한 자가 천만을 헤아리자 백성들이 원망하기 시작하였다.[6]

비록 서해 강인의 복속은 태평을 선전하기 위해 기획된 사건이었으나[7], 서해군의 설치를 둘러싼 조치나 중랑장의 상주는 한이 이민족을 통치할 때의

---

6 『漢書』卷99上「王莽傳」: 4077-4078, "莽旣致太平, 北化匈奴, 東致海外, 南懷黃支, 唯西方未有加. 乃遣中郎將平憲等多持金幣誘塞外羌, 使獻地, 願內屬. 憲等奏言: 「羌豪良願等種, 人口可萬二千人, 願爲內臣, 獻鮮水海·允谷鹽池, 平地美草皆予漢民, 自居險阻處爲藩蔽. 問良願降意, 對曰: 『太皇太后聖明, 安漢公至仁, 天下太平, 五穀成熟, 或禾長丈餘, 或一粟三米, 或不種自生, 或蠶不蠶自成, 甘露從天下, 醴泉自地出, 鳳皇來儀, 神爵降集. 從四歲以來, 羌人無所疾苦, 故思樂內屬.』宜以時處業, 置屬國領護.」事下莽, 莽復奏曰:「太后秉統數年, 恩澤洋溢, 和氣四塞, 絶域殊俗, 靡不慕義越裳氏重譯獻白雉, 黃支自三萬里貢生犀, 東夷王度大海奉國珍, 匈奴單于順制作, 去二名, 今西域良願等復擧地爲臣妾, 昔唐堯橫被四表, 亦亡以加之. 今謹案已有東海·南海·北海郡, 未有西海郡, 請受良願等所獻地爲西海郡. 臣又聞聖王序天文, 定地理, 因山川民俗以制州界. 漢家地廣二帝三王, 凡十二州, 州名及界多不應經. 堯典十有二州界, 後定爲九州. 漢家郭地遼遠, 州牧行部, 遠者三萬餘里, 不可爲九. 謹以經義正十二州名分界, 以應正始.」奏可. 又增法五十條, 犯者徙之西海. 徙者以千萬數, 民始怨矣."
7 『後漢書』卷87「西羌傳」: 2878, "至王莽輔政, 欲耀威德, 以懷遠爲名, 乃令譯諷旨諸羌, 使共獻西海之地, 初開以爲郡, 築五縣, 邊海亭燧相望焉."

원칙과 절차를 보여준다. 먼저, 이민족이 한에 복속하면 군장과 그 무리는 한의 내신이 되고 그들이 살던 영역에는 군이 설치되었다. 다음으로, 복속한 이민족은 새로 편성된 군 내에서 산업에 종사하도록 하는 한편 내지로부터 한인을 천사하여 이민족과 한인의 잡거를 유도하였다. 위 조치를 통해 이민족의 기존 공동체 질서나 습속은 점차 약화하였으며, 한은 통혼 혹은 군장 질서를 무력화하는 방법을 병행함으로써 한-이민족 사이의 동화를 유도해냈다(김병준, 2008: 174-182). 이상의 단계를 거치며 한의 국경 바깥에 있던 이민족은 내신으로, 그리고 다시 한의 신민으로 재편되었을 것이다.

당시 서해에 살던 강인들은 군 휘하의 속국에 소속되었던 것으로 보인다. 일반적으로 속국에 속한 이민족은 그 무리와 옛 풍습을 어느 정도 유지할 수 있었기 때문에[8] 현에 직접 소속된 이민족에 비해 상대적으로 자율성을 누리고 있었다고 여겨진다. 그러나 후술할 바와 같이 한의 속국은 군의 통제를 받았고 속국 소속의 이민족은 한의 호적에 올라 각종 의무를 수행하였다. 따라서 정도의 차이는 존재했을지언정 속국에 편제된 이민족도 현에 편제된 이민족과 마찬가지로 한의 직접 지배 대상에 해당하였다. 정복된 이민족의 땅은 군현으로 구획되고, 해당 이민족들은 군현 혹은 속국에 소속되는 것이 바로 한의 이민족 통치 원형이었다.

이 점은 돈황군(敦煌郡) 내 이민족들이 실제 한의 호적에 의해 편제된 사실에서 분명히 나타난다. 한의 군현제는 군-현-향-리로 중층 편제된 인민을 문서 행정으로써 지배하는 제도였고, 이를 지지하는 가장 핵심적인 요소는 바로 호적이었다. 호적은 백성을 일원적으로 파악하고 각종 세역을 확정하는 근거였기 때문에 군현제의 성패는 호적 등록에 달려 있다고 해도 과언이 아니었다. 앞서 살펴보았듯이 이민족 통치의 원형은 군현 통치였으므로, 이를 완성하기 위해서는 군사적 · 정치적 복속뿐 아니라 이민족의 호적 등록이 뒤따라야

---

8   『漢書』卷55「霍去病傳」: 2483, "乃分處降者於邊五郡故塞外, 而皆在河南, 因其故俗爲屬國." 【師古曰: 「不改其本國之俗而屬於漢, 故號屬國.」】

했다. 아래에 인용한 사료들은 옛 돈황군 지역에서 출토된 한의 행정, 법률 문서로, 이민족의 호적 등록 및 군현 편제 양상을 잘 보여준다.

> (1) 연천현(淵泉縣)의 귀의누강용야종(歸義壘羌龍耶種) 남자 간망(榦芒)이 스스로 진술함. "올해 9월 중에……"[9]
>
> (2) 대부리(大富里)의 호(胡) 여자인 군용(君容)이 스스로 진술함. "효곡현(效谷縣)의 모(某) 리에 속한 남자 위군(尉君)에 대하여 도양(都羊) 두 마리, 고(槀) 네 석(?), 수레의 채권이 있습니다. 여러 차례 갚을 것을 요구하였으나 얻지 못하였습니다."[10]

(1), (2)는 한의 호적에 등록된 이민족의 실례이다. (1)의 간망은 누강용야종이라는 종족에 속한 강인으로, 문서에는 그가 귀의한 존재임이 명시되었으며 종족명의 전면에는 돈황군의 속현인 '연천현'도 기록되었다. 따라서 간망은 한의 현에 예속된 강인임이 분명한데, 문서 중 법적 진술을 의미하는 '자언(自言)'이 보여 그가 당사자 혹은 참고인으로서 한의 재판에 참석한 사실을 알 수 있다. (2)의 호(胡) 여자 군용은 돈황군 명안현 대부리 소속으로, 종족명은 알수 없다. 그는 소속 리를 알 수 없는 효곡현의 위군이라는 사람에게 여러 물품의 대금을 받지 못하여 관청에 소송을 제기한 듯하다. 군용은 본래 이민족이나 한의 현에 편제된 상태이며 관청을 통해 정식으로 채무 이행을 요청한 것에서 알 수 있듯이 한의 법률, 행정 절차를 따르고 있었다.

돈황군은 한의 서쪽 경계인 양관, 옥문관을 포함하였고 북쪽과 남쪽으로 각각 흉노, 강과 접하고 있었으므로 간망과 군용처럼 현에 소속되고 호적에

9　『敦煌縣泉漢簡釋粹』(胡平生·張德芳, 2001: 168) "淵泉歸義壘羌龍耶種男子榦芒自言, 今年九月中口……" (Ⅱ0214②:195)

10　懸泉漢簡(壹, 貳로 표기하지 않은 것은 일부 논저에 수록되어 있는 미공개 상태의 간독, 이하 동일) VT1813②:3, "大富里胡女子君容自言: 責效谷不審里男子尉君都羊二頭槀四車. 數責, 不可得"(楊富學·劉源, 2019: 42에서 인용)

의해 편제된 이민족들이 적지 않았을 것이다. 그렇다면 이들은 어떤 경위에 의해 어떤 절차를 밟아 한의 군현에 소속되었을까?

아래 문서는 서쪽 변경의 이민족을 한의 현에 소속, 정착시키는 과정을 잘 보여준다.

> "호인(胡人)이 귀의하여 호적에 등록하면 돈황군은 식량을 지급하고 현의 장리는 마땅히 여러 차례 그 괴로운 바(가 무엇인지)를 물어라. 그곳의 이민(吏民)은 거처할 집을 빌려주고 여(廬)에 지내기 마땅한 장자는 값을 내게 하여 이로써 본업에 종사하게 한다."[11]

이에 따르면 한대 이민족의 군현 편제는 세 단계로 구성되었다. 첫째, 귀의, 즉 자·타의에 의해 한에 복속을 표하는 행위가 이루어졌다. 둘째, 자신의 신상을 관청에 직접 신고하는 호적 등록[占數]이 진행되어, 해당 이민족은 비로소 법률적, 행정적으로 한에 예속되었다. 셋째, 앞의 두 단계를 거친 이민족은 현에 정착하고 본업에 종사함으로써 한의 백성으로 변화하였을 것이다. 여기에서 볼 수 있듯이 이민족의 군현 편제는 전쟁의 패배, 회유 등에 의한 복속만으로 충족되지 않았으며 호적 등록이라는 정식의 절차가 필요했다.

아울러 본래 목축을 생업으로 삼던 이민족을 현에 무사히 정착시키기 위해 한은 여러 방법을 강구하였다. 이민족 귀의의 창구였던 돈황군은 현에 등록한 이민족에 일정 기간 식량을 지급하고 해당 현은 거주할 장소를 임시로 마련해 주어야 했다. 또한, 이민족이 소속한 현의 장리는 때때로 이들의 고충을 확인하였는데, 이는 언어와 습속이 다른 이민족이 생활상의 어려움을 겪거나 현의 백성이나 관리에게 침탈당하여[12] 한으로부터 이반할 가능성을 제거

---

11   『懸泉漢簡(壹)』 I 90DXT0116②:62, "●胡人歸義占數, 敦煌廩食, 縣官長吏宜數存問所疾苦. 其爲吏民庸舍, 長者當廬有賈, 以爲之本業."

12   다음에 인용한 반표(班彪)의 상주는 한인들과 섞여 살던 강인들이 괴롭힘을 당하는 일이 적

하기 위해서였다. 호강교위(護羌校尉)를 두어 강인의 거주지를 순행하여 어려움을 묻고 원한을 해결하도록 한 것[13]도 위의 조치와 같은 맥락에서 이해할 수 있다.

문서 중에는 돈황군에 식량 지급을 지시하는 내용이 포함되어 있으므로, 이 문서는 돈황군보다 상위의 기관, 즉 중앙에서 작성되었음이 분명하며 혹은 조령(詔令)의 한 부분이었을 가능성도 존재한다. 그렇다면 당시 한 조정이 직접 지방의 군현이 영내의 이민족을 위해 주의해야 할 점을 상세하게 규정하였다고 이해할 수 있는데, 이처럼 이민족의 현 등록 및 정착은 상당한 노력을 요구하였음에도 불구하고 제국의 안정을 위해 한은 이민족 통치의 '원형'을 포기하지 않았다. 이상의 과정을 거쳐 현에 정착한 이민족은 법률, 행정상 한인과 같은 지위에 있었고 호적에 근거하여 병역, 요역, 세금 납부의 의무를 수행해야 했을 것이다.

단, 이미 한의 백성이 되었어도 이민족의 호적에 그들의 원 출신('만이', '이민', '호')이 기록되기도 하였다. (2)의 '대부리의 호 여자 군용'의 사례가 바로 그것인데, 동일 현상은 최근 출토된 한의 행정·법률 문서와 후한의 '번장장선등제명(繁長張禪等題名)' 금석문에도 나타난다. 전자는 한 무제 시기 장사국(長沙國) 소속 이민족의 종(賨) 납부에 관한 법률 문서로, 여기에는 '만이사오(蠻夷士伍)'이자 한인-이민족 사이에서 통역을 담당한 인물이 등장한다(王博凱 2019). 후자는 후한 촉군 번현 장리 이하의 사람들이 공동으로 수행한 어떤 일에 관한 기록인데, 각 인물은 '민'과 '이민(夷民)'의 카테고리로 나뉘어 열거되

지 않았음을 잘 보여준다.『後漢書』卷87「西羌傳」: 2878, "建武九年, 隗囂死, 司徒掾班彪上言:「今涼州部皆有降羌, 羌胡被髮左衽, 而與漢人雜處, 習俗既存異言語不通, 數爲小吏黠人所見侵奪, 窮恚無聊, 故致反叛」"

13   『後漢書』卷87「西羌傳」: 2878, "司徒掾班彪上言:「(…)舊制益州部置蠻夷騎都尉, 幽州部置領烏桓校尉, 涼州部置護羌校尉, 皆持節領護, 理其怨結, 歲時循行, 問所疾苦. 又數遣使驛通動靜, 使塞外羌夷爲吏耳目, 州郡因此可得徼備. 今宜復如舊, 以明威防」光武從之, 即以牛邯爲護羌校尉, 持節如舊."

었다(이성규, 2006: 31). 그렇다면 이들의 호적에도 (2)와 마찬가지로 '만이', '이민' 등의 표현이 따로 기재되었을 가능성이 크다.

이민족 출신 한인의 호적에 그 출신을 적은 사실이 한인과 이민족의 종족적 차별이나 군현 내 이민족의 분리 통치를 의미하지는 않는다. '만이사오'라는 표현은 해당 인물이 종족적으로는 이민족이지만 한의 작제(爵制)에 의해 편제된 백성임을 명시하며, '번장장선등제명' 금석문의 이민들은 모두 군현의 편호(編戶)임이 분명하기 때문이다(이성규, 2006: 33). 그런데도 군이 종족적 표현을 부기한 이유는 습속이나 세역의 차이와 밀접히 관계되었을 것이다.

한은 습속과 언어의 차이에서 야기될 수 있는 각종 분쟁을 막고 부락 단위의 복속을 유도하기 위해 이민족이 복속한 직후 제도적 예외를 허락하기도 하였다. 이에 따라 일부 이민족은 별도의 세역을 부담하거나 일정한 혜택을 누렸다. 가령 군장과 함께 한에 예속된 이민족 집단이 호(戶)마다 특수 세금인 '종'을 납부한 사실[14]은 잘 알려져 있거니와, 그 외에도 이민족이 정(亭), 장(鄣)에서 수역(戍役)할 수 없는 경우 그 수역을 면제하고, 만일 죄를 지어 수역해야 한다면 수역을 대신하여 현재 거주 중인 현·도에서 노역하도록 한 법률[15] 등을 볼 수 있다. 아울러 이민족 군장에게는 그 규모에 따라 형벌 감면권[16]을 주었고 다량의 곡식을 바치는 조건으로 고유의 장례인 '융장(戎葬)'을 허용하였

---

14 진·한 시기의 종에 관한 기록은 전래문헌과 출토 사료 양쪽에서 확인된다. 대표적으로『후한서』의 무릉만 관련 기록과 張家山漢墓漢簡의 「奏讞書」 등을 볼 수 있다. 『後漢書』 卷86 「南蠻西南夷列傳」: 2831, "秦昭王使白起伐楚, 略取蠻夷, 始置黔中郡. 漢興, 改爲武陵. 歲令大人輸布一匹, 小口二丈, 是謂賨布.";『二年律令與奏讞書』, 2007: 213, "六月戊子, 發弩九, 詣男子毋憂, 告, "爲都尉屯, 已受致書. 行未到, 去亡." (…) ●詰毋憂: "律: '蠻(蠻)夷男子歲出賨錢, 以當繇(徭)賦' 非曰'勿令爲屯'也. 及, 雖不當爲屯, 窯已遣. 毋憂, 卽屯卒. 已去亡, 何解?" 毋憂曰: "有君長, 歲出賨錢, 以當繇(徭)賦. 卽復也. 存吏, 毋解."

15 『荊州胡家草場西漢簡牘選粹』(荊州博物館·武漢大學簡帛硏究中心, 2021: 91), "蠻夷人不可令乘城鄣者, 勿令戍邊. 其有罪當戍者, 令居居縣道."(簡2596)

16 『睡虎地秦墓竹簡』「法律答問」 簡113-114, "●臣邦眞戎君長, 爵當上造以上, 有罪當贖者, 其爲群盜, 令贖鬼薪鋈足; 其有府(腐)罪,【贖】宮. 其它罪比群盜者亦如此."

다.[17] 이처럼 이민족에 관한 규정이 별도의 조문으로 존재하였다면 행정적 효율을 위해 호적에 출신을 기재한 것도 이상하지 않았을 것이다.

이상 살펴보았듯이 한의 이민족 통치 원형은 군현 편제에 의한 직접 통치였다. 한은 복속한 이민족의 고충을 살피거나 혜택을 주기까지 하며 그들을 현의 호적에 등록시키려 하였다. 한에 예속되어 세금을 납입하고 요역에 종사한 이민족의 예[18]는 이민족 통치의 원칙이 상당한 정도로 관철되었음을 대변한다.

그러나 한이 모든 이민족을 원칙에 의해서만 통제할 수는 없었을 것이다. 비록 이민족의 군현 편제가 통치의 원형이라 할지라도, 현실과 이상 사이에는 다소의 간극이 존재할 수 있었기 때문이다. 가령 귀의, 내속을 칭한 이민족을 군현이 아닌 사자와 교위로 관리한 사례[19]가 보이며, 한에 복속되어 경내에 거주하면서도 군현 질서와 다른 방식으로 관리된 이들도 있었다. 즉 일종의 '변주'가 나타났다고 할 수 있는데, 다음 장에서는 출토 사료 속의 강인을 중심으로 이 문제를 논의해 보겠다.

---

17 『荊州胡家草場西漢簡牘選粹』(荊州博物館·武漢大學簡帛研究中心, 2021: 94), "蠻夷長死, 欲入禾粟戎葬者, 許乚. 邑千戶以上入四千石, 不盈千戶入二千石, 不盈百戶(簡7, 編號2621)入千五百石, 不盈五十戶及毋邑人者入千石."(簡8, 編號2630)한에 복속된 이민족 군장이 사망 시 위 조문을 통해 융장을 공식적으로 허락받을 수 있었을 것이나, 이를 위해 바쳐야 하는 곡식의 양이 지나치게 많았기 때문에 이 조문은 오히려 이민족 고유의 습속을 억제하는 효과를 가져왔을 가능성이 크다.

18 『後漢書』卷12「盧芳傳」: 508, "初, 安定屬國胡與芳爲寇, 及芳敗, 胡人還鄉里, 積苦縣官徭役. 其中有駁馬少伯者, 素剛壯."

19 『後漢書』卷88「西域傳」: 2909, "武帝時, 西域內屬, 有三十六國. 漢爲置使者·校尉領護之. 宣帝改曰都護."

III. 강(羌)과 이민족 통치의 새로운 유형

한의 이민족 통치에 관한 선행 연구는 한 국경 안팎의 이민족을 구분하고, 한의 영역 내에 존재한 이민족의 세계를 내경의 개념으로 설명하였다(李成珪, 2005). 이에 따라 한과 관계를 맺은 이민족들을 ①국경(외경) 바깥의 이민족 → ②내경 바깥의 이민족 → ③군현 질서에 편입된, 내경 안의 이민족으로 분류되었고(김병준, 2013a: 117), 한에 대한 예속 정도는 앞에서 뒤로 갈수록 강해졌다고 이해하였다. 또한, ①, ②의 이민족을 최대한 ③의 이민족으로 만드는 것이 한의 이상적 통치상이었음은 앞서 서술한 바와 같다.

그러나 현실적으로 초목을 따라 목축하며 거주지가 일정하지 않은 이민족을 모두 현에 정주시켜 농경에 종사하게 할 수는 없었을 것이다. 유목의 습속을 유지한 이상 계절에 따른 이동은 불가피했을 것이며, 이런 경우 정주민을 상대로 한 행정 단위인 군, 현보다 읍락 및 군장 단위의 파악이 수월하였을 것이기 때문이다.

바로 이 점을 보완하기 위하여 한은 속국을 설치하여 군장이 거느린 이민족 읍락을 통제하고 이민족을 개별적으로 호적에 등재하였다(김병준, 2013a: 142-144). 비록 속국과 군현이라는 공간상의 차이가 존재하였고 속국의 이민족이 옛 습속을 어느 정도 유지할 수 있었다 할지라도 속국 소속의 이민족은 기본적으로 한에 예속되어 법률, 행정상의 제재를 받았고 전시에는 병사로 동원되었다(佐藤達郎, 2018: 224-226). 따라서 속국 체제 역시 이민족 통치 원형의 연장선에 있다고 할 수 있다.

그런데 한의 경계 안에는 속국 휘하의 이민족들보다 느슨한 형태로 한에 귀속된 이민족도 존재하였다. 이른바 이민족 통치의 원형과 다른, '변주'가 보이는 것인데, 이는 한의 강인 통치에서 두드러진다. 앞서 현에 소속되어 한의 신민이 된 강인에 대해 살펴보았으나, 후술할 강인들은 이와 전혀 다른 양상으로 한에 예속되어 있었다. 아래의 기록은 그 일면을 보여준다.

(여장은) ……年 8월에 박망후관(博望候官) 만년정(萬年亭)의 요(徼) 바깥 (에 있는) 귀추곡(歸蓲谷)에 옮겨 거주하였는데 동쪽으로는 귀하와 서로 가까웠습니다. 작년 9월, 여장의 아들인 망봉이 귀하의 남동생 봉당과 언쟁 하여 다투다 봉당이 고도(股刀)로 망봉을 찔러 상처를 두 군데 입히자, 여 장과 남동생 가량 등의 10여 명이 함께 귀하의 말 20필, 양 400마리를 훔쳤 습니다. 귀하가 관청에 직접 진술하자, 관청은 (여장으로부터) 말 20필, 양 59마리를 받아 귀하에게 돌려주었습니다. 그 나머지 말과 양은, 사자조(使 者條)에 따르면 요 바깥에서 서로 범한 사건이고 사면령이 내려지기 이전 의 사건이므로 처리하지 않은 것입니다. 그러자 귀하가 원망하여 여장이 반 란을 꾀하였다고 무고한 것 같습니다. 강인은 물가와 초지를 쫓아 옮겨 다 니며……[20]

'여장이 모반하였다고 귀하가 무고한 사건에 관한 책서[案歸何誣言驢掌謀 反冊]'로 알려진 위 문서는 박망후관 만년정의 경계 바깥에 거주한 강인 귀하 의 무고 사건에 관한 조사 보고서인데, 무고의 원인은 두 집단 사이의 분쟁으 로 인해 귀하가 물질적 피해를 보았음에도 '사자조(使者條)'로 인해 법적으로 구제받지 못한 데 있었다. 문맥상 '사자조'는 법률 조항에 해당하고 귀하, 여장 등은 이 조항의 직접적인 영향을 받은 것으로 보인다. 그런데 이 사건은 강인 과 관련된 것이므로 '사자'는 강인을 관리한 한의 호강사자(護羌使者)일 가능성 이 크고(張俊民, 2021: 318), '사자조'는 호강사자가 받든 조령으로 여겨진다(初 世賓, 2004: 186-187). 따라서 이들은 한의 관료와 법률 조항으로 통치되었다고 할 수 있고, 실제로 말과 양을 빼앗긴 귀하는 한의 관청에 가서 해결을 호소하

20　『敦煌縣泉漢簡釋粹』(胡平生·張德芳, 2001: 167), "(驢掌?)……年八月中徙居博望萬年亭徼 (徼)外歸蓲谷, 東與歸何相近, 去年九月中, 驢掌子男芒封與歸何弟封唐爭言鬪, 封唐以股刀刺傷芒封 二所, 驢掌與弟嘉良等十餘人共奪歸何馬廿匹·羊四百頭, 歸何自言官, 官爲收得馬廿匹·羊五十九頭, 以畀歸何. 餘馬羊, 以使者條相犯徼(徼)外, 在赦前, 不治. 疑歸何怨恚, 誣言驢掌等謀反. 羌人逐水草 移徙……"(Ⅱ90DXT0214①:214, Ⅱ90DXT0214①:26, Ⅱ90DXT0114③:440)

였다. 그러나 자세히 살펴보면 이들에 대한 통치 양상은 한인은 물론, 군현에 편제된 이민족의 통치 양상과도 다소 다르게 전개되었다.

먼저, 위 사건 속의 강인들은 한의 율령 체계에서 다소 벗어나 있다. 여장, 가랑을 포함한 10여 인은 귀하의 말과 양을 훔쳤는데, 진·한 율령에 따르면 관청은 이상의 행위를 군도죄로 가중 처벌하여야 했다.[21] 그러나 귀하가 이 사실을 한의 관청에 신고하였음에도 관청은 여장 등을 처벌하지 않았고 도둑 맞은 가축도 일부만 회수해 주었다. 그 첫 번째 근거는 사자조 중 '요외(徼外)에서 서로 범한 사건은 처리하지 않는다'는 조항에 있었다. 그렇다면 이들은 한과 무관한 국경 바깥의 '외국인'일 뿐이며, 그로 인해 관청은 분쟁에 개입하지 않은 것인가?

이 문제에 답하기 위해 주목해야 할 점은 한의 관청이 이 사건을 처리하지 않은 두 번째 근거이다. 문서의 작성자는 이 사건이 사면령이 내려지기 이전에 발생하였으므로 처리하지 않았다고 하였는데, 이 규정을 굳이 언급한 이유는 귀하, 여장 등의 강인 무리가 사면령의 영향권 내에 있었기 때문일 것이다. 그런데 돈황군에서 발견된 한의 율령에 따르면 사면령은 '만이'의 지역에서는 유효하지 않았다.[22] 한의 율령은 한의 국경 안쪽에서만 유효하였으므로, 사면령이 통하지 않는 '만이의 세계'란 곧 한의 국경 바깥 '외국'이다. 만일 위의 강인들이 한의 영향을 전혀 받지 않는 외국인이었다면 굳이 사면령을 언급할 필요가 없으나, 관청은 사면령을 두 번째 근거로 삼아 여장 등을 처벌하지 않았다. 이는 위의 강인들이 한에 통제받는 국경 안쪽의 이민족이기 때문이었

---

21 『二年律令與奏讞書』(彭浩·陳偉·工藤元男, 2007: 114), "盜五人以上相與功盜爲群盜(簡 62)";『睡虎地秦墓竹簡』「法律答問」簡1-2, "害盜別徼而盜, 駕(加)罪之」 ●可(何)謂「駕(加)罪? ●五人盜, 臧(贓)一錢以上, 斬左止, 有(又)黥以爲城旦; 不盈五人, 盜過六百六十錢, 黥劓(劓)以爲城旦; 不盈六百六十到二百卅錢, 黥爲城旦; 不盈二百卅以下到一錢, 遷之. 求盜比此"

22 懸泉漢簡 ⅡT0216②:615, "●鑄僞金錢·奴婢犯賊殺傷主主適妻以上, 律皆不得赦. 在蠻夷中得毋用期. 赦前有罪後發覺勿治. 奏當上當上勿止, 諸以赦令免者其死罪, 令作縣官三歲, 城旦舂以上二歲, 鬼薪白粲一歲." (張俊民, 2021: 386에서 인용)

을 것이다.

단, 사건이 발생한 8월에 강인들이 '요외'의 귀추곡에 거주하였다는 내용은 위의 추론과 상호 모순되는 것처럼 보인다. 그러나 이는 강인들의 습속과 연관하여 생각해야 한다. 전술한 바와 같이 강은 유목을 본업으로 삼아 한 곳에 정주하지 않았고, 이러한 습속을 비교적 잘 유지하였다. 따라서 귀하가 8월에 귀추곡으로 이주한 것 역시 그가 속한 강인 부족이 계절에 따라 거주지를 옮겨 목축한 것과 연관될 것이다. 그렇다면, 이 사건의 강인들은 한의 통제를 받았으나 유목을 위해 정기적으로 요를 넘나들고 있었고, 이들이 요외에 있는 동안 집단 내부에서 발발한 사건은 한의 율령으로 처리되지 않았다고 이해할 수 있다. 아래의 두 기록 역시 한의 국경 안팎에서 유목한 강인들에 관한 것이다.

(3) 귀의한 돈외종(敦隗種) 유량(留良) 등이 진술하여 말하였다. '조서에 따라 동(冬) 10월에는 요의 안쪽으로 들어가 초지를 따라다니며 늘 광지현(廣至縣)에 거주하였습니다.'[23]

(4) 마침 광지현의 강인들이 때에 맞추어 (경계 밖으로) 나가야 하니, 현정은 좌부(左部)의 유요(游徼)인 하(賀)와 간정(間亭)의 이졸을 조발해 주십시오[24]

광지현은 돈황군의 속현으로,[25] 수원이 풍부하고 토질이 비옥하였기 때문에 인근의 강인들은 겨울이 되면 경계를 넘어 광지현 안에서 목축하고 여름

---

23   懸泉漢簡 IIT0114②:194, "歸義敦隗種留良等辭曰: 以詔書冬十月入徼就草常居廣至"(張俊民, 2021: 188에서 인용)

24   懸泉漢簡 IIT0115②:10, "君會廣至羌人當以時出, 唯廷調左部游徼賀及間亭吏卒"(張俊民, 2021: 188에서 인용)

25   『漢書』卷28下「地理志下」: 1614, "敦煌郡, 戶萬一千二百, 口三萬八千三百三十五. 縣六: 敦煌, 冥安, 效穀, 淵泉, 廣至, 龍勒."

이 되면 다시 경계 바깥으로 향하였다(張俊民, 2021: 188). 이 문서가 작성된 한 중·후기에는 지역 간 이동성이 과거에 비해 다소 증가하였으나(이주현, 2021; 金秉駿, 2011), 국경을 넘나드는 일은 여전히 크게 제한되고 있었다. 따라서 한 에 복속한 강인이 경계의 안팎에서 목축한 것은 매우 흥미로운데, 더욱이 주 목할 점은 이러한 관습이 정식으로 인정받은 사실이다.

(3)의 귀의 강인 유량은 이러한 유목 루트가 조서에 의해 허용되었다고 진술하여, 이들이 군현이 아닌 중앙의 명령으로 유목 습속을 유지할 수 있었 음을 보여준다. 아울러 (4)의 화자가 현의 유요, 이졸을 파견하여 요 밖으로 나 가는 강인들의 동향에 주의하도록 요청한 것은 해당 현의 관리들이 강인의 유 목 습속과 이동 시점을 정확히 파악하고 있었기에 가능하였을 것이다.

이처럼 목축을 위해 경계를 오가는 이민족을 군현제만으로 통제하기는 어려웠을 것이다. 앞서 살펴보았듯이 내속 이민족이 한의 경계 바깥에 있는 동안에는 한의 율령과 행정을 완벽하게 적용할 수 없었고 이들의 도망 및 분 산에도 쉽게 대처할 수 없기 때문이다. 요 바깥에서 서로 범한 사건에 대해서 는 처리하지 않는다고 한 것은 이러한 현실적 어려움을 보여준다. 따라서 한 은 '이민족 통제관'[26]을 별도로 두어 복속한 이민족을 통제한 것으로 보인다. 앞서 귀하의 무고 사건에 등장한 '사자조'와 호강사자 사이의 관련성을 추측하 였는데, 호강사자는 호강교위와 함께 복속 강인을 통제하는 역할을 담당하였다.

한 무제가 교위를 설치한 이후 호강교위, 오환교위와 같이 특정 민족을 담당한 교위를 두게 되었고(佐藤達郎, 2018: 229-240), 이 중 호강교위는 비이 천석(比二千石)의 관리로, 한에 복속한 강인을 통치하는 역할을 담당하였다.[27] 가령 후한 시기 경내의 이민족을 단속할 때 '중랑(中郎)·교위의 관서에 그 이

---

26 '이민족 통제관'이라는 용어에 관해서는 三崎良章(1991)을, 한~후한의 '이민족 통제관'의 성 격에 관해서는 小林聰(1989)을 참고할 수 있다.

27 『後漢書』志第28 「百官志」: 3626, "護羌校尉一人, 比二千石. 本注曰: 主西羌."

름을 기록하고, 도호(都護)·군 태수부에 호적을 등록하였다'[28]고 하는데, 이 역시 교위가 관할 이민족의 호구를 파악하고 관리한 사실을 보여준다(小林聰, 1991: 34). 특히, 후한 초 강인의 고충을 처리하고 분쟁을 해결하기 위해 호강교위를 재설치해달라는 반표의 상주는 강인의 통치에서 호강교위의 역할이 매우 긴요하였음을 보여준다.[29]

호강사자 역시 호강교위와 마찬가지로 한에 복속한 강인을 통치할 때 중요한 역할을 하였다. 호강사자에 관한 기록은 문헌에 보이지 않고 출토 사료에서만 10여 건 정도 나타나기 때문에, 현재로서는 그 직장이나 통속 관계를 정확히 알기 어렵다(『敦煌懸泉漢簡釋粹』, 2001: 157). 다만 호강사자 관련 문서가 출토된 토층이 대개 한 선제 시기 혹은 그 이후에 해당하므로 호강사자는 선제 시기 혹은 그 이전에 설치되어 한 멸망까지 계속 유지되었다고 여겨진다 (『懸泉漢簡研究』, 2009: 164). 아래에 인용한 문서는 호강사자가 한에 복속한 강인의 통치에 깊숙이 관여하였고 그 범위가 민정까지 미쳤음을 보여준다.

(5) 호강사자가 관할 부(部)를 순행할 때 말의 도난으로 인해 그 장(長)인 필 (必)을 좌죄하여 논처하였다. 광지현을 지날 때 전마(傳馬)가 네 마리였는데 모두 여위어 마구간을 담당하는 관리를 문책하였더니, 열다섯 마리는 사자 호송(에 사용하였고), 군 태수가 열 마리를 사용하였다고 하였다.[30]

(6) 호강사자의 막부가 문서를 이송함. 강인 남자 낭전(狼煎)이 망귀(忘歸)

---

28 『後漢書』卷86 「蠻夷西南夷列傳」: 2860, "及其化行, 則緩耳雕腳之倫, 獸居鳥語之類, 莫不擧種盡落, 回面而請吏, 陵海越障, 累譯以內屬焉. 故其錄名中郎·校尉之署, 編數都護·部守之曹, 動以數百萬計."

29 주 13) 참고

30 『敦煌懸泉漢簡釋粹』(胡平生·張德芳, 2001: 164), "護羌使者方行部, 有以馬爲盜, 長必坐論. 過廣至, 傳馬見四匹, 皆瘦, 問廄吏, 言十五匹送使者, 太守用十匹." (Ⅱ90DXT0215③:83)

의 말을 빚짐. 이미 처리함. ●제 20번[31]

(7) …문서를 이송함. 호강사자가 문서를 이송함. 유위종(劉危種)의 罘가 장야자종(臧耶茈種) 영우(零虞)에 말 한 마리, 황금 귀걸이 청벽(青碧) 1개를 빚짐. 이번 달 15일까지 (변제?) 이미 처리함.[32]

(5),(6),(7)은 호강사자가 강인들을 관리한 양상을 구체적으로 보여준다. 한대에 개인 간 채무 문제가 발생하면 먼저 소속 현에 이 사실을 보고하고 현이 이를 수리하여 재판이 진행되었는데, 이상의 과정을 주재한 것은 현령과 그 휘하의 관리들이었다. 따라서 (6),(7)의 강인들의 채무 소송에 호강사자가 직접 관여하였다면 해당 강인들을 통치한 주체가 곧 호강사자였다고 이해할 수 있다. 호강사자는 관할 구역을 순행하거나 강인과 관련된 문제를 처리하였는데 단지 군사 관련 사항뿐 아니라, 말 도난 사건에 대한 처벌, 강인이 거주한 광지현 내 전마의 수량, 강인의 채무 등 민·형사 사건에도 관여하였다. 자세한 내용은 알 수 없지만 (5)는 말을 훔친 강인의 처리를 두고 그를 통솔한 군장을 처벌한 상황을 기술한 것 같다. 아울러 (6)으로부터 호강사자가 독자적인 막부를 가졌고 채무 등 강인 관련 사무를 처리한 사실을 알 수 있는데, 문서 말미의 문서 번호 '제 20[第卄]'은 호강사자의 강인 사무 처리가 일회성에 그치지 않았음을 보여준다. 위에 보이는 채무는 대개 소액인데다 모두 개인 간 거래임에도 불구하고 호강사자의 막부가 직접 사건에 개입하였다. 즉 당시 호강사자는 관할 강인들의 비교적 세밀한 부분까지 관여하고 있던 것이다.

---

31 『懸泉漢簡(壹)』Ⅰ90DXT0112②:39AB, "護羌使者莫府移羌男子狼煎責忘歸馬, 已決 ●第卄〼(A) 護羌使者莫府移羌男子狼煎責忘歸馬, 已決 ●第卄〼(B)"

32 『懸泉漢簡(貳)』ⅡT0112②:63, "〼移, 護羌使者移劉危種歸責臧耶茈種零虞馬一匹·黃金耳縣(懸)·青碧一, 會月十五日, 已言決"

IV. 복속 이민족의 특성에 따른 대응

그렇다면 한이 기존에 알려진 군현·속국 질서보다 다소 느슨한 방식으로 일부 강인을 통치한 사실을 어떻게 이해해야 할 것인가? 일견 '원형'과 어긋난 것처럼 보이는 강인에 대한 통치 양상은 단지 특정 시기의 특수한 상황이라든지 복속 초기의 '혜택'으로 이해해야 할까? 해당 문서의 작성 시기를 알 수 없으므로 이러한 답변은 무의미할 것이다. 그렇다면 이러한 '변주'는 이민족 통치의 원형이 현실 속에서 제대로 유지되지 못하였음을 보여주는 것일까? 그러나 왕망 시기 강인의 귀속 및 서해군의 설치는 한 말기까지 이민족 통치의 원형이 의연히 존재하였음을 말해준다. 따라서 이상의 현상은 원형의 변실·붕괴보다는 이민족의 존재 양태에 대한 추가적 대응이라는 측면에서 살펴보아야 할 것이다.

앞서 한의 국경의 안팎을 오가며 유목하는 습성을 유지한 강인에 대해 주로 서술하였지만 한 제국 내의 강인은 군현이나 속국에 소속된 경우가 더 많았다. 특히 지리적으로 한에 가깝거나 일찍이 한에 복속된 강인들이 그러했는데, 장액군 노수호(盧水胡)의 강인은 그 대표적인 사례였다. 노수호란 이전부터 노수 인근에 살며 비교적 한화된 강, 흉노, 소월지를 가리키는 범칭으로, 이 중 노수강호는 일찍이 속국에 소속되어 한의 변경을 수비하고 후한 초에는 흉노 정벌에 동원되는 등[33] 서북 변경 방어의 일익을 담당하였다.

속국에 소속된 이민족은 고유의 습속을 유지할 수 있었다고 하나, 노수강호를 비롯한 속국의 이민족이 앞 장의 강인처럼 고유의 유목 습속을 유지하였던 것 같지는 않다. 속국 소속의 이민족 기병인 '호기(胡騎)'는 백(佰), 리(里) 등의 단위에 편제되어 전투와 군사 훈련에 참여하였고 한은 호기의 이름, 나이, 키,

---

33   『後漢書』卷23「竇融傳」: 810, "明年, 固與忠率酒泉·敦煌·張掖甲卒及盧水羌胡萬二千騎出酒泉塞, 耿秉·秦彭率武威·隴西·天水募士及羌胡萬騎出居延塞, 又太僕祭肜·度遼將軍吳棠將河東北地·西河羌胡及南單于兵萬一千騎出高闕塞."

외양 등을 꼼꼼히 기록하여[34] 호기의 신상 명세를 담은 장부를 제작하였다.[35] 게다가 속국의 이민족은 한인과 마찬가지로 호적에 등록되어 세금을 납부하고 요역을 부담하였는데[36], 후한 안정속국(安定屬國)의 사례처럼 요역이 지나치게 과중하여 반란이 발발하기도 하였다.[37] 또한 치(置)나 우(郵)에서 문서 전달, 잡역 등에 종사하는 강인도 존재하였다(初世賓, 2004: 168-169). 이들이 소속된 행정 단위는 알 수 없지만 적어도 한의 백성으로 호적에 등록되어 정주하지 않았다면 이러한 업무를 담당할 수 없었을 것이다. 여기에서 볼 수 있듯이, 한은 일부 강인에 대해 교위·사자를 이용하여 다소 느슨한 형태로 지배하면서도 대부분의 예속 강인에 대해서는 한인과 거의 유사한 형태의 지배를 관철하였다.

한편, 영역 내의 모든 강인을 군현, 속국으로써 통제하지 않은 점은 한이 이민족 통치의 원형을 포기하였다고 오해하게 할 수도 있다. 그러나 후한 시기에 남흉노를 주관한 사흉노중랑장(使匈奴中郎將)이 호강교위·오환교위와 직제상 유사하였고[38] 사료에서도 양자가 병기된 점[39]은 교위·사자의 이민족 통치와 속국 제도 사이의 관련성을 추측하게 한다. 즉, 교위·사자에 의한 강의

34　『肩水金關漢簡(貳)』73EJT14:02, "屬國胡騎充國佰縣泉里呼淦年廿五　長七尺五寸　黑色"; 『肩水金關漢簡(肆)』, 73EJT37:710, "張掖屬國破胡佰三里楊忠年五十一長七尺三寸 十二月甲午入"

35　『肩水金關漢簡(壹)』73EJT1:158, "所將胡騎秦騎名籍"

36　정해진 요역 일수를 채우지 않고 구부(口賦), 산부(算賦)를 내지 않은 자들이 있는지 확인하기 위해 속국에 문서를 보낸 다음의 기록은, 속국 소속의 이민족들도 위의 의무를 지고 있었음을 보여준다. 『肩水金關漢簡(參)』73EJT24:134, "逋不算日, 不給更繇、口算賦……當收直. 謁移屬國 居延…"

37　『後漢書』卷12「盧芳傳」: 508, "初, 安定屬國胡與芳爲寇. 及芳敗, 胡人還鄕里, 積苦縣官繇役 其中有駮馬少伯者, 素剛壯. 二十一年, 遂率種人反叛, 與匈奴連和, 屯聚靑山. 乃遣將兵長史陳訢, 率 三千騎擊之, 少伯乃降. 徙於冀縣."

38　『後漢書』志第28「百官志」: 3626, "使匈奴中郎將一人, 比二千石. 本注曰: 主護南單于. 置從 事二人, 有事隨事增之, 掾隨事爲員. 護羌·烏桓校尉所置亦然."

39　주 28) 참고

통치가 이민족 통치 원칙의 변질이 아니라, 속국 제도의 변주였을 가능성도 상정할 수 있을 것이다. 또한, 호강교위·호강사자 관리 하의 강인보다 군현·속국 휘하의 강인이 수적으로 많았음을 상기하면 한이 이민족 통치의 원형을 포기하여 호강교위·호강사자를 두었다기보다 호강교위·호강사자를 임명함으로써 군현으로 미처 단속하지 못한 강인들까지 편제하였다고 할 수 있다.

물론 가장 바람직한 통치 방향은 강인 전체를 군현에 편제하는 것이었겠지만, 이것이 현실적으로 어려운 경우 통제 자체를 포기하기보다 교위와 사자를 이용해서라도 최대한 통제하는 것이 최선책이었을 것이다. 즉, 일종의 '추가적 대응'이라고 할 수 있다. 그렇다면 한은 강과의 관계에서 왜 이러한 대응을 취한 것일까? 이는 강의 존재 양태나 습속(習俗)과 관련되어있을 것이다. 먼저 강의 존재 양태에 대해 살펴보자.

강인은 다수의 소규모 부족으로 나뉘어 오늘날의 청해성(青海省)과 감숙성 일대에 산재하였고, 계절에 따라 보리를 심고 산과 계곡에 흩어져 목축하였다(王明珂, 2008: 441; 佐藤達郎, 2018: 237). 강은 아버지의 이름이나 어머니의 성으로 종족의 칭호를 삼는 습속을 가져 수많은 소부족이 존재하였으나, 각 부족은 한 명의 군장 아래 통합되지 않았다.[40] 문헌과 출토 사료에도 '~강종(羌種)'이라는 칭호가 다수 발견되어 강인들이 소규모 부족 단위로 산재하였음을 짐작할 수 있다. 예를 들어 한 중기의 문서인 '귀의강인명적'에 적힌 귀의강인 9인의 출신 종족은 무려 7개에 달한다.[41] 이처럼 강은 통일된 집단을 이

---

40 『後漢書』卷87「西羌傳」: 2869, "南接蜀·漢徼外蠻夷, 西北[接]鄯善·車師諸國. 所居無常, 依隨水草. 地少五穀, 以産牧爲業. 其俗氏族無定, 或以父名母姓爲種號. 十二世後, 相與婚姻, 父沒則妻後母, 兄亡則納釐嫂, 故國無鰥寡, 種類繁熾. 不立君臣, 無相長一, 强則分種爲酋豪, 弱則爲人附落, 更相抄暴, 以力爲雄."

41 『敦煌懸泉漢簡釋粹』(胡平生·張德芳, 2001: 166), "歸義壘渠歸種羌子奴葛. (Ⅱ0114②: 180) 歸義聊綸良種羌男子芒柬. (Ⅱ0114②:181) 歸義壘甫種羌男子潘昕. (Ⅱ0114③:423) 歸義壘卜玼種羌男子狼顚. (Ⅱ0114③:459) 歸義聊藏耶玼種羌男子柬憐. 歸義聊卑爲玼種羌男子唐堯. 歸義聊卑爲玼種羌男子蹛當. 歸義壘卜玼種羌男子封芒. 歸義綸良種羌男子落蹛. ■右綸良種五年(Ⅱ0214①:1-6)."

루지 않은 상태였기 때문에, 같은 강인이라 하여도 각 부족 집단 사이의 정치적 이해관계는 종종 충돌하거나 그 존재 양태가 상이하기도 하였다.

예컨대 선제 신작(神爵) 원년(BCE 61)에 강의 반란이 일어나자 한이 강기(羌騎)를 이용하고[42] 한이 돈황 일대에서 강왕(羌王) 당조(唐調)와 함께 군사를 일으키는[43] 이이제이 방식으로 진압을 시도한 것은 바로 강인의 이러한 특성 때문에 가능하였다. 당시 한의 국경 일대에는 반란을 도모한 이른바 '반강(反羌)' 과 한에 협력하고 공을 세워 왕(王), 후(侯)에 봉해진 강인이 혼재한 상태였다.

이처럼 부족 전체를 통제한 우두머리가 존재하지 않았기 때문에 한이 강의 일부 부족을 정복하였다 할지라도 그러한 정치적 상황이 나머지 부족들에 커다란 영향을 끼치지 못하였다. 심지어 복속한 이후 한을 재차 배신하는 일도 종종 일어났다. 따라서 부족 전체를 아우르는 통치자가 존재한 여타 이민족과 비교하면, 강을 복속시키고 통제하는 일은 결코 쉽지 않았다(王明珂, 2008: 441).

게다가 청해성, 감숙성 일대에는 한에 복속되지 않은 상태에서 국경 지대를 침범하는 강인들도 존재하였다. 예컨대 선제 원강 연간, 선령강(先零羌)이 황수(湟水) 북안, 한의 영토로 들어가 한의 백성들을 내쫓고 목축하게 해달라고 요청하는 사건이 일어났다. 물론 한 조정은 그 요청을 일축하였으나 선령강은 이전에 사신으로 방문한 의거안국(義渠安國)이 이를 허락했다며 멋대로 황수를 건너 한의 군현으로 들어갔다.[44] 이 사건으로 인해 한과 강의 관계는

---

42 『漢書』卷8「宣帝紀」: 260, "西羌反, 發三輔 · 中都官徒弛刑, 及應募佽飛射士 · 羽林孤兒, 胡 · 越騎, 三河 · 潁川 · 沛郡 · 淮陽 · 汝南材官, 金城 · 隴西 · 天水 · 安定 · 北地 · 上郡騎士 · 羌騎, 詣金城 夏四月, 遣後將軍趙充國 · 彊弩將軍許延壽擊西羌"

43 『敦煌懸泉漢簡釋粹』(胡平生 · 張德芳, 2001: 162), "一封長史私印, 詣廣校候, 趣令言羌人反狀. □在廣至. 閏月庚子昏時, 受遮要御楊武行, 東……趣令言羌反狀. 博望候言, 羌王唐調言并發兵 在澹水上"(Ⅱ0216②:80)

44 『漢書』卷69「趙充國傳」: 2972, "是時, 光祿大夫義渠安國使行諸羌, 先零豪言願時渡湟水北, 逐民所不田處畜牧. 安國以聞. 充國劾安國奉使不敬. 是後, 羌人旁緣前言, 抵冒渡湟水, 郡縣不能禁."

경색되었고 한은 강의 의도를 의심하며 부족장들을 살해하기에 이르렀다. 국경선의 침범이나 노략질도 문제였지만, 이들이 국경 안쪽의 내속 강인과 연합한다면 한의 입장에서는 더욱 심각한 위협이 될 수 있었다. 실제로 강의 부족장과 부족이 대거 피살되자, 이전에 항복한 강인들과 귀의강후(歸義羌侯) 양옥(楊玉)은 한을 믿을 수 없다고 원망하며 한의 성읍을 습격하고 관리를 살해하였다.[45]

이처럼 강과의 관계는 복속한 다른 이민족과의 관계에 비해 유동성이 컸기 때문에 적절한 인물을 교위나 사자에 임명하여 강의 동향을 시시각각으로 살피는 한편, 강의 관습이나 정치적 상황에 맞추어 유연하게 대처할 필요가 있었을 것이다. 한이 일부 강인들에 광시현의 경계를 넘어 유목할 수 있도록 허락한 것도 같은 맥락에서 살펴볼 수 있다.

단, 유념해야 할 점은 이러한 '유연한 대처'가 곧 내속 이민족의 자율성 보장을 뜻하지 않았다는 사실이다. 전래문헌이나 출토 사료에 유사한 사례가 보이지 않을뿐더러, 선령강이 황수 북안에서 유목하기를 청하였을 때 한은 단호히 거절하였다. 출토 사료 속에 나타나는 국경 지대에서의 강의 유목은 자의적으로 행해진 것이 아니라 한의 통제하에서 조건적으로 허용되었을 것이다.

V. 나가며

본고는 한대 하서사군의 강을 중심으로 복속 이민족에 대한 한의 인식과 대응을 살펴보았다. 한이 새로 정복한 영토와 그곳의 주민을 통치할 때 내세운 원칙은 군현제였다. 복속한 이민족을 호적에 등록시키고 원활히 정착하도록 조

---

45 『漢書』卷69「趙充國傳」: 2973, "安國至, 召先零諸豪三十餘人, 以尤桀黠, 皆斬之. 縱兵擊其種人, 斬首千餘級. 於是諸降羌及歸義羌侯楊玉等恐怒, 亡所信鄉, 遂劫略小種, 背畔犯塞, 攻城邑, 殺長吏."

치한 데서도 이민족 통치의 원형을 확인할 수 있다. 귀의를 표명한 후 호적에 등록하여 군현이나 속국에 소속됨으로써 이민족들은 한의 신민으로 변하였다. 이는 곧 이들이 한의 율령과 행정에 구속되는 것을 의미하였고, 그 결과 기존의 습속은 상당 부분 억제되었을 것이다. 출토 문서에 보이는 현 소속의 강인은 이민족 통치 원칙의 결과물이었다.

그러나 당시 돈황군 일대에는 현 소속의 강인과는 전혀 다른 형태로 한에 복속한 강인들이 존재하였다. 이들은 계절에 따라 요를 넘나들며 유목하였고, 이들이 요 바깥에 있는 동안 집단 내부에서 발생한 사건은 한의 율령으로써 처리하지 않았다. 이들은 황제의 조서에 의해 유목을 인정받기도 하였고, 현은 강인의 요 출입 시점을 정확히 인지하여 이동 시 발생할 수 있는 치안 문제에 대비하였다. 이러한 현상은 한의 일반적인 군현 통치와 상당히 동떨어져 있으며, 해당 강인들이 군현에 편제되어 있었다고 상상하기 어렵다. 설사 이들이 군현에 편제되어 있었어도 유목을 위해 주기적으로 거주지를 떠나야 했다면, 별도의 관청이나 관리를 두어 통제할 필요가 있었을 것이다. 본고는 관련 기록의 '사자조'를 단서로 이들이 호강사자의 통제를 받았을 것으로 추측하였다. 출토 사료에 나타나는 호강사자는 강인 사이의 소송을 처리하는 등, 민정에도 관여하였다.

현에 소속되어 정주 생활을 한 강인과 호강사자에 소속되어 국경을 넘으며 유목한 강인 사이의 간극은 어떻게 설명해야 할까. 전자가 이민족 통치의 원형이라면 후자는 원형이 변질된 결과처럼 보일지도 모르나, 서해군의 사례에서 볼 수 있듯이 이민족 통치의 원형은 비교적 오랫동안 온존하였다. 즉, 한은 군현에 이민족을 등록하는 원칙을 유지하는 동시에 호강사자를 이용한 강인의 통치와 유목 습속을 인정하였다고 할 수 있다. 아울러 잊지 말아야 할 것은 호강사자 휘하의 강인보다 군현, 속국 휘하의 강인의 사례가 더욱 많았다는 사실이다.

따라서 한은 이민족 통치의 원형을 유지하는 동시에 호강사자, 호강교위를 통해 군현제만으로 통제하기 어려운 강인들까지 통제하려 시도하였다고 여겨진다. 즉, 이러한 '변주'는 강의 존재 양태에 대한 인식과 그 대응의 결과였을 것이다. 강은 작은 부족 단위로 산과 계곡에 산재하였고 한의 국경 바깥에는 미 복속 상태의 강인들도 적지 않았다. 한은 이를 잘 알고 있었기에 강의 동향에 정통한 이를 이용하여 강인을 최대한 통치하고자 한 것이다. 이상의 추론은 호강사자 관련 출토 문서가 선제 시기부터 등장하는 사실에 의해서도 뒷받침된다. 선제 신작 원년은 강인의 반란이 일어난 해로 잘 알려져 있다. 선령강에 의해 촉발된 강의 반란 이후 호강사자가 등장하였다면 호강사자는 군현제만으로 충족되지 않던, 강인에 대한 대응책으로 출현하였다고 볼 수 있다.

이상 살펴보았듯이 각 이민족이 한에 귀속한 정도, 습속, 내부의 정치 상황은 저마다 상이하였으므로 한은 이민족의 성격을 분명히 인식하고 그에 맞추어 대응하였다. 본고는 강을 주요 분석 대상으로 논지를 전개하였으나, 이민족에 대한 현실적, 다층적 인식과 그에 따른 대응은 강에만 국한되지 않았을 것이다. 가령 교위가 설치된 오환(烏桓)을 비롯한 기타 이민족에 대한 통치 역시 이러한 관점에서 분석해 볼 수 있을 것인데, 이는 향후의 과제로 남기고자 한다.

참고문헌

사료

『漢書』(中華書局 標點校勘本)

『後漢書』(中華書局 標點校勘本)

『肩水金關漢簡(壹)』(甘肅簡牘保護研究中心 等編, 上海: 中西書局, 2011)

『肩水金關漢簡(貳)』(甘肅簡牘保護研究中心 等編, 上海: 中西書局, 2012)

『肩水金關漢簡(參)』(甘肅簡牘保護研究中心 等編, 上海: 中西書局, 2013)

『肩水金關漢簡(肆)』(甘肅簡牘保護研究中心 等編, 上海: 中西書局, 2015)

『敦煌漢簡』(甘肅省考古文物研究所 編, 北京: 中華書局, 1991)

『敦煌懸泉漢簡釋粹』(胡平生·張德芳, 上海: 上海古籍出版社, 2001)

『睡虎地秦墓竹簡』(睡虎地秦墓竹簡整理小組 編, 北京: 文物出版社, 1990)

『二年律令與奏讞書: 張家山二四七號漢墓出土法律文書釋讀』(彭浩·陳偉·工藤元男 主編, 上海: 上海古籍出版社, 2007)

『荊州胡家草場西漢簡牘選粹』(荊州博物館·武漢大學簡帛研究中心 編, 北京: 文物出版社, 2021)

『懸泉漢簡(壹)』(甘肅簡牘博物館 等編, 上海: 中西書局, 2019)

『懸泉漢簡(貳)』(甘肅簡牘博物館 等編, 上海: 中西書局, 2020)

『懸泉漢簡研究』(郝樹聲·張德芳 著, 蘭州: 甘肅文化出版社, 2009)

연구서 및 연구논문

김병준. 2008. "樂浪郡 初期 編戶過程과 '胡漢稍別'-「樂浪郡初元四年縣別戶口多少□□」木簡을 단서로-."『木簡과 文字』1, 139-187.

_____. 2013a. "秦漢帝國의 이민족 지배 -部都尉 및 屬國都尉에 대한 재검토-."『歷史學報』217, 107-154.

_____. 2013b. "진한제국의 변경 이민족 지배와 부도위." 연민수 외 저,『전통시대 동아시아의 외교와 변경기구』, 123-151. 서울: 동북아역사재단

_____. 2021. "진한제국을 바라보는 두 시각:『케임브리지 중국사 1권: 진한제국』을 읽고." 동북아역사재단 한국고중세사연구소 편,『구미학계의 중국사 인식

과 한국사 서술 연구』, 41-68, 서울: 동북아역사재단.

王明珂 저, 이경룡 역. 2008. 『중국 화하 변경과 중화민족』, 서울: 동북아역사재단.

이성규. 2005. "中華帝國의 팽창과 축소: 그 이념과 실제." 『歷史學報』 186, 87-133.

_____. 2006. "중국 군현으로서의 낙랑." 동북아역사재단 편, 『낙랑문화연구』(동북아역사재단 연구총서 20), 17-125, 서울: 동북아역사재단.

이주현. 2021. "前漢 중기 '타지 거주자[客]'의 출현과 그 의미 - 漢簡의 客子, 客田을 단서로 -." 『中國古中世史研究』 59, 137-179.

楊富學·劉源. 2019. "出土簡牘所見漢代敦煌民族及其活動." 『敦煌研究』 2019-3, 32-45.

王博凱. 2019. "走馬樓西漢簡所見'譯人'及相關問題試論." 『簡帛研究 二〇一九春夏卷』, 243-251.

張俊民. 2021. 『懸泉漢簡: 社會與制度』, 蘭州: 甘肅文化出版社

初世賓. 2004. "懸泉漢簡羌人資料補述." 『出土文獻研究』 6, 167-189.

金秉駿. 2011. "中國古代南方地域の水運." 藤田勝久·松原弘宣 編, 『東アジア出土資料と情報傳達』, 169-202, 東京: 汲古書院.

三崎良章. 1991. "五胡諸國の異民族統御官と東晉──南蠻校尉·平吳校尉の設置を中心として." 『東方學』 82, 43-58.

小林聰. 1989. "後漢の少數民族統御官に關する一考察." 『九州大學東洋史論集』 17, 95-115.

_____. 1991. "漢時代における中國周邊民族の內屬について." 『東方學』 82, 29-42.

熊谷滋三. 1997. "前漢における「蠻夷降者」と「歸義蠻夷」." 『東洋文化研究所紀要』 134, 19-71.

佐藤達郎. 2018. "漢代の周邊民族と軍事──とくに屬國都尉と異民族統御官を中心に." 宮宅潔 編, 『多民族社會の軍事統治』, 215-242, 京都: 京都大學出版會.

• • • •

제2장

명 태조 주원장의 고려국왕 책봉:
조작된 기록, 책봉의 실상

구범진(서울대학교 동양사학과)

I. 머리말

냉전 종식 이후 한동안 미국이 유일의 초강대국으로 국제사회에 '군림'했지만, 근년에는 중국이 대놓고 미국에 도전하는 양상이다. 북대서양조약기구(NATO: North Atlantic Treaty Organization)의 동진에 위협을 느낀 러시아는 무력 행사를 불사하며 반격에 나섰다. 미국–유럽연합과 중국–러시아가 각각 진영을 형성하여 대립각을 세우는 신(新)냉전의 구도가 뚜렷해졌다. 이처럼 현실의 국제정세가 격동하는 시기에는 과거의 국제질서나 지정학적 역학 구도의 변동이 자연스럽게 관심의 대상이 되기 마련이다. 여기에 중국의 대국굴기(大國崛起)가 가시화되면서 역사 속의 중국 중심 국제질서도 새로운 조명을 받고 있다. 예컨대, 21세기에 들어 국제정치학계에서는 서구 열강 등장 이전 동아시아의 장기적인 평화 유지를 중국 중심의 위계적 '조공 체제(tribute system)' 덕분으로 보는 연구가 나오고(Kang, 2010), 이에 자극을 받아 중국이 중심이 된 평화적 국제질서의 '재림'까지 전망하는 논의가 진행되기도 하였다.[1]

---

1   Kang(2010)의 저서가 반향을 일으켜 전개된 논의는 2015년 *Journal of Contemporary*

'역사란 과거와 현재의 끊임없는 대화이다.'라는 말도 있듯이, 현실의 상황 변화가 새로운 연구 질문을 자극하여 새로운 논의가 전개되고, 그에 따라 또 새로운 전망이 제시되는 것은 자연스러울뿐더러 역사 연구의 세계에서 바람직한 현상이라고 할 수 있다. 그러나 중국 중심 국제질서에 대한 근래의 이론적 논의에서 발견되는 실증적·논리적 결함이나 편향성에 대해서는 이미 적실한 비판이 제기된 바 있지만(Perdue, 2015), 어떤 이론이나 전망이든 간에 문제는 논자들이 제시하는 논거들이 역사의 실제와 얼마나 부합하느냐이다.

진부하게 들리겠지만, 역사 연구에서 "악마는 디테일에 있다(The devil is in the detail)."라는 말의 가치는 아무리 강조해도 지나치지 않다. 구체적 사실관계의 정확한 파악이야말로 역사 연구의 출발점이기 때문이다.[2] 그러나 사실관계의 정확한 파악은 말처럼 쉽지 않다. 심지어 어떤 경우에는 사실관계 파악을 위해 의존할 수밖에 없는 사료가 도리어 장애물로 작용하여 사실의 정확한 파악을 방해한다. 최근 연구를 통해 밝혀진 사례를 하나 들자면 이렇다. 고려-조선의 대명(對明) 사행 파견 빈도 문제와 관련하여, 홍무(洪武) 연간에는 '3년 1행'이었지만 건문(建文) 연간 이후 '1년 3행'으로 바뀌었다는 것이 통설의 이해였다. 그러나 이는 『대명회전(大明會典)』의 요약적인 기술에만 의존한 탓에 초래된 오해였다. 실제 사행 파견 빈도 변화의 '디테일'을 면밀하게 추적해 보면, 애당초 '1년 3행'으로 시작한 사행 빈도는 명과 고려-조선 관계의 변동에 따라 '3년 1행'과 '1년 3행' 사이를 오간 끝에 결국 처음의 '1년 3행'으로

China 24(96)과 2017년 *Harvard Journal of Asiatic Studies* 77(1)에 게재된 논문들을 참조. 또한 역사 속 동아시아의 장기 평화와 중국을 모방·학습한 국가 형성 과정을 강조한 Kang *et al.*(2020); Huang *et al.*(2022) 등도 참조.

2   사실관계에 대한 부정확한 인식에서 연구 질문을 제기하고, 또 논지를 전개하는 경우가 없지 않다. 예컨대, 근래의 한 연구는 명 황제의 거듭된 거절에도 불구하고 이성계가 황제의 책봉(고명과 인신)을 받아내기 위해 엄청난 노력을 기울였다고 하면서, 이성계에게는 책봉이 왜 그토록 중요했던가 묻고 있으며, 또한 논문의 주요 대목에서 이 점을 여러 번 강조하고 있다(Lee, 2020). 그러나 이성계 재위 시 조선이 명에 고명·인신을 달라고 요청했다가 거절을 당한 일은 사실 딱 한 차례 있었을 뿐이다(『太祖實錄』 4년 십일월 11일; 『明太祖實錄』 홍무 29년 정월 16일).

돌아갔음을 알 수 있다(정동훈, 2022a).

　그렇다면, 『대명회전』보다 훨씬 더 많은 '디테일'을 담고 있는 기록물, 가령 『명실록(明實錄)』 같은 사료에 의지한다면 위와 같은 오해를 피할 수 있을까? 『명실록』은 국가의 주요 정무와 황제의 언행을 가장 자세하게 전하는 편년체 사서(史書)이니만큼 아무래도 한결 낫기는 할 것이다. 그러나 『명실록』역시 사후(事後)에 만들어진 편찬물이라는 점에서는 『대명회전』과 매한가지이다. 다른 사서에 비하자면 훨씬 더 자세하다고 할지언정 그 또한 편찬 시에 찬자(撰者)에 의한 기록 취사선택 및 편집 행위 등이 불가피하다. 게다가 찬자의 무지나 부주의에 의한 오해·오류가 끼어들 수도 있다. 심지어는 사실의 은폐나 왜곡을 노린 고의적 축약이나 산삭(刪削), 개찬(改竄), 날조(捏造) 등이 일어날 수도 있다. 『명태조실록(明太祖實錄)』이 대표적인 사례이다. 건문 연간에 최초 편찬된 『명태조실록』은 '정난(靖難)의 변' 이후 두 차례나 개수(改修)된 이력이 있어 마냥 신뢰해선 안 되는 사료라는 것이 명사(明史) 연구자들 사이에서 오랜 상식이었다(謝貴安, 1993: 34-41; Chan, 2005).

　사료의 문제는 이뿐만이 아니다. 이제 새삼 돌아보건대, 중국과 그 주변 국가·민족의 역사적 관계에 관한 연구는 근본적으로 중국 중심주의(Sinocentrism)가[3] 지배하는 '기울어진 운동장'에서 진행된 것이 사실이다. 단지 화이사상(華夷思想)의 '중국 중심성'으로 인한 편향성 때문만이 아니다. 사료, 즉 역사 기록의 존재 상황 자체가 이미 중국 중심의 편향성을 '보장'한다. 중국에 자리 잡은 제국들이 남긴 기록이 압도적으로 많기 때문이다. 특히 중화제국(中華帝國, Chinese empires) 관찬 사서의 대외 관계 서사(narrative)는 대개 힘의 논리가 지배하는 국제정치의 현실을 갖가지 미사여구(美辭麗句)로 포장하는 예의(禮義)의 언설—'중화제국 수사학(修辭學, rhetoric)'이라고 부르자—이 기조를 이룬다. '중화제국 수사학'에서 중국의 황제는 주변의 약소국을 부당하게 압박하거나 위협하지 않는다. 황제는 언제나 인(仁)·의(義)·예(禮)와 같은 도덕 가치

3　중국 중심주의(Sinocentrism)에 대해서는 Fairbank(1968: 1-4) 참조.

를 추구하기 때문이다. 또한 황제는 사이(四夷)와의 관계에서 이(利)를 도모하지 않는 관대한 존재로 묘사된다. '중화제국 수사학'에서 황제는 거의 무오류의 존재이기도 하다. 그의 악행이나 실패 및 좌절은 은폐되거나 축소되기 때문이다.

물론 '중화제국 수사학'처럼 자국의 행위를 미사여구로 포장하여 정당화하는 언설은 중국만의 전유물이 아니다. 동서고금을 막론하고 국제 관계의 현장에서 넘쳐나는 '외교적 수사(diplomatic rhetoric)'와 마찬가지로 보편적인 현상이며, 따라서 그 존재 자체를 문제시할 수는 없을 것이다. 다만 외교의 현장에서 '아마추어' 취급을 받지 않으려면 상대방의 '외교적 수사'를 그대로 믿어선 안 되듯이, 역사 연구에서도 사료 속의 '수사학'을 액면대로 신뢰해서는 곤란하다. 신뢰할 수 없는 '중화제국 수사학'이 어떤 것인지는 백 마디의 말보다 한 가지 실례를 들어 설명하는 쪽이 더 효과적일 듯하다. 역시 최근의 연구에서 밝혀진 명 선덕 연간의 사례이다(정동훈, 2019b). 『명선종실록(明宣宗實錄)』의 기록에 따르면, 선덕 4년(1429) 조선의 왕이 사냥용 매와 개를 보내오자 황제는 "왕의 나라에는 진이(珍異)한 금수(禽獸)가 정말 많다. 하지만 짐이 바라는 바는 이런 데 있지 않으니 지금부터는 바치지 말라."고 따끔하게 훈계하는 칙유를 보냈다.[4] 그러나 앞뒤의 사정을 훨씬 더 자세하게 기록한 조선 『세종실록(世宗實錄)』에 의하면, 이때 황제가 보낸 실제 칙유는 앞으로도 좋은 매와 개를 더 많이 잡아다가 바치라고 재촉하는 내용이었다.[5] 사냥을 즐길 요량으로 조선의 수많은 군민(軍民)에게 산으로 들로 매와 개를 잡으러 다니는 고역을 강요한 것이 황제의 원래 모습이었건만, 『명선종실록』은 기록의 개찬을 통해 정반대의 이미지를 지닌 황제를 창출한 것이다.

『명태조실록』처럼 개수 이력이 있는 것도 아닌 『명선종실록』에 이러한 기록 조작이 숨어 있다면, 중화제국의 관찬 기록물 중에 '중화제국 수사학'으로부터 완전히 자유로운 것은 없다고 보아야 하지 않을까? 그러니 제국의 창

---

4 『明宣宗實錄』 선덕 4년 구월 24일, "王國中, 固多珍禽異獸. 然朕所欲不在於此. 自今勿獻."

5 『世宗實錄』 11년 십일월 2일, "王國中, 有好海靑及籠黃鷹大犬, 尋訪進來, 尤見王之美意."

업자 주원장(朱元璋)의 치세를 그린 『명태조실록』은 하물며 어떠하겠는가? 실제로 최근의 연구를 통해 고려 관계 기사에 대한 『명태조실록』의 기록 조작 사실이 밝혀졌다(薛戈, 2021; 구범진 외, 2021b; 정동훈, 2022b). 종래 기본적으로 명의 내정과는 무관한 대외 관계 기사까지 기록 조작의 대상이 되었으리라고 생각한 이는 거의 없었지만,[6] 『명태조실록』의 대외 관계 기사 역시 조작의 손길로부터 자유롭지 않았다는 사실이 드러난 것이다. 그렇다면, 이제는 원-명 교체기 동아시아 국제질서에 대한 기존의 이해를 재점검·재검토하지 않을 수 없다. 비유하자면, 어떤 건물이 불량 자재를 써서 시공되었다는 사실이 드러난 것과 다를 바 없는 상황이기 때문이다.

불론, 아무리 비판적 태도로 사료에 접근한다 해도 그 많은 중국의 기록으로부터 '중화제국 수사학'이 쳐 놓은 장막을 완전히 제거해서 중국 중심의 편향성을 극복하기란 결코 쉬운 일이 아니다. 더군다나 일부 기록 조작의 사례가 확인되었다고 해서 중국 관찬 기록물의 사료적 가치를 무턱대고 평가절하할 수도 없다. 관찬 기록물의 수많은 기사는 대부분 사실의 기록일 것이기 때문이다. 어떤 기사의 신빙성에 대한 의심은 어디까지나 합리적인 이유와 구체적인 증거에 입각해서 제기해야 한다. 어떤 기록물 안에서라면 복수의 관련 기사 간에, 여러 기록물 사이에서라면 기록물 간에 교차 검증을 한 결과 양립 불가의 모순이 확인된 경우로 국한하는 것이 바람직하다. 그러한 까닭에 여기서 다시, 교차 검증을 가능하게 하는, '중화제국 수사학'에 '오염'되지 않는 비(非)중국 사료가 많지 않다는 사실이 장애물로 떠오른다.

그렇지만, 『명실록』의 일부 기록이 조작된 사실을 밝혀낸 최근의 여러 연구는 명과 고려-조선의 관계를 연구하는 이들에겐 대단히 고무적이다. 이들 연구의 기록 조작 규명은 기본적으로 고려-조선 사료와의 교차 검증에 힘입

6　기본적으로 내정과 무관한 대외 관계 기사마저 기록 조작으로부터 자유롭지 않다면, 『명태조실록』의 기록 조작이 이루어진 시기 역시 두 차례의 개수가 진행된 영락 연간으로만 한정할 수 없다. 건문 연간의 최초 편찬 시부터 이미 기록의 조작이 이루어졌을 가능성도 충분한 것이다(후술).

은 바가 크다. 동일 사안에 대하여 고려-조선의 기록이 명의 기록보다 훨씬 더 풍부하고 자세한 덕분이다. 이는 적어도 명과 고려-조선 관계에 대해서라면 중국 중심의 '기울어진 운동장'에서 벗어난 연구가 얼마든지 가능함을 강력히 시사한다.

서설이 너무 길어져 버렸다. 요컨대, 최근의 연구를 통해 『명실록』의 기록 조작이 드러난 이상, 적어도 원-명과 고려-조선 교체기 동아시아 국제질서에 대한 기존의 이해는 구체적인 사실관계는 물론이거니와 책봉·조공과 같은 주요 개념까지 대상으로 하는 전면적인 재점검·재검토가 필요하다는 것이 본고의 핵심 메시지이다. 그러한 재점검·재검토가 왜 필요한지를 예시하기 위하여, 명 태조 홍무제(洪武帝: 이하 '주원장')의 고려 공민왕(恭愍王)과 우왕(禑王)에 대한 책봉을 고찰 대상으로 선정하였다. 글의 본문에서는 먼저 최근의 연구(薛戈, 2021; 정동훈, 2022b)에 의해 조작 사실이 밝혀진 『명태조실록』의 기사들을 나름의 서술 방식으로 다시 정리·소개하면서, 두 사건의 실상은 각각 어떠했으며 『명태조실록』의 기록 조작으로 어떤 허상이 만들어졌는지 서술할 것이다. 이어서는 기록 조작의 장막을 걷어내고 당시의 현실을 다시 볼 경우 주원장의 공민왕 책봉과 우왕 책봉을 어떤 의미와 성격의 사건으로 이해할 수 있을지 논의할 예정이다.

II. 공민왕 책봉의 허상과 실상 : 청봉(請封)과 책봉

『대명회전』에서는 명의 수많은 조공국 가운데 조선—1392년 이전에는 고려—을 첫 번째로 꼽고 있다. 『대명회전』의 설명에 따르면, 홍무 2년(1369) 고려의 "국왕 왕전(王顓)", 즉 공민왕이 "표문을 받들어 (홍무제의) 즉위를 축하하면서 책봉을 요청"하자, 황제가 "조서를 내려 (왕전을) 책봉하여 고려국왕으로 삼았다."[7]

---

7   萬曆 『大明會典』 권105, "洪武二年, 國王王顓遣使奉表賀即位, 請封, 貢方物, 詔封爲高麗國王.

주원장의 공민왕 책봉이 후자의 책봉 요청, 즉 "청봉(請封)"을 수락하는 방식으로 이루어졌다는 이야기이다. 또한 이 설명만 보면 고려가 먼저 명에 사신을 보낸 것처럼 생각할 수도 있다. 그러나 이는 관찬 정서(政書)의 성격상 자세한 사정을 미주알고주알 싣지 않은 탓이다. 상대방에게 먼저 사신을 보낸 쪽은 고려가 아니라 명이었다.[8] 『대명회전』에서도 고려를 포함한 "동남이(東南夷)"의 여러 나라와 국교를 수립하는 과정을 요약하여 "홍무 초에 사신을 나누어 파견하여 조서를 받들고 가서 제번(諸番)에 사해(四海)를 평정한 뜻을 깨우치니, (귀국하는) 사신을 따라 와 조공을 한 경우가 많았다."라고 한 문장에 이 사실을 반영하고 있다.[9]

　　홍무 초에 명과 고려가 사행을 주고받으면서 조공-책봉을 근간으로 하는 국교를 맺는 과정은 『명태조실록』과 『고려사(高麗史)』에 자세한 사정이 기록되어 있다. 먼저 『명태조실록』에서 공민왕 책봉과 직접 관련이 있는 기사를 선별하여 시간 순으로 정리하면 다음과 같다.

　　① 홍무 원년 십이월 26일, 사신 설사(偰斯)를 파견하여 고려국왕 왕전(王顓)에게 새서(璽書)를 전달.[10]
　　② 홍무 2년 팔월 2일, 왕전(王顓)이 사신 홍상재(洪尚載) 등을 보내 황제의 즉위를 축하하고 책봉을 요청("請封爵").[11]
　　③ 홍무 2년 팔월 14일, 사신 설사를 다시 파견하여 조서(詔書) 및 금인(金

賜龜鈕金印誥命."

8　고려가 먼저 명에 사신을 보냈다는 주장도 있지만, 이는 사실이 아니다. 薛戈(2021: 24-30) 참조

9　만력 『대명회전』 권105, "洪武初, 分遣使臣, 奉詔往諭諸番, 以平定四海之意, 多隨使來朝貢者."

10　『명태조실록』 홍무 원년 십이월 26일. 후술하듯이, 『명태조실록』의 기록은 액면 그대로 신뢰해서는 안 된다. 주원장이 설사를 고려에 보냈다는 날짜("홍무 원년 십이월 26일")부터 사실과 다르다. 설사 파견 날짜에 대한 자세한 분석은 薛戈(2021: 42-44) 참조

11　『명태조실록』 홍무 2년 팔월 2일.

印)·고문(誥文)을 전달하며 왕전(王顓)을 국왕으로 책봉.[12]

④ 홍무 2년 십이월 13일, 왕전(王顓)이 하정사(賀正使) 장자온(張子溫) 등을 보내 책봉에 사은("謝封爵").[13]

⑤ 홍무 3년 팔월 5일, 고려에서 사신 "강덕찬(姜德贊)"을 보내 과거 원(元)에서 받은 금인(金印)을 제출.[14]

⑤는 일단 차치하고, ①~④의 흐름을 우선 정리해 보자. 홍무 원년 십이월 주원장은 명의 건국과 자신의 황제 등극 사실을 알리고자 사신 설사를 고려에 파견했다. 공민왕은 이에 화답하는 사신으로 홍상재 등을 보내면서 책봉을 요청하였는데, 그 사신이 당시 명의 수도 남경(南京)에 도착한 것은 홍무 2년 팔월이었다. 그러자 주원장은 곧장 책봉을 결정하고 설사를 다시 고려에 보냈다. ③과 ④의 시차를 보건대 책봉사 설사는 대략 홍무 2년 시월경 고려에 도착해서 책봉 절차를 완료한 것으로 추정할 수 있다. 공민왕은 그해 연말 남경에 온 하정사 장자온 편에 책봉에 대한 감사의 뜻을 밝혔다.

①~④가 구성하는 서사에 따르자면, 주원장의 공민왕 책봉은 더할 나위 없이 순조롭게, 마치 물 흐르듯 일사천리로 진행되었다. 명에서 설사를 처음 고려로 파견한 시점은 원 순제(順帝)의 북천(北遷)과 명군의 대도(大都) 입성으로부터 몇 달이 지난 뒤였다.[15] 원을 중원에서 축출하는 데 성공한 주원장이 명의 건국과 자신의 등극 사실을 알리는 사신을 보내오자, 고려의 공민왕은 천명(天命)이 이제 원에서 명으로 옮아갔음을 알고 곧바로 주원장에게 책봉을 요청했다는 이야기가 된다. 명의 입장에서 말하자면, 무력을 전혀 행사하지 않고도 고려의 '귀순'이 실현된 셈이다. 고려의 '귀순'은 다시 천명이 이제 명

---

12 『명태조실록』 홍무 2년 팔월 14일.

13 『명태조실록』 홍무 2년 십이월 13일.

14 『명태조실록』 홍무 3년 팔월 5일.

15 『명태조실록』 홍무 2년 팔월 13일 참조.

에게 와 있음을 확인해 주는 일이기도 하였다. 공민왕이 먼저 요청했으니 주원장이 그를 고려국왕으로 책봉하고, 공민왕이 또 그에 사은하는 것은 정해진 수순이었다. 주원장의 최초 사신 파견부터 공민왕의 책봉 사은까지 걸린 시간은 겨우 1년이었다.

그러나 곰곰이 따져보면, 원에서 받은 "금인"의 제출이 책봉 사은과 별도로, 그것도 여덟 달이나 늦게 이루어졌다는 점(⑤)이 석연치 않다. 책봉 시 명에서 "금인"을 보냈으니(③), 과거 원에서 받은 "금인"의 제출 역시 책봉 사은(④)과 동시에 이루어졌어야 하지 않을까? 고려가 이런 중대한 일을 깜빡 잊기라도 했다는 말인가?

여기서 양국이 사행을 주고받은 사정을 훨씬 더 소상한 기록으로 남긴 『고려사』로 눈을 돌려보자. 고려는 책봉 사은 시에 원에서 받은 금인의 제출을 잊은 것이 결코 아니었다. 그뿐만이 아니다. 『고려사』가 전하는 주원장의 공민왕 책봉 과정은 『명태조실록』의 서사와는 상당한 차이가 있다. 이 차이가 기본적으로 『명태조실록』의 기록 조작에 기인한 것이라는 점에 대해서는 최근의 선행 연구를 통해 충분한 논증이 이루어졌으므로(薛戈, 2021: 19-82), 여기서는 조작의 전모를 자세히 소개하는 대신에 글의 전개에 필요한 주요 사실에만 초점을 맞추기로 한다.

(1) 홍무 2년 사월 28일, 명 사신 설사가 와서 주원장의 새서(璽書)와 선물을 전달.[16]

(2) 홍무 2년 오월 11일, 사신 홍상재 등을 파견하여 주원장의 등극을 축하하는 표문 등을 전달.[17]

(3) 홍무 3년 오월 26일, 명 사신 설사가 와서 공민왕을 책봉.[18]

---

16 『高麗史』 권41, 공민왕 18년 사월 28일.

17 『고려사』 권41, 공민왕 18년 오월 11일.

18 『고려사』 권42, 공민왕 19년 오월 26일.

(4) 홍무 3년 칠월 18일, 사신 강사찬(姜師贊)을 파견하여 책봉에 사은하고 과거 원에서 받은 금인을 제출.[19]

위의 (1)~(4)는 『명태조실록』의 ①~⑤에 대응하는 『고려사』의 기록을 간단히 정리한 것이다. 주원장이 새서와 선물을 보내오자 공민왕은 이에 바로 화답하여 홍상재 등을 명에 파견하였다. 여기까지는 『명태조실록』의 기록과 부합하지만, 문제는 그다음부터이다. 홍상재 등을 명에 보낸 것은 등극 축하 등을 위해서였을 뿐으로, 공민왕은 자신에 대한 책봉을 요청한 적이 없다. 따라서 『명태조실록』에서 홍상재 사행 때의 "청봉작(請封爵)"(②)은 액면 그대로 신뢰하기 곤란한데, 이 문제에 대해서는 나중에 좀 더 자세히 살펴보겠다.

또한 『명태조실록』에서 책봉사 설사의 고려 도착은 대략 홍무 2년 시월경으로 추산되지만, 『고려사』에 따르면 그가 실제로 개경에 도착한 것은 그보다 무려 일곱 달이나 뒤인 홍무 3년 오월 말이었다.[20] 따라서 홍무 2년 십이월 남경에 도착한 장자온이 책봉에 사은("謝封爵")했다는 『명태조실록』의 기사(④)는 사실일 수가 없다. 더구나 장자온이 개경(開京)에서 이듬해 신년 축하를 위한 하정사로 임명된 시점은 남경에서 주원장이 공민왕 책봉을 결정한 것과 같은 무렵인 홍무 2년 팔월이었다.[21] 장자온이 맡지도, 아니 아예 맡을 수도 없었던 책봉 사은의 임무까지 겸했다는 이야기는 『명태조실록』의 '오류'가 분명하다.

『명태조실록』의 '오류'는 이뿐만이 아니다. (4)에서 보듯이, 고려가 실제 책봉 사은을 위해 파견한 사신은 강사찬이었다. 원의 금인을 명에 제출하

---

19 『고려사』 권42, 공민왕 19년 칠월 18일.

20 책봉사 설사의 도착이 이렇게 늦어진 것은 당시의 사행로가 황해를 횡단하는 바닷길이었다는 사실과 밀접한 관련이 있다. 바람과 해류가 항해에 적합하게 바뀌기까지 출항도 하지 못하고 마냥 시간을 보내야 하는 경우가 있었다. 고려와 명의 사신이 오가던 바닷길의 문제점에 대해서는 구범진 외(2021c) 참조. 아울러, 홍무 초 일본에 갔던 명의 사신 일행이 귀국길 항해에 적합한 바람을 기다리느라 장기간 항구에서 대기한 사례도 참조(Ma, 2017: 42-43).

21 『고려사』 권41, 공민왕 18년 팔월 6일.

는 임무까지 아울러 맡았던 강사찬이 고려를 떠난 것은 홍무 3년 칠월이었다. 『명태조실록』에서는 홍무 3년 팔월에 도착한 고려 사신 "강덕찬(姜德贊)"—강사찬의 오기(誤記)—이 원의 금인을 명에 넘겨주었다는 사실만 언급했다(⑤). 실제로는 강사찬이 동시에 맡았던 책봉 사은과 금인 반납을, 『명태조실록』은 남경 도착 시점이 전혀 다른 장자온과 "강덕찬"이 각각 나누어 수행한 것처럼 쓴 것이다.

이런 종류의 '오류'들이 단순 실수나 단순 착오의 산물일 가능성이 없다는 것은 두말할 나위 없다. 『명태조실록』(①~⑤)과 『고려사』((1)~(4))의 차이는 전자의 고의적인 '거짓말'에서 비롯되었을 가능성이 농후하다. 여기서 공민왕의 "청봉작"(②)에 호응하여 주원장이 책봉사 설사를 파견하였다는 『명태조실록』의 기사(③) 내용을 자세히 들여다보자.

(A) 부보랑(符寶郎) 설사를 파견하여 조서 및 금인과 고문(誥文)을 가지고 고려에 가서 왕전을 책봉하여 국왕으로 삼았다. ㉠ 그 조서에 말하기를, "…… 너희 고려는 하늘이 만든 동이로 땅이 험준하고 멀리 있어 짐은 (너희를) 관장하지 않겠다고 생각하며 (너희가) 말썽을 적게 일으키고 각기 편안히 살기를 (바랐는데), **어째서인지 자꾸만 예속되겠다고 청하여[何數請隸] 말의 뜻이 갈수록 굳건해졌다. (나의) 군신(群臣)이 모두 요청한 바를 받아들여야 마땅하다고 말하였다.** 그래서 일시동인(一視同仁)과 화외(化外)를 (화내[化內]와) 나누지 않는 (정신으로) 그 정성을 윤허하여 앞서의 봉작을 계승할 것을 명한다. …… 이에 조서로 보이니, 마땅히 다 알기를 바란다." 하였다. ㉡ 고문에 말하기를, "아, 너 고려국왕 왕전은 …… 이제 사신을 파견하여 금인을 보내며, (종래의 지위) 그대로 책봉하여 고려국왕으로 삼는다. …….." 하였다. ㉢ 또한 왕전에게 대통력(大統曆) 1책과 금수융기(錦繡絨綺) 10필을 하사하였고, 또한 ……[22] [원문자와 강조는 인용자]

---

22 『명태조실록』 홍무 2년 팔월 14일, "遣符寶郎偰斯, 齎詔及金印誥文, 往高麗, 封王顓爲國王.

(A)는 첫 문장에서 책봉사 설사가 "조서 및 금인과 고문"을 가져갔음을 언급한 다음, 그에 맞추어 ㉠과 ㉡에서 차례로 "조서"와 "고문"을 직접 인용하고, ㉢에서 기타 예물을 열거하였다. ㉠의 조서("詔")는 『명태조실록』의 서사에서 ②의 "청봉작"과 관련하여 특히 주목할 가치가 있다. 밑줄 친 문장을 보면, 주원장은 본디 고려의 일에 간섭할 생각이 없었음에도 고려가 자꾸만 책봉을 요청["何數請隸"]하여 그 "말의 뜻이 갈수록 굳건"해졌고 자신의 신하들도 그 요청을 들어주자고 했기 때문에 책봉하게 되었다는 뜻이다. 따라서 ㉠의 조서는 『명태조실록』에서 ②의 "청봉작"과 앞뒤에서 서로 호응하며 불가분의 짝을 이루는 밀접한 관계에 있다고 하겠다.

그런데 곰곰이 따져보면, ㉠의 밑줄 친 문장은 홍무 2년의 상황과는 전혀 부합하지 않는 내용임을 깨닫게 된다. 홍무 2년 팔월 시점에서, 고려는 거듭해서 책봉을 요청하여 그 "말의 뜻이 갈수록 굳건"해질 수 있는 '기회' 자체가 없었다. 그때 남경에 도착한 홍상재는 명의 건국 이후 남경에 온 첫 번째 고려 사신이었기 때문이다. 그러니 ㉠의 조서는 진위가 의심스럽다.

여기서 책봉사 설사의 입국 사실에 대한 『고려사』의 기록을 보면, (A)의 ㉡과 ㉢에 해당하는 내용은 있지만, ㉠의 조서는 흔적조차 보이지 않는다.[23] ㉠의 조서가 보이지 않는 것은 『고려사』 찬자의, 고의 또는 실수에 의한 누락 때문일까? 보통 이런 종류의 의문에 대한 해답을 논증하기란 쉽지 않다. 하지만, 다행스럽게도 이 경우는 그 해답을 논증하는 데 구태여 많은 노력을 기울일 필요가 없다. 선행 연구(薛戈, 2021: 62-70)를 통해 명백하게 밝혀졌듯이, 『고려사』의 공민왕 책봉 기사에 이 조서가 흔적조차 보이지 않는 것은 『고려사』 찬자의 누락 탓이 아니다. ㉠의 조서는 사실 공민왕 책봉 시에 만들어진

㉠詔曰, '…… 爾高麗, 天造東夷, 地設險遠, 朕意不司, 簡生釁隙, 使各安生, **何數請隸, 而辭意益堅. 群臣皆言, 當納所請.** 是以一視同仁, 不分化外. 允其虔懇, 命承前爵, …… 故玆詔示, 想宜知悉.' ㉡誥曰, '咨, 爾高麗國王王顓, 世守朝鮮, 紹前王之令緒, 恪尊華夏, 爲東土之名藩. …… 今遣使齎印, 仍封爲高麗國王. ……' ㉢仍賜顓大統曆一本, 錦繡絨綺十匹, 又賜……"

23 『고려사』 권42, 공민왕 19년 오월 26일.

문서가 아니었기 때문이다. 즉, 『고려사』의 우왕 11년(1385: 홍무 18년) 구월 우왕 책봉 시의 기사에서 동일 내용의 조서가 발견되는 것이다.[24]

요컨대, 『명태조실록』은 홍무 18년 우왕 책봉 시의 조서를 16년 전으로 끌어다가 홍무 2년 팔월 공민왕 책봉 기사에다가 끼워 넣은 것이다. 조서의 작성 시점을 조작했으니 ㉠의 밑줄 친 문장이 홍무 2년 팔월의 상황과 맞지 않는 것은 당연한 노릇이다. 홍무 18년 우왕 책봉 시의 조서에서 ㉠의 "하삭청예(何數請隸)"는 고려가 공민왕 사후 거듭해서 우왕의 책봉을 요청한 사실을 반영한 것이었을 따름이다(薛戈, 2021: 67-69).

이처럼 공민왕이 책봉을 요청한 적도 없을뿐더러 ㉠의 조서 또한 실은 공민왕 책봉 시가 아니라 우왕 책봉 시의 것이라면, 『명태조실록』에서 ②의 "청봉작" 역시 ④⑤와 마찬가지로 고의적인 '거짓말'이라고 볼 수밖에 없다. 그러므로 『명태조실록』의 공민왕 책봉 서사를 구성하는 기사 ①~⑤에서 ②의 "청봉작", ③의 "조(詔)", ④의 "사봉작(謝封爵)"은 사실의 날조, ⑤는 사실의 왜곡을 노린 사실—강사찬 사행의 책봉 사은—의 고의적인 산삭 행위에 해당한다는 결론을 내릴 수 있다.[25]

---

24 『고려사』권135, 우왕 11년 구월, "自有元之失御, 兵爭華夏者, 列若星陳. 至於擅土宇, 異聲敎, 豈殊乎瓜分. 虐黔黎, 專生殺, 不外乎五胡? 若此者, 將及二紀. 治在人思, 眷從天至. 朕本寒微, 君位中原, 撫諸夷於八極, 相安於彼此. 他無肆侮於邊陲, 未嘗妄興九伐之師, 涉水陸之艱, 以患吾民. 爾高麗, 天造東夷, 地設險遠, 朕意不同, 簡生釁隙, 使各安生, 何數請隸而永堅. 況群臣諫納. 是以一視同仁, 不分化外, 今允虔誠, 命承前爵. 儀從本俗, 法守舊章. 嗚呼! 盡夷夏之咸安, 必上天之昭鑑. 旣從朕命, 勿萌釁隙, 以遂生." 이를 앞서 인용한 (A)의 조서와 비교하면 자구의 출입도 적잖이 보이는데, 이는 기본적으로 (A)가 조서 원본을 편집하여 실은 탓이다(薛戈, 2021: 65-67 참조).

25 따라서 홍무 초의 외국 국왕 책봉이 안남·고려의 요청에 응한 행위였다는 선행 연구의 주장 (정동훈, 2019a: 42-47)은 재고되어야 마땅하다.

III. 우왕 책봉의 허상과 실상 : 세공(歲貢)과 책봉

앞 장에서 주원장의 고려국왕에 대한 첫 번째 책봉, 즉 공민왕 책봉과 관련하여 『명태조실록』의 기록 조작 사실을 살펴보았으니, 이제는 주원장의 고려국왕에 대한 두 번째 책봉, 즉 우왕 책봉 과정으로 눈을 돌릴 차례이다.

명과 고려는 홍무 2~3년의 사신 왕래를 통해 책봉-조공을 근간으로 하는 정식 국교를 수립하였다. 그러나 양국 관계는 그로부터 얼마 지나지 않은 홍무 5년(1372)부터 흔들리는 모습을 보였다. 명군이 고려와 인접한 요동으로 진출한 가운데, 야심 차게 준비한 대규모 북정(北征)이 사실상 실패로 끝나는 등 전세(戰勢)에 변곡점이 발생하자 주원장은 고려를 의심의 눈초리로 바라보기 시작했다(구범진 외, 2021a). 홍무 7년(1374) 공민왕 폭훙(暴薨), 명 사신 피살 등 굵직굵직한 사건을 거친 끝에 명은 고려와의 국교를 사실상 단절하고 말았다(薛戈, 2021: 201-243 참조). 명으로부터의 책봉이 무망(無望)하게 되자 고려는 북원과의 관계를 강화하였다. 마침내 우왕 3년(1377: 홍무 10년)에 이르러서는 북원의 책봉을 받고 그 연호를 쓰기 시작했다.[26]

그 뒤로도 고려는 북원 세력과의 통교를 줄곧 유지하였다. 하지만 다른 한편으로 대명 관계의 정상화를 위한 노력도 재개하였다(이익주, 2019 참조). 우왕 3년 말 명이 그간 억류하고 있었던 고려인 358명을 석방하여 귀국시킨 사건이 그 계기였다.[27] 오랜 시간의 끈질긴 노력 끝에 고려는 우왕 11년(1385: 홍무 18년) 명으로부터 우왕에 대한 책봉을 받아냄으로써[28] 대명 관계를 일단 정상 궤도로 되돌려 놓았다. 주원장은 원래 공민왕을 시해한 "간신(姦臣)"이 고려의 국정을 농단하고 있다고 보았던 터라 꼭두각시에 불과한 우왕을 책봉할 의사가 없었다. 그럼에도 그가 결국 우왕을 책봉하여 국왕으로 승인한 것은, 자

---

26 『고려사』 권133, 우왕 3년 이월.

27 『고려사』 권133, 우왕 3년 십이월, "帝放還我國人丁彦等三百五十八人."

28 『고려사』 권135, 우왕 11년 구월.

신이 내세운 책봉의 조건—막대한 양의 세공 납부—을 고려가 충족했기 때문이다.[29]

『명태조실록』에 따르면, "홍무 10년 십이월"에 주원장은 고려의 사신에게 매년 막대한 양의 세공을 납부함으로써 고려가 "간신절명(姦臣竊命)" 상황에 있지 않으며 우왕이 허수아비가 아님을 증명하라는 요구를 들이밀었다.[30] 고려로서는 대명 관계의 정상화를 위해서라면 주원장의 요구에 응할 수밖에 없었지만, 막대한 세공을 마련하기란 결코 쉬운 일이 아니었다. 세공 납부를 명분으로 거듭해서 사신을 보냈지만, 주원장은 가져온 세공의 양이 부족하다는 이유를 들어 번번이 퇴짜를 놓았다(정동훈, 2022c: 391-396).

그러다가 홍무 16년(1383) 시월에 이르러 주원장은 그산 고려가 수량을 맞추지 못한 탓에 미납 상태에 있던 5년 치 세공(이하 '5년 세공')을 한꺼번에 바치라고 요구했다. 그래야만 고려의 관계 정상화 요청, 즉 우왕 책봉 요청이 거짓이 아니라 "성의"에서 나온 것임을 인정하겠다는 것이었다. 이때 그가 요구한 '5년 세공'이란 '말 5,000필, 금 500근, 은 50,000냥, 포 50,000필'로 실로 엄청난 양이었다.[31] 말과 포는 어떻게든 마련한다 치더라도, 금·은의 경우는 수량을 맞추기가 사실상 불가능했다. 이에 고려는 금·은을 말로 대체하는 방안을 추진하였다. 그리고 명이 이를 받아들여 금·은의 대부분을 233필의 말로 대체해줌으로써[32] 마침내 홍무 18년 정월에 이르러 '5년 세공'의 완납이 실현되었다.[33]

---

29 『고려사』 권134, 우왕 5년 삼월; 권135, 우왕 9년 십일월; 권136, 우왕 12년 칠월. 구체적인 상황 전개에 대해서는 정동훈(2022b) 참조

30 『명태조실록』 홍무 10년 십이월. 단, 이 기사에는 주원장이 고려 사신에게 세공을 요구한 시점을 실제보다 1년 앞당긴 조작이 숨어 있다(정동훈, 2022b: 94-97 참조).

31 『명태조실록』 홍무 16년 시월 18일; 『고려사』 권135, 우왕 9년 십일월. 이때 명에서는 고려 사신 김유 일행을 억류하고 그 통사를 돌려보내 황제의 요구를 전달하게 했는데, 『명태조실록』은 통사를 사신으로 둔갑시킴으로써 사신 억류 사실을 감추고 있다.

32 『명태조실록』 홍무 17년 윤월 12일; 『고려사』 권135, 우왕 10년 칠월; 우왕 10년 윤시월.

33 『명태조실록』 홍무 18년 정월 15일. 단, 『명태조실록』은 이때 고려가 납부한 '5년 세공'을 "말

고려의 '5년 세공' 완납이 실현되자, 명과 고려는 우왕의 책봉에 필요한 수순을 착착 밟아 나갔다. 명은 홍무 16년 이래 억류 중이던 고려의 사신들을 석방하여 귀국시켰고,[34] 고려는 홍무 18년 오월 우왕 책봉을 요청하는 사신을 파견하였다.[35] 홍무 18년 칠월 청봉 사신이 도착하자 주원장은 고려로 책봉사를 파견하였다.[36] 명의 책봉사 일행이 개경에 온 그해 구월, 마침내 우왕 책봉이 성사되었다.[37] 공민왕의 사망 이후 무려 11년 만의 일이었다.

주원장은 막대한 양의 '5년 세공'을 한꺼번에 바치라는 자신의 요구가 어디까지나 고려의 "성의"를 확인하기 위한 것이라고 강조하였다. 고려가 세공을 완납하여 "성의"를 증명하자, 그는 곧바로 관계를 정상화하여 우왕을 책봉하게 되었다. 따라서 고려의 '5년 세공' 납부가 실현된 홍무 18년 정월의 시점에 이르면 명이 고려에 세공을 요구할 이유는 사라진 셈이 된다.

『명태조실록』은 고려가 '5년 세공' 납부를 완료한 바로 다음 날(홍무 18년 정월 16일)에 황제가 고려의 세공을 대거 삭감하는 은혜를 베풀어 '삼 년에 한 차례 말 50필'만 바치라는 내용의 새로운 약정을 제정했음을 밝히고 있다.[38] 새 약정을 제정하면서 황제는, 공민왕을 시해한 고려의 신하들이 자신들의 악행을 감추려는 의도에서 국왕 책봉을 요청했다고 생각했기에 자신은 책봉을 윤허할 의사가 없었지만, 고려가 책봉 요청을 그치지 않았기 때문에 세공을 요구했던 것이라고 하면서, 세공 삭감의 이유를 다음과 같이 제시한다.

  (B) 그러나 중국이 어찌 이[고려의 세공: 인용자]에 기대어 부유하게 되고

5천 필, 금 5백 근, 은 5만 냥, 포 5만 필"로 기록하여, 쌍방의 협의를 통해 금·은이 말로 대체된 사실은 밝히지 않았다.

34 『고려사』 권135, 우왕 11년 사월.

35 『고려사』 권135, 우왕 11년 오월.

36 『명태조실록』 홍무 18년 칠월 3일; 칠월 14일.

37 『고려사』 우왕 11년 구월.

38 『명태조실록』 홍무 18년 정월 16일.

자 했겠는가? 그로써 그 성의 여부를 시험하려 한 것에 지나지 않을 따름이다. 이제 (고려가) 이미 명을 받들어 그 마음도 이미 드러났으니, 마땅히 그와 다시 약정하여 그 세공을 삭감해야 하겠다.[39]

그럴듯하게 들리는 이야기이다. 하지만 『고려사』에서 관련 기사들을 찾아 교차 검증을 해 보면, 공민왕 책봉의 경우와 마찬가지로 우왕 책봉에 관한 『명태조실록』의 서사 역시 그대로 신뢰해서는 안 될 이야기라는 것을 발견하게 된다. 기록 조작의 흔적은 여러 군데에 보이지만, 지면의 절약을 위해 여기에서의 논의는 '5년 세공' 완납 이후 세공의 대폭 삭감이 이루어진 시점에 초점을 맞추기로 한다.

앞에서 언급했듯이 『명태조실록』에서 황제의 세공 삭감 조치가 이루어진 시점은 고려가 '5년 세공'을 완납한 바로 다음 날인 홍무 18년 정월 16일이었다. 그러나 『고려사』에서 황제의 세공 삭감 성지가 고려에 도착한 것은 우왕 12년, 즉 홍무 19년 칠월이었다.[40] 무려 1년 반의 시차가 나는 셈이다. 또한 각각에 수록된 텍스트를 비교하면, 우선 분량 상으로 『고려사』의 성지가 『명태조실록』의 약 2.3배나 된다. 분량의 차이는 일단 후자가 편찬 시에 내용을 더 과감하게 산삭한 탓이라고 치고 넘어가자. 그러나 세공 삭감 이후에 고려가 새 약정—'삼 년에 한 차례 말 50필'—을 이행할 시점이 서로 다르게 기록되어 있다는 문제는 그냥 넘어갈 수 없다.

(C) 『명태조실록』: 삼 년에 한 번 입조(할 때) 말 50필을 바치되, (다음번은 홍무) 21년 정단(正旦)에 이르러서야 바치게 하라.[41]

---

39 『명태조실록』 홍무 18년 정월 16일, "然中國豈倚此爲富. 不過以試其誠僞耳. 今旣聽命, 其心已見, 宜再與之約, 削其歲貢."

40 『고려사』 권136, 우왕 12년 칠월.

41 『명태조실록』 홍무 18년 정월 16일, "令三年一朝貢馬五十匹, 至二十一年正旦乃貢."

(D) 『고려사』 : 삼 년에 한 번 입조(할 때) 좋은 말 50필을 (바치게 한다).
…… 올해 연말에 이번 약정으로 (고려의 성의를) 징험한 후에 홍무 24년
정단(正旦)에 이르게 되면 비로소 처음처럼 (말 50필을) 바치라고 하라.[42]

『명태조실록』에서 (C)는 홍무 18년(1385) 정월 16일 황제의 발언이다. '5
년 세공'을 한꺼번에 완납하여 "성의"를 입증했으니 고려의 부담을 대폭 삭감
한다면서,[43] 납부 주기 또한 1년에서 3년으로 변경해 줄 테니 지금부터 만 3년
이 지난 홍무 "21년 정단"부터 새로 약정한 말 50필을 바치라는 내용이다.

(D)는 『고려사』의 우왕 12년(1386) 칠월 기사이다. 그러므로 여기서 "올
해 연말"은 우왕 12년, 즉 홍무 19년 연말을 가리킨다. 이는 신년 하례를 위해
그해 연말 남경에 도착할 사신, 즉 '홍무 20년 하정사'를 통해 새 약정의 말 50
필을 바치라는 뜻이다. 새 약정에 따른 첫 번째 공마(貢馬) 납부 시점을 '홍무
20년 정단'으로 지정한 셈이다. "삼 년에 한 번"이라는 주기에 따르자면 두 번
째 납부 시점은 '홍무 20년 정단'으로부터 만 3년이 지난 '홍무 23년 정단'으
로 계산된다. 그러나 황제는 어찌 된 노릇인지 두 번째 납부 시점을 "홍무 24
년 정단"으로 특정하였다. 황제가 특정한 최초 두 차례의 납부 시점은 각각 홍
무 20년 정단과 홍무 24년 정단이니, 공마 50필을 바치는 실제 주기는 "삼 년
에 한 번", 즉 '3년 1공'이 아니라 '4년 1공'이 되고 만다.

(C)와 (D) 사이에는 양립 불가의 모순이 있다. 둘 중에 하나는 분명 사실
이 아니다. 어느 쪽이 사실일까? 최근의 연구에 따르면, 고려의 대명 공마 50
필 납부는 '3년 1공'이 아니라 (D)에서 황제가 특정한 시점에 맞추어 이루어졌

---

42 『고려사』 권136, 우왕 12년 칠월, "三年一朝, 貢良驥五十匹. …… 諭今歲歲終, 以此約爲驗後,
至洪武二十四年正旦, 方進如始."

43 '5년 세공'의 연간 부담과 비교하자면, 다른 것은 차치하고 말의 수만 따지더라도 '1년 1,000
필'을 '3년 50필'로 바꾼 것이니, 주원장으로선 고려의 부담을 무려 60분의 1로 줄여주는 파격적인
조치를 베푼 셈이다.

고,[44] 조선의 공마 역시 줄곧 '4년 1공' 주기로 납부되었다. "삼 년에 한 번"에 따르자면 응당 '홍무 23년'이라고 말했어야 했건만, 주원장은 그만 두 번째 납부 시점을 잘못 말하여 "홍무 24년"으로 특정하였고, 그후 고려-조선의 실제 공마 납부 주기는 이러한 황제의 '실언'에 의해 결정되었다고 볼 수밖에 없다 (정동훈, 2022b).

그렇다면, 고려-조선의 실제 공마 주기와 부합하지 않는 『명태조실록』의 (C)는 어떻게 보아야 할까? 간단히 말해서 이는 기록 조작의 산물이다. 먼저 홍무 18년 정월 '5년 세공'의 완납 및 세공의 삭감과 관련된 주요 사실을 『고려사』에 근거하여 시간 순으로 정리해 보자.

  ㉠ 홍무 17년 윤시월, 세공사 이원굉(李元紘)과 '홍무 18년 하정사' 조림 (趙琳) 파견.[45]

  ㉡ 홍무 18년 오월, 책봉 주청사 윤호(尹虎)·조반(趙胖) 파견.[46]

  ㉢ 동년 유월, '홍무 18년 성절사' 안익(安翊)·장방평(張方平) 파견.[47]

  ㉣ 동년 구월, 명의 책봉사가 개경에 도착하여 우왕을 책봉.[48]

  ㉤ 동년 시월, 사은사와 '홍무 19년 하정사' 파견.[49]

  ㉥ 동년 십이월, 세공사 강회백(姜淮伯) 파견. (세공은 말 1만 필, 포 1만 필 및 금·은을 대신하는 명목의 말 66필); 성절사 안익(安翊) 등이 귀국하여, 앞으로 일 년에 한 번씩 세공을 가져오라는 황제의 성지 전달.[50]

---

44 고려는 '홍무 20년 하정사'와 '홍무 24년 하정사' 편에 각각 공마 50필씩 보냈다. 『고려사』 권 136, 우왕 12년 구월; 권45, 공양왕 2년 구월 참조

45 『고려사』 권135, 우왕 10년 윤시월.

46 『고려사』 권135, 우왕 11년 오월.

47 『고려사』 권135, 우왕 11년 유월.

48 『고려사』 권135, 우왕 11년 구월.

49 『고려사』 권135, 우왕 11년 시월.

50 『고려사』 권135, 우왕 11년 십이월.

ⓐ 홍무 19년 이월, 세공 삭감 주청사 정몽주(鄭夢周) 파견.[51]

ⓞ 동년 칠월, 정몽주가 귀국하여, 황제의 세공 삭감 성지를 담은 예부 자문 전달.[52]

ⓩ 동년 팔월, 세공 삭감 사은사 윤진(尹珍)·이희번(李希蕃) 파견.[53]

홍무 17년(1384: 우왕 10년) 윤시월에 파견한 세공사(㉠)의 남경 도착(홍무 18년 정월) 사실은 앞서 언급한 대로 『명태조실록』에도 기록되어 있다.[54] 홍무 18년 오월의 책봉 주청사 파견(㉡)은 세공사의 귀국 이후에나 이루어졌을 터인데, 그에 앞서 ㉠의 세공사가『명태조실록』홍무 18년 정월 16일 기사에 등장하는 세공 삭감 성지를 가져왔다는 기록은『고려사』에 흔적조차 없다. 오히려 그해의 성절사로 명에 갔다가(㉢) 십이월에 귀국한 안익이 받아온 성지를 보면(㉣), 황제는 세공에 대하여 삭감은커녕 지난번처럼 몇 년분을 한꺼번에 가져오느라 고생하지 말고 앞으로는 일 년에 한 번씩 착실히 바치라고 명령하고 있다.[55] 고려는 안익이 받아온 성지와 상관없이 이미 세공사 강회백을 파견하여 기존 '5년 세공'의 5분의 1에 해당하는 수량의 세공을 명으로 보냈다(㉥). 그리고 위에는 열거하지 않았지만,『명태조실록』에도 홍무 19년 이월 초 강회백 일행이 "포 1만 필과 말 1천 필"을 바쳤다는 기록이 남아 있다.[56] 이 기록은 마치 앞서의 세공과는 무관한 것처럼 쓰여 있지만, 고려가 홍무 19년 초까지도 종래의 세공을 계속 바치고 있었음을 입증한다. 따라서 황제의 세공 삭감 조치가 이미 홍무 18년 정월에 발령되었다는『명태조실록』의 기사는 모종의

51 『고려사』권136, 우왕 12년 이월.

52 『고려사』권136, 우왕 12년 칠월.

53 『고려사』권136, 우왕 12년 팔월.

54 『명태조실록』홍무 18년 정월 15일.

55 『고려사』권135, 우왕 11년 십이월, "歲貢呵, 預前一發撈辦, 將來時節, 怎路上艱難. 俺這里收呵, 也不便. 當一年一年家將來."

56 『명태조실록』홍무 19년 이월 3일.

조작이 개입된 결과로 볼 수밖에 없다.

사실은 이랬다. 세공 삭감은 고려가 먼저 막대한 양의 세공을 계속 마련하기가 너무 힘들다면서 세공 삭감을 간청한 데 따라 이루어진 것이었다. 고려가 우왕 12년(홍무 19년) 정몽주를 파견하여 세공 삭감을 정식으로 주청(Ⓐ)한 뒤에야 비로소 황제는 삭감을 허락하였으며, 『고려사』는 바로 이때의 성지를 담은 예부 자문을 정몽주의 귀국 시점 기사에 수록한 것이다(◎).

㉠~◎만으로도 『명태조실록』의 기사가 조작의 산물임은 충분히 입증된다. 그러나 『고려사』가 아닌 제삼의 사료에서 증거를 대야만 조작 사실을 인정할 수 있노라고 버티는 이가 있을지도 모르겠다. 그런 이들을 위한 조작의 확증이 존재한다. 최근의 연구(정동훈, 2022b: 104-105)에서도 언급했듯이, 주원장의 문집인 『대명태조황제어제집(大明太祖皇帝御製集)』에는 고려의 세공을 삭감한다는 내용의 칙유가 수록되어 있다. 이 칙유는 분량이 430자로 『고려사』 수록 세공 삭감 성지(411자)와 거의 차이가 없을 뿐만 아니라 몇몇 글자의 출입을 제외하면 자면도 거의 일치한다.[57] 이에 반해 『명태조실록』의 해당 성지는 산삭이 많이 이루어져서 겨우 178자에 불과하며, 산삭되지 않은 부분의 내용도 상당히 다르다. 이는 『대명태조황제어제집』의 칙유와 『고려사』의 성지가 원본에 거의 손을 대지 않은 사실의 기록임을, 반면에 『명태조실록』의 성지는 조작된 기록임을 증언한다.

요컨대, 주원장의 세공 삭감 조치는 고려가 '5년 세공'을 완납한 홍무 18년 정월에 취해진 것이 아니었다. 그는 홍무 19년 초에도 한 차례 더 1년 치 세공을 받았다. 세공 삭감 및 새로운 약정을 담은 황제의 성지는, 홍무 19년 이월에 출국하여 칠월에 귀국한 정몽주가 남경에 머물고 있을 때, 대략 홍무 19년 여름에 발령된 것으로 추정할 수 있다. 실제로 정몽주의 문집 『포은집(圃隱集)』에 따르면, 그가 세공 삭감의 성지를 받은 날짜는 홍무 19년 사월 23일

---

57 "又(諭禮部回高麗勅)." 『大明太祖皇帝御製集』(明內府抄本, 稀見明史研究資料五種 1-3册), 北京: 中華書局, 2015, 제2책: 94-96.

이었다(정동훈, 2022b: 100-101). 그러나 『명태조실록』은 사건 시점을 홍무 18년 정월로 13개월이나 앞당기는 조작을 가한 것이다.[58]

IV. 주원장의 고려국왕 책봉 : 현실적 의의와 성격

지금까지의 고찰 결과를 간단히 정리해 보자. 먼저 주원장의 공민왕 책봉 과정이다. 『명태조실록』에 따르면, 명에서 첫 사신이 오자마자 공민왕은 곧바로 명에 사신을 파견하여 책봉을 요청했고, 주원장은 그 요청을 수락하여 공민왕을 고려국왕으로 책봉하였다. 그러나 공민왕이 먼저 책봉을 요청했다는 이야기는 『명태조실록』의 찬자들이 기록 조작을 통해 날조한 것이었다. 다음으로 우왕 책봉 과정을 보면, 주원장은 고려의 책봉 요청이 정말 "성의"에서 나온 것인지를 확인한다는 명분을 앞세워 막대한 수량의 '5년 세공'을 요구하였다. 『명태조실록』에 따르면, 주원장은 고려가 자신이 요구한 '5년 세공'을 바치자마자 세공을 대거 삭감함으로써 자신이 내세운 명분이 거짓이 아니었음을 입증하였다. 그러나 이 역시 『명태조실록』의 찬자들이 기록을 조작한 결과였다. 실제로는 홍무 19년 사월에 있었던 세공 삭감 조치를 홍무 18년 정월의 일인 것처럼 시점을 앞당겨 쓴 것이다. 사실 주원장은 '5년 세공' 납부 이후에도 고려에 계속해서 매년 세공을 납부하라고 요구했다.

그렇다면, 『명태조실록』이 중요한 대목에 쳐 놓은 기록 조작의 장막을 걷어내고 볼 경우, 주원장의 공민왕 책봉과 우왕 책봉은 당시 현실의 맥락에서 각각 어떤 의미의 사건으로 이해할 수 있을까? 이하에서는 두 책봉의 현실적 의의와 성격을 차례로 따져보고자 한다.

---

[58] 『명태조실록』과 『대명태조황제어제집』·『고려사』를 대조해보면, 시점의 조작이 다가 아니었음을 확인할 수 있다. 시점 조작은 다시 내용의 고의적인 산삭과 개찬으로 이어졌다. 원래 성지에는 홍무 18년 정월의 상황과는 도저히 맞지 않는 구절들이 있었기 때문이다.

1. 공민왕 책봉 : 우호 관계의 수립

『명태조실록』은 공민왕의 청봉이 있은 다음에야 비로소 주원장의 책봉이 결정되었던 것처럼 기록을 조작했다. 그러나 주원장은 『명태조실록』의 기록 조작 사실을 알 도리가 없었다. 사실 그는 공민왕의 정식 요청이 없었을지라도 공민왕의 "칭신"을 곧바로 책봉 요청이라고 해석했을 수 있고, 이는 명분상으로도 별 하자가 없었다. 기록의 조작은 어디까지나 그의 사후(死後)에, 그의 의사와는 무관하게 이루어졌다. 그렇다면, 『명태조실록』의 찬자들은 도대체 어떤 동기에서 기록을 조작한 것일까? 어떤 사건에 대한 기록의 사후(事後) 조작 동기가 대개 그렇듯이, 주원장에게는 거리낄 바가 전혀 없는 일이었을지라도 훗날의 『명태조실록』 찬자들에게는 뭔가 도덕적으로 문제가 있다고 여겨졌거나, 아니면 편찬 시점에 선례(先例)를 날조해서라도 현실의 뭔가를 정당화할 필요가 있었을 것이다. 따라서 공민왕 책봉 과정에 대한 기록 조작은 『명태조실록』의 편찬·개수가 진행된 건문·영락 연간의 현실 상황에 그 동기가 숨어 있을 가능성이 농후한데, 지면의 한계를 감안하여 현재 시점에서 구성 가능한 가설을 간단히 밝히자면 다음과 같다.

공민왕 책봉 과정의 기록 조작은 조선의 태종 이방원(李芳遠)에 대한 건문제의 고명·인신 반급(頒給)과 밀접한 관계가 있을 것으로 추정된다.[59] 앞서 주원장은 조선의 태조에게 고명·인신 반급을 불허했을 뿐만 아니라[60] 이른바

---

59 『명태조실록』의 기록 조작은 영락 연간의 개수 과정에서 이루어졌으리라고 추정하는 것이 통설이다. 그러나 영락 연간 명의 대(對)조선 관계에서는 공민왕 책봉 과정에 대한 기록 조작의 동기가 될 만한 사건을 발견할 수 없다. 영락제 역시 건문제와 마찬가지로 이방원에게 고명·인신을 보낸 일이 있기는 하지만, 이는 단지 고명·인신의 '재발급' 행위에 불과한 것으로 보아야 한다. 영락제에게 '이방원=조선국왕'은 이미 확정된 기성사실이었다(『명태종실록』 홍무 35년 십일월 26일; 영락 원년 정월 2일; 영락 원년 이월 7일 등 참조). 따라서 공민왕 책봉 과정에 대한 『명태조실록』의 기록 조작이 건문 연간의 최초 편찬 단계에 이루어졌으리라는 이하의 가설은, 『명태조실록』 자체에 대한 통설적 이해에 문제를 제기하는 의미도 있다고 하겠다.

60 단, 이성계는 고명·인신 반급을 주원장에게 '거듭'해서 요청하지는 않았다. 이성계 재위 동안 조선의 고명·인신 반급 요청은 딱 한 차례 있었을 뿐이다. 본고의 각주 2) 참조

'표전문(表箋文) 사건'을 계기로 사신 왕래를 사실상 단절하는 등 조선을 거칠게 압박하였고, 이로 인해 명과 조선 간에는 일촉즉발의 위기 상황이 조성되었다. 주원장의 죽음과 조선의 정변―'제1차 왕자의 난'―으로 전쟁 위기가 지나간 뒤, 즉위 초의 건문제는 주원장의 대(對)조선 정책을 대체로 계승하는 모습을 보였다. 그러다가 '정난의 변' 발발로 정세가 일변한 가운데 조선이 고명·인신의 반급을 거듭 요청하자[61] 건문제는 이를 수락하여 조선의 태종(이하 '이방원')을 정식으로 조선국왕에 책봉하였다(서은혜, 2022). 당시 건문제는 조선의 거듭된 요청["祈請勤至"]을 책봉의 직접적인 이유로 내세웠는데,[62] 이는 고려가 누차 책봉을 요청["何數請隸"]했다는 『명태조실록』 수록 공민왕 책봉 조서―원래는 우왕 책봉 조서―의 문구를 연상시킨다. 이를 실마리로 조작의 동기는 이렇게 추정해 볼 수 있다.

『명태조실록』의 최초 편찬 작업이 한창이던 건문 3년(1401) 사월,[63] 건문제가 조선의 요청을 수락하여 이방원에게 고명·인신의 반급을 명령하였다.[64] 그런데 이는 주원장 말년의 대조선 정책에 반하는 조치였다. 이를 정당화하기 위해선 주원장 자신이 만든 선례가 필요했다. 홍무 연간 두 차례 있었던 고려국왕 책봉 가운데 우왕 책봉은 실제로 고려의 청봉이 선행하였으나, 공민왕 책봉의 경우엔 그렇지 않았다. 이에 『명태조실록』의 찬자들은 공민왕 책봉 역시 고려의 거듭된 요청을 주원장이 수락한 결과였던 것처럼 기록을 조작하였다. 물론 이러한 조작은 기본적으로 당시의 실상을 직접 경험하지 못한 훗날의 사가(史家)를 대상으로 하는 행위였을 것이다. 『명태조실록』의 찬자들은 훗날 건문제의 조선국왕 책봉이 명 태조의 '조법(祖法)'을 어긴 행위로 평가되기

---

61 『정종실록』 2년 팔월 19일; 『태종실록』 원년 삼월 6일; 원년 유월 12일 참조.

62 『태종실록』 원년 유월 12일, "…… 咨爾朝鮮權知國事李諱, 襲父兄之傳, 鎭綏玆土, 來效職貢, 率禮克誠, 以未受封, 祈請勤至. 玆庸命爾爲朝鮮國王, 錫以金印, ……"

63 『명태조실록』의 초찬본은 건문 3년 십이월에 완성되었다(間野潛龍, 1979: 9).

64 건문제의 고명·인신 발급 결정은 건문 3년 사월 16일에 이루어졌다(『태종실록』 원년 유월 12일 참조).

를 원치 않았다. 외이(外夷)가 간절하게 거듭 요청하면 책봉을 허락했던 주원장의 선례를 충실히 따른 것으로 기억되길 바랐다. 실제 역사는 건문제에게 실록의 주인공이 될 기회를 주지 않았지만, 만약 그가 계속 제위에 앉아 천수를 누렸다면 그의 실록에는 아마도 조선이 고명·인신의 반급을 거듭 요청한 사실이 꼼꼼하게 기록되었으리라.

그러나 거듭 강조하건대 주원장은 실록의 기록 조작과는 아무런 관련이 없었다. 사실 주원장 본인은 공민왕의 "청봉작"을 언급한 적이 전혀 없다. 공민왕의 "봉표칭신(封表稱臣)"을 가상하게 생각하여 그를 책봉하였다는 취지의 발언을 했을 따름이다.[65] 그렇다면, 주원장은 왜 공민왕의 요청이 없었는데도 자기가 먼저 나서서 그를 책봉해 준 것일까?

고려에 처음 사신을 보낼 무렵, 주원장의 명은 비록 욱일승천의 기세를 타고는 있었으나 기존의 패권자 원에 '도전'하는 입장의 신생국이었다. 공민왕 책봉 결정 당시(홍무 2년 팔월)엔 원의 순제도 아직 살아 있었다. 신흥의 "천자"로 천명의 새로운 주인임을 자처하던 주원장은 마음이 급했다. 이 무렵 그의 조급한 마음은 『원사(元史)』의 편찬—원을 이제 천명을 상실한 지나간 왕조로 만들려는 기획—을 몹시 서둘렀던 데에서도 잘 드러난다.[66] 새 왕조의 정통성 획득·강화 및 과시를 위해서는 고려와 같은 주변 국가들을 한시라도 빨리 자국 중심의 신(新)질서에 포섭하는 것이 급선무였다.[67] 더군다나 고려는 원과 오랫동

---

65   공민왕 책봉 직후인 홍무 2년 시월 초 주원장은 고려의 사신 일행에게 준 새서(璽書)에서 공민왕의 "봉표칭신"을 가리켜 "왕은 이미 신하를 칭하고 공물을 갖추었으니, 일이 고례(古禮)에 부합한다[王已稱臣備貢, 事合古禮]."고 말했을 뿐이다(『명태조실록』 홍무 2년 시월 1일. 『고려사』 권42, 공민왕 19년 오월 26일. 단, 『고려사』에서는 "王已稱臣修貢, 事合古禮"). 또한 홍무 3년 초 고려에서 산천 제사를 거행하려고 보낸 축문(祝文)에서는 "고려가 표문을 받들어 신하를 칭하였기에 짐은 그 정성을 가상하게 여겨 이미 왕작을 봉하였다[高麗奉表稱臣, 朕喜其誠, 已封王爵]."라고 말했다(『고려사』 권42, 공민왕 19년 사월 22일).

66   주원장은 홍무 2년 초 『원사』 편찬을 명령하였다(『명태조실록』 홍무 2년 이월 1일). 『원사』는 그로부터 겨우 여섯 달 뒤에 완성되었다(『명태조실록』 홍무 2년 팔월 11일).

67   주원장은 주변 각국에 동시다발적으로 사신을 보내 명의 건국을 알렸다. 『명태조실록』 홍무

안 특수 관계에 있던 나라였다. 명으로선 고려를 동맹국까지는 아닐지언정 최소한 우호적인 관계의 '중립국'으로라도 만들 필요가 있었다. 이런 상황을 고려하건대, 주원장이 처음에 설사를 파견할 때 공민왕에게 매우 정중한 형식과 내용의 서신을 보낸 것도 충분히 이해할 만하다.[68]

공민왕은 주원장의 사신 파견에 화답하여 감사의 뜻을 밝히고 황제 등극을 축하하면서 표문(表文)을 갖추어 보냈다. 즉, 주원장에게 칭신(稱臣)한 것이다. 당시 주원장의 입장에서 공민왕의 "봉표칭신(封表稱臣)"은 망외(望外)의 성과였을 것이다. 실제로 그는 나중에 이 일을 회상하여, 자신은 "즉위한 초기에 옛날 철왕(哲王)의 도(道)를 본받아 사이(四夷)의 추장(酋長)에게 (자신의 즉위를) 급히 알려 중국에 임금이 있음을 알게 했다. 이때에는 우호 관계를 맺고자[通好] 했을 따름이지, 고려의 왕 왕전이 곧바로 칭신(稱臣)하며 입공(入貢)을 하리라곤 기대하지 않았다."라고 말한 바 있다.[69]

주원장으로선 공민왕이 "봉표칭신"이라는 망외의 반응까지 보인 마당에야 설령 명시적 요청이 없었을지라도 자기가 먼저 나서서 공민왕을 책봉하는 것이 순리에 맞는 일이었다. 자신은 일개 평민 출신이지만 공민왕은 조상 대대로 "삼한"의 왕이었다고 회상한 적도 있지만,[70] 주원장에게는 처음 설사를

원년 십이월 26일; 홍무 2년 정월 20일 참조

68　『명태조실록』은 "부보랑(符寶郎) 설사를 파견하여 새서를 받들고 (가서) 고려국왕 왕전에게 하사하게 하였다[遣符寶郎偰斯奉璽書賜高麗國王王顓]"고 하여, 새서가 마치 하행문서였던 것처럼 썼다(『명태조실록』홍무 원년 십이월 26일). 그러나 『고려사』의 기록에서 이 새서는 "대명의 황제가 고려국왕에게 서신을 보냅니다[大明皇帝致書高麗國王]"로 시작하는 평행문서였다(『고려사』권 41, 공민왕 18년 사월 28일). 서신의 내용도 『명태조실록』수록 새서보다 훨씬 더 정중하여 평행문서의 형식과도 부합한다. 『고려사』수록 서신의 문장이 원래 서신을 그대로 옮긴 것이라는 사실은, 『대명태조황제어제집』제2책: 212-213의 "賜高麗國王書"에 의해 입증된다. 이 서신에 대한 자세한 고찰은 薛戈(2021: 30-47) 참조

69　『고려사』권133, 우왕 4년 팔월, "當即位之初, 法古哲王之道, 飛報四夷酋長, 使知中國之有君. 當是時, 不過通好而已, 不期高麗王王顓, 即稱臣入貢."

70　『고려사』권136, 우왕 12년 칠월, "朕起草萊, 王顓之爲王於三韓, 始顓祖弑君, 至於斯時,

보낼 때부터 이미 공민왕을 "고려국왕"이라고 부르는 것이 당연한 노릇이었다.[71] 그런 공민왕의 "봉표칭신"에 상응하여 주원장이 우호의 표시로 쓸 수 있는 '카드'로는 고명·인신의 반급, 즉 정식 책봉만 한 것이 없었다. 더군다나 공민왕이 먼저 신하를 칭했기 때문에 책봉은 명분상으로도 아무런 하자가 없었다. 애당초 고려에 사신을 보낼 때 기대했던 정통성 획득·강화 및 과시를 위해서도 책봉을 통해 군신 관계를 공식화하는 게 상책이었다. 원과의 대결이 아직 한창이던 당시 상황에선 자신의 세(勢)가 확산일로에 있음을 과시함으로써 대세를 명 쪽으로 몰아가기에 안성맞춤인 호재였기 때문이다.[72]

한편, 홍무 2년 설사의 방문에 화답하여 공민왕이 취한 행동은 어디까지나 사신을 파견하여 명 황제에게 "봉표칭신"하는 수준에 그쳤다. 이는 과거 고려가 거란(요)의 책봉을 받던 시기에 송과 통교하면서 송 황제에게 "봉표칭신"한 것과 다를 바 없었다. 더군다나 홍무 2년 당시 고려는 여전히 북원과도 통교하고 있었다.[73] 명에 홍상재를 파견하기 직전에 원의 지정(至正) 연호 사용을 정지하긴 했지만,[74] 그렇다고 해서 명의 홍무 연호를 쓰기 시작한 것도 아니었다. 하물며 고려는 홍무 3년 칠월 9일에 가서야 비로소 홍무 연호를 채택하였다.[75] 이 시점은 책봉사 설사의 개경 도착(오월 26일)으로부터도 상당한 시일이 흐른 뒤였다. 공민왕은 책봉을 받고도 즉각 홍무 연호를 채택하지 않은

四百六十七年."

71　『고려사』 권41, 공민왕 18년 사월 28일; 『대명태조황제어제집』 제2책: 212-213.

72　가령 주원장은 북원의 여러 세력을 초유(招諭)할 때 고려 등이 이미 "칭번(稱藩)"·"칭신(稱臣)"했음을 선전하였다. 『명태조실록』 홍무 3년 오월 29일; 홍무 3년 유월 20일; 홍무 3년 구월(是月條) 등 참조. 이는 고려에만 해당하는 것이 아니라 안남 역시 마찬가지였다.

73　홍상재 파견 이후만 해도 여러 차례 북원과의 통교 사실이 확인된다. 『고려사』 권41, 공민왕 18년 팔월 24일; 구월 8일; 시월 3일; 시월 24일; 십일월 27일 등 참조.

74　『고려사』 권41, 공민왕 18년 오월 8일.

75　『고려사』 권42, 공민왕 19년 칠월 9일.

것이다.[76] 이는 홍무 연호 채택 이전의 고려가, 설사 공민왕과 구원(舊怨)이 쌓여 있던 원보다는 신흥의 명 쪽으로 기우는 분위기가 강했다고 할지라도, 기본적으로는 사태의 추이를 관망한다는 자세였음을 단적으로 드러낸다. 그러니 그보다 약 1년 전 설사의 방문에 화답하여 홍상재를 명에 보낸 시점의 상황에서 공민왕의 "봉표칭신"은 예측 불가의 국제 정세에 대한 자연스러운 대응이었다고 하겠다.

2. 우왕 책봉 : 군마(軍馬)와 맞바꾼 거래

『명태조실록』의 찬자들은 홍무 19년 사월의 세공 삭감 조치를 홍무 18년 정월의 일로 앞당겨 쓰고, 그에 맞추어 황제의 명령 내용에까지 개찬의 손길을 뻗었다. 그렇다면, 그들이 애써 기록을 조작한 까닭은 무엇일까? 선행 연구에서는 고려의 요청이 없었음에도 먼저 세공 삭감의 은혜를 베푼 자비롭고 너그러운 황제의 이미지를 만들려는 동기에서 조작이 이루어졌다고 추론하였다(정동훈, 2022b: 105-108). 물론 타당한 해석이다. 하지만 여기에서는 조작이 그와 동시에 어떤 사실의 은폐를 위한 것이었다는 측면을 중시하고자 한다.

자신의 세공 요구는 물자를 탐해서가 아니었다는 것이 주원장의 시종일관한 주장이었다. 어디까지나 고려의 책봉 요청이 공민왕을 시해한 자들의 속임수인지, 아니면 정말 "성의"에서 나온 것인지 확인하고 싶었다는 말이다. 그러나 그의 실제 언행은 자신의 주장을 뒷받침하기에 부족했다. 주원장은 '5년 세공'을 한꺼번에 바쳐야만 훗날 명의 무력 침공을 면할 수 있으리라고 협박

---

76 타이밍을 봤을 때 고려의 홍무 연호 채택에 직접적인 영향을 끼친 사건은 오히려 원 순제의 죽음(사월 28일)과 명군의 응창(應昌) 점령(오월 16일) 소식이었을 가능성이 더 크다. 『고려사』에서 고려가 명으로부터 이 사실을 공식 통보받은 날짜는 칠월 19일이었다(『고려사』 권42, 공민왕 19년 칠월 19일). 하지만, 홍무 원년 팔월 초 원 순제가 북천하여 상도(上都)로 간 것을 구월 18일에 인지한 사실(『고려사』 권41, 공민왕 17년 구월 18일)을 감안하건대, 이 무렵 북방의 정세 변화에 촉각을 곤두세우고 있었을 고려라면 응창에서 사월 말~오월 중순에 벌어진 사건들을 늦어도 유월 말까지는 파악했을 가능성이 충분하다.

했다.[77] 또한 이미 고려의 "성의"를 확인하여 우왕을 책봉한 뒤에도 고려가 세공을 계속 납부하길 원했고, 또 받았다. 누가 보더라도 이 사실은 주원장의 주장이 '위선'에 불과했음을 드러낸다. 『명태조실록』의 찬자들은 분명 이게 마음에 걸렸을 것이다. 그리고 황제의 위선을 은폐할 기회와 수단이 있었던 그들은, 황제의 협박은 간단히 산삭해 버렸고[78] 세공의 계속 수령 사실은 세공 삭감 조치의 시점을 앞당기는 조작으로 은폐하였다.

주원장은 자기 치세에 대한 실록의 찬자들이 자신의 위선을 이렇게까지 애써 감추려 들 것이라곤 상상조차 하지 못했을 것이다. 하지만 『명태조실록』의 찬자들이 기록 조작의 장막으로 애써 감추려 했던 주원장의 위선이 드러난 이상, 이제는 그가 위선적인 주장으로 감추고사 했던 신실에 주목하지 않을 수 없다. 그는 애당초 우왕을 공민왕의 적법한 후계자라고 생각하지 않았다. 그럼에도 그는 결국 우왕을 책봉했다. 왜 그랬을까? 위선적인 '외교적 수사'를 걷어내고 전후의 상황 전개를 되짚어 보건대, 주원장의 우왕 책봉은 그 무렵 요동에서 필요했던 군마 등의 군수물자를 고려로부터 조달하기 위한, 그것도 무상으로 조달하기 위한 술책이었다고 보아야 할 것 같다.

그 이전은 논외로 삼더라도,[79] 홍무 16년(1383) '5년 세공' 납부를 관계 정상화와 책봉의 전제 조건으로 내걸었을 때부터 이미 주원장은 요동의 군수물자 조달을 염두에 두었을 가능성이 농후하다. 이 무렵 명은 요동 방면에 웅거한 강적 나하추를 비롯한 북원 세력과의 결전을 준비하고 있었기 때문이다.

---

77 『고려사』 권135, 우왕 9년 십이월, "前五年未進歲貢, 馬五千匹, 金五百斤, 銀五萬兩, 布五萬匹, 一發將來, 乃爲誠意, 方免他日取使者之兵至彼."

78 『명태조실록』 홍무 16년 시월 18일 기사에는 주원장의 무력 침공 협박("方免他日取使者之兵至彼")이 산삭되어 있다.

79 주원장은 일찍이 공민왕에게 2천 필의 탐라 말을 무상으로 바칠 것을 요구한 바 있거니와 (『고려사』 권44, 공민왕 23년 사월 13일), 세공 문제를 처음 제기한 때에도 1천 필의 말을 우선 바치고, 이어서 매년 말 100필 및 대량의 금·은·포를 보내라고 말했다(『고려사』 권134, 우왕 5년 삼월).

당시 상황에서 황제가 특히 탐낸 것은 역시 고려의 군마였다. 주원장은 '5년 세공'을 한꺼번에 바치라고 요구하면서, 애당초 세공 문제를 제기한 때에는 매년 100필에 그쳤던 군마의 수를[80] 느닷없이 매년 1천 필로 열 배나 늘려 총 5천 필을 보내라고 압박했다.

이에 고려는 '5년 세공' 완납을 통해 군마 5천여 필을 무상으로 제공하였다. 홍무 19년 초에도 명 태조는 고려로부터 다시 1천여 필의 군마를 세공으로 받았다. 고려가 더 이상의 무상 납부는 곤란하다고 호소하자 마지못해 세공을 삭감해 주었지만, 주원장은 여전히 고려로부터의 추가 군마 조달을 단념하지 않았다. 세공을 삭감하던 때, 앞으로는 탐라에 배를 보내어 말을 직접 매입할 테니 가로막지 말 것을 고려에 요구했다.[81] 또한 그해의 성절사였던[82] 안익 등에게 말 5천 필을 사들이고 싶다는 뜻을 밝힌 데 이어,[83] 고가노(高家奴) · 서질(徐質)을 고려로 파견하여 군마 매입을 바로 실행에 옮겼다.[84] 주원장은 군마 매입이 당시 진행 중이던 "군사 원정[征進]" 때문임을 감추지 않았다.[85] 이 요구에 응하는 수밖에 달리 방도가 없었던 고려는, 홍무 20년 삼월 "초운(初運)"으로 보낸 말 1천 필을 필두로 그해 유월까지 황제가 요구한 말 5천 필을 모두 요동으로 보냈다.[86] 이렇게 해서 주원장은 홍무 18년부터 홍무 20년 상반기까지 무려 11,000필이 넘는 대량의 군마를 고려로부터 조달한 셈이 되었

---

80 『고려사』권134, 우왕 5년 삼월.

81 『고려사』권136, 우왕 12년 칠월, "如今俺這裏, 也拿些箇布匹絹子段子等物, 往那耽羅地面買馬呵, 怎那裏休禁者." 하지만 그는 채 1년도 지나지 않아 탐라와의 직접 교역은 단념하겠다는 의사를 밝혔다(『고려사』권136, 우왕 13년 오월).

82 『고려사』권136, 우왕 12년 유월;『명태조실록』홍무 19년 구월 18일.

83 『고려사』권136, 우왕 12년 십일월.

84 『고려사』권136, 우왕 12년 십일월;『명태조실록』홍무 19년 십이월 6일; 홍무 20년 삼월 23일.

85 『고려사』권136, 우왕 13년 오월, "我今番爲征進用着些馬, 想那裏也缺少些段匹. 爲這般, 教和買些馬去."

86 『고려사』권136, 우왕 13년 삼월, 오월, 유월;『명태조실록』홍무 20년 칠월 14일.

다.[87] 그 가운데 절반이 넘는 6천여 필은 무상으로, 즉 값을 전혀 치르지도 않고 획득한 것이었다.

요컨대, 주원장은 외이(外夷)인 고려를 상대로 현실적 이익을 추구하였다. 심지어는 무력 침공을 각오하라는 협박까지 불사했다. 이는 '중화제국 수사학'이 그리는 황제의 이미지와는 거리가 멀어도 너무나 먼 모습이다. 『명태조실록』의 찬자들이 기록 조작을 통해 실상을 은폐하려 한 것은 어쩌면 당연하다. 이제 그 은폐의 장막을 걷어내자, 공민왕 사후 무려 11년 만인 홍무 18년에 성사된 주원장의 우왕 책봉이 사실은 당시 국가의 안전 보장이 절실했던 고려를 상대로 벌인 외교적 거래(diplomatic deal)의 산물이었음이 드러났다. 즉, 주원장은 요동의 전선에서 필요했던 군마와 우왕에 대한 책봉을 맞바꾼 것이다.[88]

고려로서는 정말 천신만고 끝에 간신히 성사시킨 우왕 책봉이었지만, 주원장에게는 요동의 군사 상황에 맞춰 군마 등을 조달하기 위한 임시방편의 성격이 짙었다. 그에게는 사실 우왕 치하의 고려와 우호 관계를 맺을 의사가 없었다. 그 자신의 말을 빌리자면, 그것은 "성의"에서 우러나온 조치가 아니었다. 아니나 다를까, 우왕 책봉 직후부터 주원장은 태도를 다시 바꾸어 양국 관계를 책봉 이전과 다름없는 상태로 되돌리겠다고 작심이라도 한 듯 고려에 대한 압박을 재개했다.[89] 고려에게는 설상가상으로 요동의 군사 상황에도 일대 변동이 발생했다.

고려가 명의 교역 요구에 응하여 군마 5천 필을 속속 요동으로 보내고 있

---

[87] 참고로, 거국적 군사 작전으로 추진되었던 1388년의 요동 원정 당시 고려군의 군마 총수는 21,682필이었다(『고려사』 권137, 우왕 14년 사월).

[88] 본고의 이러한 결론은, 책봉-조공 관계에서 국가 안보(national security)와 국가 이익(national interests)의 중요성을 강조한 Ma(2017)의 주장과 맥을 같이한다.

[89] 주원장은 우왕 책봉 직후부터 말의 품질을 두고 불평을 늘어놓거나 고려인의 염탐 행위를 지적하면서 고려를 다시 압박하기 시작했다. 심지어는 관계 단절의 가능성까지 내비치더니만, 고려의 사신 파견을 삼 년에 한 번으로 제한하겠다는 뜻을 밝혔다. 『고려사』 권136, 우왕 11년 십이월; 우왕 12년 칠월; 우왕 13년 이월; 우왕 13년 오월 참조

던 시기, 명은 나하추를 겨냥한 대규모 군사 작전을 진행 중이었다. 홍무 20년 (1387) 정월에 주원장은 풍승(馮勝) 등의 20만 대군에게 "북벌(北伐)"을 명하였다.[90] 풍승의 명군은 고려가 마지막 말떼를 요동으로 보낼 무렵인 홍무 20년 유월에 요동으로 진입하였다.[91] 승패를 알 수 없는 큰 싸움이 벌어질 듯했지만, 상황은 의외로 싱겁게 정리되었다. 유월 말에 나하추가 명에 투항해 버린 것이다.[92]

요동의 군사 상황이 더할 나위 없이 유리해지자, 주원장은 아무 거리낌 없이 속내를 드러내기 시작했다. 홍무 20년 윤유월 사은사로 파견된 장자온은 남경 도착 후 예물로 가져간 말의 품질 때문에 금의위(錦衣衛) 감옥에 갇혔다.[93] 그나마 장자온 및 그와 같은 달에 파견된 성절사 설장수(偰長壽)와 천추사 윤취(尹就)까지는 명에 입국할 수 있었지만,[94] 그해 구월 나하추 투항을 축하하러 간 진하사 및 하정사 일행은 앞으로 고려의 사신은 입국을 불허한다는 황제의 성지에 따라 요동에서 입국이 거부되어 중도 귀환하고 말았다.[95] 홍무 21년(1388) 정월에도 요동에서는 변함없이 고려 사신의 입국을 막았다.[96] 급기야 이월에는 전년 성절사로 명에 갔던 설장수가 귀국하면서, 고려의 염탐 행위를 이유로 앞으로는 사신 왕래를 금지할 것이며 철령(鐵嶺) 이북을 요동 관할로 귀속시키겠다는 황제의 성지를 전했다.[97] 그 유명한 명의 철령위(鐵嶺衛) 설치 사건이 터진 것이다. 이를 계기로 고려의 대명 관계가 파국을 맞이한

---

90 『명태조실록』 홍무 20년 정월 2일.

91 『명태조실록』 홍무 20년 유월 19일.

92 『명태조실록』 홍무 20년 유월 29일.

93 『고려사』 권136, 우왕 13년 윤유월, 우왕 14년 이월; 『명태조실록』 홍무 20년 구월 13일.

94 『고려사』 우왕 13년 윤유월; 『명태조실록』 홍무 20년 구월 18일.

95 『고려사』 권136, 우왕 13년 구월; 우왕 13년 십일월.

96 『고려사』 권137, 우왕 14년 정월.

97 『고려사』 권137, 우왕 14년 이월.

것은 잘 알려진 대로이니 여기서 새삼 재론할 필요는 없을 것이다.

V. 맺음말

지금까지 주원장의 두 차례에 걸친 고려국왕 책봉—공민왕 책봉과 우왕 책봉—에 대하여 그 실상은 각각 어떠했으며, 『명태조실록』의 찬자들이 기록 조작을 통해 어떤 허상을 만들었는지를 살펴보았다. 또한 기록의 조작으로 만들어진 '중화제국 수사학'의 장막을 걷어내고 당시의 상황을 들여다볼 때 두 사건의 현실적 의의와 성격을 어떻게 이해할 수 있을지 논의하였다. 간단하게 정리하자면, 먼저 주원장의 공민왕 책봉은 기본적으로 명과 고려 모두 상호 우호적인 외교 관계를 원하는 가운데 이루어진 일이었다고 할 수 있다. 다음으로 주원장의 우왕 책봉은, 당시 국가의 안전 보장이 절실했던 고려를 상대로 요동의 전선에서 필요한 군마와 책봉을 맞바꾼 거래였다고 할 수 있다.

　　글이 너무나 길어졌지만, 그래도 두 차례의 책봉과 관련하여 추가로 몇 마디 덧붙였으면 한다. 앞서 고찰했듯이, 홍무 2~3년의 국교 수립 과정에서 주원장과 공민왕은 당시 현실의 지정학적 상황을 고려할 때 얼마든지 이해 가능한, 다분히 현실적이고 상식적인 태도와 행동을 취하고 있었다고 할 수 있다. 하지만 그들이 취한 태도와 행동의 현실 대응적인 성격은 지금까지 제대로 조명되지 않은 감이 있다. 주원장의 공민왕 책봉이 고려의 "청봉"에 따라 이루어진 것이라는 『대명회전』 등의 '오해', 더 나아가서 오늘날 연구자들의 '오해'가 장애로 작용한 탓인지도 모르겠다. 이 '오해'는 궁극적으로 『명태조실록』의 기록 조작으로부터 '파생'되어[98] 만들어진 매끈하기 그지없는 '중화제국 수사학'의 '신화'—주원장이 명의 건국과 자신의 등극 사실을 알리자마자 공민왕이

---

[98]　'파생'이라고 쓴 것은, 『대명회전』 이후의 '오해'가 건문 연간 『명태조실록』 찬자들의 의도한, 건문제의 행위를 정당화하는 일과는 거리가 있기 때문이다.

불가역적인 천명(天命)의 변화에 순응하여 곧장 책봉을 요청하며 명에 귀순했다는 이야기 —에서 유래한 것이었다.

　　그러나 주원장이나 공민왕은 그들의 사후에야 만들어진 '신화'나 '오해'로부터 자유로운 '현실 정치가'였다. 특히 고려의 공민왕은 원과 명이 생사를 걸고 정면으로 충돌하는, 한 치 앞도 보이지 않는 격변기의 위태로운 현실을 살고 있었다. 지정학적 역학 구도가 시시각각 요동치는 상황에서 종묘사직과 백성의 안전과 생존을 지켜야 하는 약소국의 통치자였다. 공민왕의 입장에서 볼 때 1369년 시점의 지정학적 판세는 옛날 10세기 말~11세기 초 거란(요)과 북송이 대립하던 시기와 유사했다. 바다를 사이에 두고 멀리 떨어져 있던 명은 북송, 육지로 연결된 만주 및 몽골 지역에 있던 북원은 거란(요)에 해당했다. 이 같은 지정학적 상황을 떠올린다면, 무지몽매한 암군(暗君)이 아닌 다음에야 공민왕이 바다 건너편 명에서 첫 사신을 보내오자마자 당장 북원과의 관계를 단절하고 '친명사대(親明事大)'를 국책으로 '확정'했다는 식의 서사(가령 Lee, 2020: 84-85)는 선뜻 수긍하기 어려울 것이다.

　　여기서,『명태조실록』의 찬자들이 기록 조작의 장막을 치기 이전인 홍무 말년에 현실 외교의 현장에 발을 디디고 있던 명의 예부시랑 장병(張炳)이 공민왕의 '봉표칭신'을 어떤 성격의 행위로 인식하고 있었는지는 주목할 가치가 충분하다. 그는 홍무 31년(1398) 조선으로 보낸 서신에서 약 30년 전 명의 첫 사신 파견에 대한 공민왕의 대응을 가리켜 이렇게 말하였다. "옛날 고려국왕은 즉각 사신을 파견하여 이웃 나라와 우호 관계를 수립하려 했다. 비록 '칭신입공(稱臣入貢)'이라고 하였지만, 사실은 화친을 요청[請和]하여 삼한의 생령(生靈)을 안정시키기 위해서였다."[99] 당시 국제정치의 현실을 꿰뚫고 있어야 했

---

[99] 『태조실록』 7년 오월 14일, "故高麗國王卽遣使以修睦隣之好. 雖曰稱臣入貢, 實乃請和, 以安三韓之生靈也." 그런데 장병의 서신은 사실 조선에 이런 내용의 서신을 보내라는 주원장의 칙유에 근거하여 작성된 것이었다("又(諭禮部移文朝鮮國王李旦勅)."『대명태조황제어제집』제2책: 111-114). 따라서 장병의 이야기는 곧 주원장의 이야기였다고 해도 무방하다. 다만, 장병은 칙유 원문을 그대로 서신에 옮기지 않고 문장의 표현이나 자구를 약간 수정하였다. 주원장의 칙유에서 해당

던 외교 담당 부서의 책임자답게, 장병은 '칭신입공'을 표방한 '외교적 수사'의 이면에 감추어져 있던 공민왕의 속내―자국을 적대시할 수도 있는 신생의 대국 명과 우호 관계를 수립하여 종묘사직과 백성의 안전을 도모하려는 의도―를 날카롭게 간파한 것이다.

공민왕의 명에 대한 '칭신'이 고려의 안전 보장을 위한 것이었다는 장병의 지적은 우왕 대 고려의 대명 외교에도 들어맞는다. 공민왕 사후 명과의 관계가 파탄이 난 상황에 있던 고려로서는 국가의 안전 보장을 위해 한시라도 빨리 명과의 관계를 안정화하는 일이 급선무였다. 이 시기의 명은 이미 요동에 진출한 상태였기 때문에 더 이상 바다 건너편의 먼 나라가 아니었다. 게다가 주원장은 우왕 치하의 고려를 불신과 적대의 시선으로 상대하며 우왕을 국왕으로 인정하지 않았다. 심지어는 무력 침공 위협까지 불사하였다.[100] 이에 고려는 명에 우왕 책봉을 줄기차게 요청하였다. 당시 상황에서 명의 우왕 책봉은 곧 무력 침공을 하지 않겠다는 약속, 즉 요즘으로 치면 불가침조약 체결과 비슷한 의미의 약속이 되리라 기대했기 때문일 것이다.[101] 물론 이는 고려의 일방적인 기대였을 뿐이다. 불가침조약이 국가 안보의 확실한 보장책이 되지 못한 근현대 세계사의 실례들처럼, 고려는 우왕 책봉 이후에도 다시 주원장의 위협적인 태도와 언행으로 인해 불안감과 위기감을 떨치지 못하였다. 그런 의미에서 우왕 책봉은 명과 고려가 꾼 동상이몽의 소산이었다고 하겠다.

끝으로, 명이 군마 등 군수물자 조달과 국왕 책봉을 맞바꾼 외교적 거래의 사례가 주원장의 우왕 책봉에 국한되지 않는다는 사실을 덧붙이고 싶다.

문장은, "爾故高麗國王遣使朝貢, 雖曰知奉天命, 實乃效順修睦, 以安三韓之民."(『대명태조황제어제어제집』 제2책: 112)이었다.

100　『고려사』 권134, 우왕 5년 삼월; 권135, 우왕 9년 십이월.

101　중국의 대외 관계 운영에서 실제 무력 행사는 드물었을지라도 압도적인 국력을 배경으로 한 군사적 위협("overwhelming threat of military intervention")이 '고정 장치'였다는 지적(Coe et al., 2020: 267-268)은 이 시기 고려의 대명 외교를 분석할 때 경청할 가치가 충분한 통찰을 담고 있다.

예컨대, 최근의 연구(서은혜, 2022)를 통해 밝혀진 바에 근거하자면, 건문 3년 (1401)에 성사된 이방원에 대한 명의 책봉—앞에서 공민왕 책봉 과정에 대한『명태종실록』찬자들의 기록 조작에 동기가 되었다고 추정한 사건—도 역시 외교적 거래의 산물이었다고 볼 수 있다. 당시 '정난(靖難)'을 명분으로 내걸고 군사를 일으킨 숙부 연왕(燕王)과 내전의 와중에 있던 건문제는 조선으로부터 3,000필의 군마를 무상으로 받고 나서 이방원을 조선국왕으로 책봉하였다. 또한 책봉 직후에는 군마 10,000필의 교역을 조선에 요구하였다. 조선이 이에 응한 것은 물론이다.

국왕 책봉을 전후하여 명이 무상·유상으로 대량의 군마를 획득한 점은 우왕 책봉의 사례와 똑 닮았다. 즉, 군마와 맞바꾼 책봉이라는 점에서는 차이가 없는 것이다. 다만, 군마 3,000필의 무상 제공은 건문제가 먼저 요구한 것이 아니었다. 우왕 책봉 때와 달리, 이때의 군마 제공은 명의 요구가 없었는데도 조선에서 먼저 제안하고 실행한 일이었다. 물론 군마를 보내면 책봉이 뒤따르리라고 예상했기 때문일 것이다. 그렇다면 이방원은 과거 군마와 책봉을 맞바꿨던 주원장으로부터 배운 '거래의 기술(the art of the deal)'을 활용한 셈이라고 말할 수 있지 않을까?

참고문헌

사료

『高麗史』

『太祖實錄』

『定宗實錄』

『太宗實錄』

『世宗實錄』

『明太祖實錄』

『明宣宗實錄』

萬曆『大明會典』

『大明太祖皇帝御製集』(明內府抄本, 稀見明史硏究資料五種 1-3冊), 北京: 中華書局, 2015.

연구서 및 연구논문

구범진·정동훈. 2021a. "홍무 5년(1372) 명 태조의 고려에 대한 의심과 '힐난 성지.'" 『明淸史硏究』 55, 1-41.

_____. 2021b. "초기 고려-명 관계에서 사행 빈도 문제: '3년 1행'과 『명태조실록』의 기록 조작." 『東洋史學硏究』 157, 1-37.

_____. 2021c. "초기 고려-명 관계에서 사행로 문제: 요동 경유 사행로의 개통 과정." 『한국문화』 96, 105-136.

서은혜. 2022. "정난(靖難)의 변과 조선·명 관계의 반전(反轉)." 『중앙사론』 56, 105-142.

薛戈. 2021. "홍무 초기(1368-1374) 명·고려 외교 관계의 연구." 서울대학교 동양사학과 박사학위논문.

이익주. 2019. "14세기 말 원·명 교체와 고려왕조의 외교 실패." 백영서·정상기 엮음. 『내일을 읽는 한·중 관계사』, 97-120. 서울: RHK.

정동훈. 2019a. "明과 주변국의 外交關係 수립 절차의 재구성: 이른바 '明秩序' 논의에 대한 비판을 겸하여." 『明淸史硏究』 51, 23-53.

_____. 2019b. "宣德帝의 말과 글: 서울과 북경에서 바라본 황제의 두 얼굴." 『한국문화』 87, 61-85.

_____. 2022a. "3년 1행인가, 1년 3행인가: 고려-명 관계에서 사행 빈도 문제." 『東北亞歷史論叢』 75, 133-174.

_____. 2022b. "3년 1공인가, 4년 1공인가: 고려-명 관계에서 歲貢 빈도와 『명태조실록』의 조작." 『韓國史學報』 86, 78-116.

_____. 2022c. "말 100필인가, 1,000필인가: 고려-명 관계에서 歲貢 문제." 『한국중세사연구』 68, 383-417.

謝貴安. 1993. 『明實錄研究』. 臺北: 文津出版社.

間野潛龍. 1979. "明實錄の研究." 『明代文化史研究』, 1-133. 京都: 同朋舍.

Chan, Hok-Lam. 2005. "Xie Jin(1369-1415) as Imperial Propagandist: His Role in the Revisions of the *Ming Taizu Shilu*." *T'oung Pao* 91, 58-124.

Coe, Andrew J. and Scott Wolford. 2020. "East Asian History and International Relations." in Haggard, Stephan and David C. Kang, eds. *East Asia in the World: Twelve Events That Shaped the Modern International Order*, 263-281. Cambridge, UK: Cambridge University Press.

Fairbank, John K., ed. 1968. *The Chinese World Order: Traditional China's Foreign Relations*. Cambridge, MA: Harvard University Press.

Huang, Chin-Hao and David C. Kang. 2022. "State Formation in Korea and Japan, 400 – 800 CE: Emulation and Learning, Not Bellicist Competition." *International Organization* 76, 1-31.

Kang, David C. 2010. *East Asia Before the West: Five Centuries of Trade and Tribute*. New York: Columbia University Press.

Kang, David C. and Kenneth M. Swope. 2020. "East Asian International Relations over the Longue Duree." in Haggard, Stephan and David C. Kang, eds. *East Asia in the World: Twelve Events That Shaped the Modern International Order*, 22-43. Cambridge, UK: Cambridge University Press.

Lee, Ji-young. 2020. "The Founding of the Korean Chosŏn Dynasty, 1392." in

Haggard, Stephan and David C. Kang, eds. *East Asia in the World*: *Twelve Events That Shaped the Modern International Order*, 81-96. Cambridge, UK: Cambridge University Press.

Ma, Guang. 2017. "Tributary Ceremony and National Security: A Reassessment of Wokou Diplomacy between China and Japan during the Early Ming Dynasty." *Journal of Asian history* 51(1), 27-54.

Perdue, Peter C. 2015. "The Tenacious Tributary System." *Journal of Contemporary China* 24(96), 1002-1014.

. . . . .

제3장

16세기 일본인의 자국 인식과 '무국(武國)'

박수철(서울대학교 동양사학과)

I. 들어가며

신국과 무국은 중·근세 일본인이 자국을 인식하는데 있어 핵심적인 용어였다. 자국인식과 관련하여 신국과 무국은 상호 긴밀히 연결된 용어이기는 하나, 굳이 나누자면 중세에는 신국이 근세에는 무국이 보다 중요한 의미를 지녔다.

중세 일본인은 천축(天竺, 인도), 진단(震旦, 중국), 일본[本朝]을 중시하였고 이들 삼국을 불교의 나라 인도, 유교의 나라 중국, 신도의 나라 일본으로 인식하였다. 이러한 세계관을 통상 삼국관(三國觀)이라 한다. 다만 일본인은 자국에 대해 대국(大國) 인도·중국과 다른 작은 섬나라 소국(小國)에 불과한 좁쌀처럼 흩뿌려진 변방의 나라[邊土粟散國]로 왜소화하였다. 또한 석가모니의 사후 세상은 계속 나빠졌다는 중국 불교의 말법(末法)사상을 수용하여, 무사세력의 발호와 이에 따른 사회적 정치적 혼란도 말대(末代)의 세상이므로 어쩔 수 없다고 인식하였다. 그러면서도 말대이지만 일본은 신이 보호해주는 신국이기 때문에 그나마 사회가 평온하다고 자국에 대한 자긍심을 피력하였다. 특히 가마쿠라 후기 태풍 등 미지의 자연현상으로 몽골·고려 연합군이 격퇴되자, 이러한 신국 관념은 더욱 확산되었다. 이후 무로마치 중기에 요시다 신도가 등장하여 일본 신도야말로 모든 질서·법의 뿌리[種子]이며, 유교는 가지나 줄기[枝葉]에, 불교는 꽃이나 열매[花實]에 비유할 수 있다는 이른바 근엽화실론(根葉花實論)을 주창하였고, 자국 중심의 신국 관념은 사상적으로 한층 공고화되었다(出村勝明, 1997). 이에 따라 자연히 변토 소국의 일본을 중핵 요소로 하는 불교 중시의 전통적 삼국관도 큰 변화를 맞이하였다.

한편 중세 시기 가마쿠라 막부 등 무사 정권이 수립되자, 무(武)의 요소에서 일본의 자긍심을 찾는 자국 인식도 나타났다. 바로 무예(武藝)·무구(武具)가 뛰어난 나라 일본이란 인식이다. 그렇지만 이 시기의 무는 대체로 훌륭한 무기나 뛰어난 무예를 지칭하는 경우가 많고 심지어 무에 대한 부정적 인식조차 존재하였다. 그리하여 통설에서는 무사세력이 스스로 무에 대한 자부심과 우월성을 국가적 차원에서 대외적으로 표방한 것은 도요토미 히데요시 시기였다고 본다(朝尾直弘, 1993).

1592년 6월(음력) 히데요시는 부하들에게 조선 침공을 독려하면서, "내 (히데요시-역자 주)가 소신(小臣)이었을 때는 혹은 5백 기, 혹은 1천 기라는 적은 수로도 대군을 격파했고, 일본 국내를 공격하고 복종시켜 예사(銳士)와 용장(勇將)을 모두 (나의) 지시에 따르게 하였다. 너희들은 바야흐로 수십만 군졸로 정벌에 나섰으니 처녀와 같은 대명국(大明國)은 산으로 계란을 누르는 것 같다"고 여성과 같이 문약한 문의 나라 중국(명)과 무용(武勇=銳士·勇將)이 뛰어난 무의 나라(일본)를 대비시켰다. 아사오 나오히로(朝尾直弘)는 활·화살(弓箭)로 대표되는 무사의 상징물을 단순한 무기·무력이 아닌, 상대방의 자발적 복종을 이끌어 내는 위세와 결부시켜 이를 '무위(武威)'라는 용어로 개념화하였다(朝尾直弘, 1994). 그리고 오다 노부나가·도요토미 히데요시 등 무사세력은 이러한 무위를 기반으로 군사국가로서의 근세 국가체제를 창출하였다고 주장하였다.

실제 근세 에도시기에 빈출하는 무국이란 사료용어는 이러한 무사 군사 국가의 확립을 의미한다. 마에다 쓰토무(前田勉)는 에도시기에 널리 산견되는 무국 용어를 분석하여 기기신화(記紀神話)를 매개로 무사 국가로서의 에도 막부 통치가 정당화되는 논리 구조를 밝혔다. 에도 초기 신도 사상가들은 국토 창조 신화 중 이자나기·이자나미 남매신이 사용한 아메노누보코(天瓊矛)라는 무기에 주목하여 무국 일본의 근거로 삼았다는 것이다(前田勉, 1997). 최근 사에키 신이치(佐伯眞一)도 마에다 설을 계승하여 일본은 국가 차원에서 "16세기 말경 「무국(武國)」으로 자기를 규정하기 시작"하였고 "그 이전 일본인이 자의식으로 인정한 것은 「신국(神國)」"이었다고 주장하였다. 특히 사에키는 15세기 전반기의 『요시사다 군기(義貞軍記)』를 주목하고 이때서야 비로소 무사세력은 '문(文)'으로 살아가는 공가(公家, 귀족)와 대비되는 궁마전투(弓馬合戰)의 '무(武)'에 대한 자의식을 표출하였다고 보았다(佐伯眞一, 2018).

필자 역시 마에다·사에키의 실에 내체직으로 동의하는 편이시만, 나음과 같은 두 가지 점은 크게 보완될 필요가 있다고 생각한다.

첫째, 무국이라고 통칭하지만 기존에 사용된 '무국' 개념은 의외로 불명확한 점이 많다. 에도시대 이전에는 무국이란 사료 용어가 거의 쓰이지 않았고, 이 점은 히데요시 시기 역시 마찬가지이다. 따라서 현재 히데요시 시기에 대한 통설적 정의, 즉 무위를 바탕으로 성립된 '무가(武家)의 국가'와 같은 개설서적 정의는 엄밀히 말하면 사료 용어가 아닌 아사오 나오히로 이래의 학술 용어에 입각한 정의이다.[1] 이 때문에 '무국'의 정의 여하에 따라 가마쿠라 시기에도 무예가 뛰어나며 무구(武具)가 훌륭한 '무위'의 나라 일본이란 '무국' 관념이 존재한다고 볼 수 있다(남기학, 2017). 따라서 이 문제를 해결하기 위해서

---

1 후지이 조지(藤井讓治, 1994)도 무국이란 용어는 쓰지 않지만 에도 막부의 성립을 무가 국가의 형성으로 보았다. 즉 '무국'의 용어를 풀어서 '무가의 국가'로 쓴 것이다. 그러나 통설에서 무국이라고 할 때, 무국 일본의 실상이 과연 가마쿠라 시기처럼 무예와 무구가 뛰어난 나라인지, 정권(권력)차원에서 무사가 통치하는 나라인지, 히데요시 시기처럼 대외적·국가적 차원의 무국인지가 명확하지 않다. 또한 이 경우 무의 중핵 요소가 무사의 무위(武威)를 지칭하는지, 아니면 후술하는 바처럼 무편(武篇) 내지 무자도(武者道)를 의미하는지, 혹은 이 시기 빈번하게 언급되는 어위광(御威光)인지, 요컨대 무국의 '무'가 지닌 본질적 속성이 과연 무엇을 지칭하는지, 그 구체적 내용이 좀 더 명확해져야 하며, '무위'와 관련된 여러 유사 용어를 혼용하지 말고 보다 엄밀히 구분하여 사용해야 할 것이다.

는 무국 용어의 핵심을 이루는 '무'의 본질적 속성에 대해 좀 더 세분화하고 구체화할 필요가 있다. 특히 본고에서는 종래 통설에서 전가의 보도로 사용해온 '무위'가 아니라, 무위와 막연히 혼용하여 사용해 왔던 무편(武篇)과 어위광(御威光)이란 개념에 주목한다.

둘째, 통설에서 근세 무국의 성립과 관련하여 반드시 해명해야 할 오다 노부나가 시기의 '무국' 개념을 간과해 온 점이다. 기존 연구는 국가적 차원에서 제기된 히데요시 시기의 이른바 '무위'를 중시하면서도, 정작 그 전제가 되는 오다 노부나가 시기는 무가(쇼군) 권력의 창출이란 정치 권력적 관점에서 일괄 처리하고 국가적 차원에서의 무국 관념이란 실상에 대해서는 고찰하지 않았다. 최근 사에키도『요시사다 군기』이후 무가세력의 자의식 성장이 히데요시의 무국으로 이어졌다고 보는데 그치고, 구체적으로 히데요시 시기에 이르러 어떻게 국가 차원에서의 무국으로 전환되었는가 하는 점은 고찰하거나 해명하지 않았다. 이 역시 노부나가 시기 무의 본질에 대한 분석이 없이 근세 무국의 성립을 논하는 데서 오는 한계이다.

본고는 이상 두 가지 점에 유의하면서 우선 기존 연구를 바탕으로 신국과 무국의 주요 개념을 정리하고, 다음으로 노부나가 시기 필수 사료인『신장공기(信長公記)』를 중심으로, 종래 막연히 '무위'로 일괄하여 파악해 왔던 무편과 어위광 사이의 개념 차이에 유의하면서 16세기 일본인의 자국 인식을 고찰하고자 한다.

II. 중·근세의 신국(神國)과 무국

1. 신국과 무국의 전개

주로 에도 시기에 빈출하는 무국과 달리 신국이란 사료 용어는 고대부터 근현대 시기까지 폭넓게 존재한다. 물론 그렇기에 동일한 신국이란 용어라도 중세와 근세 시기 신국은 내용상 큰 차이가 있다.

신국 용어의 초출은 『일본서기』(仲哀天皇紀9년10월조)이다. 신공(神功) 황후가 신라를 공격하였을 때, "내(신라왕-역자 주)가 들었는데 동쪽에 신국이 있어 일본이라 한다. 또한 성왕(聖王)이 있어 천황이라 한다. 필시 그 나라의 신병(神兵)일 터이니 어찌 군사를 내어 막을 수 있겠는가"라는 구절이다. 다만 이때의 신국은 일본 스스로 자칭한 것이 아니며 타자의 입을 통한 신국이었다(佐藤弘夫, 2006: 88-91). 또한 신국 용어는 『일본서기』이래 고대 율령국가가 편찬한 이른바 육국사(六國史)에는 보이지 않는다. 그리하여 신국사상은 헤이안 후기인 11세기말 원정(院政) 시기에 이르러서야 일본의 국가·국토 이데올로기로서 보다 분명한 형태를 갖추었다(鍛代敏雄, 2006: 11-12).

사에기 신이치도 헤이안 시대까지는 의외로 신국 용어가 빈번히 사용되지 않았고 『일본서기』에 보이는 대외 우월 의식과도 큰 관련성이 없었다고 주장한다. 사에키에 따르면 신국은 대체로 헤이안 시대부터 가마쿠라 중기 경까지 ① 다수의 신이 거주하고 있는 국, ② 신들에게 제사를 드려 보호를 받는 국 정도의 의미로 사용되었고,[2] 우월의식이 아닌 자국의 열등감을 위로하는 성격을 띠었다. 당시 지배층은 불교의 보편적 사상을 바탕으로 불교적 글로벌리즘의 시각에 입각해 있었으며 일본은 비록 소국이지만 신이 지켜주는 신국임을 표방하여 스스로를 위로하였다.[3]

---

[2] 869년(貞觀11) 세이와(淸和) 천황 시기 신라선 두 척이 규슈 하카타 연안을 습격해 공조선(貢調船)을 약탈하자, "우리 일본국은 신명의 나라(神明之國)입니다. 신명의 도움과 보호받고 있는데 어찌 이렇게 타국의 습격을 받는 일이 일어난 것인지요?"(『日本三代實錄』貞觀11년12월14일조)라고 신국은 신이 보호하는 국이란 의미로 사용되었다. 또한 888년 우다(宇多) 천황이 "우리나라(我國)는 신국이다. 이 때문에 매일 아침 사방(四方)에 계시는 대중소(大中小) 천신지기(天神地祇)를 경배한다. 경배는 지금부터 단 하루라도 태만해서는 안 된다"(『宇多天皇宸記』仁和4년10월19일조)라고 신국을 제사와 관련지어 파악하였고, 1168년 후지와라 모로나가(藤原師長)도 "우리나라(本朝)는 신국이다. 국(國)의 큰 일(大事)로 제사(祭祀)이상 중요한 것은 없다"(『兵範記』仁安3년12월29일조)라고 인식하였다(佐伯眞一, 2018: 25-26).

[3] 헤이안 후기~가마쿠라 초기 가인(歌人) 가모 조메이(鴨長明)는 "우리나라가 신의 도움이 없으면 어찌 인민이 평안하게 살고 국토를 온전하게 지킬 수 있겠는가. 변비(邊鄙)의 소국(小國)이므로

다만 신이 보호해 주는 나라라는 일본의 특수성을 강조하면 언제든 선민의식에 입각한 자민족 중심주의 혹은 자국 우월주의로 변모할 가능성이 있었다. 가마쿠라 초기 가모 조메이(鴨長明)는 "저 인도는 세계의 중심으로 석가가 탄생한 국이지만, 지금은 불법 수호신의 힘(力)이 쇠퇴하여 불법도 망한 것 같다. 저 기원정사(祇園精舍)도 초석만 남아있다고 하는 참상이다."라고 하면서 "그렇지만 우리나라는 이자나기 · 이자나미의 옛날부터 지금까지 긴 기간 동안 신(神)의 어국(御國)이라 신에게 보호를 받아 왔다. 신라 · 고려 · 지나(支那) · 백제 등 유력한 국들도 따르게 하여 이 말법(末法)의 시대에 불법이 성행하여 퍼졌다"(『發心集』跋文)라고 하여, 신국이기에 신라 등 다른 나라를 종속시킬 수 있었다는 우월 의식을 피력하였다(佐伯眞一, 2018: 33).

그런데 중세 시기 이러한 일본인의 우월 의식은 무국이 아닌 신국에 근거를 두고 있었다. 12세기 중엽 무사세력이 본격적으로 대두하였지만 신국을 중시하는 기조는 변함이 없었다. 당시 태정대신(太政大臣) 후지와라노 고레미치(藤原伊通)가 니조(二條) 천황에게 헌정한 교훈서에는 "(다자이부[大宰府]) 소치(帥 : 장관)와 다이니(大貳 : 차관)에 무용(武勇)의 인물(人)이 취임하면 반드시 이국(異國)이 사건을 일으킨다는 말"이 있는데, 과연 다이라노 기요모리(平淸盛)가 다이니(大貳)로 취임하자 고려가 사건을 일으켰다면서 "고려는 옛날 신공황후가 친히 가서 토벌한 국"인데, "고려는 대국(大國)이므로 침략을 받았으니 일본에 대해 설욕을 해야겠다고 생각할 것이다. 그러나 일본은 신국이기 때문에 고려만이 아니라 이웃나라는 모두 두려워하여 공격해 오지 않는 것이다"(『大槐秘抄』)라고, 대국 고려가 일본을 침략할 수 없는 이유를 일본의 무력(武勇)이 아닌 신국에서 찾았다(鍛代敏雄, 2006: 21-22).

국력은 약하고 인심은 어리석을 것이다. 만일 신의 도움이 없었으면 마물(魔物)에게 괴롭힘을 당하거나 커다란 다른 국왕에게 점령당해 살아갈 의지도 없었을 것이다"(『發心集』跋文)라고 일본이 소국임을 인정하면서도, 신의 보호를 받는 국에서 자긍심을 찾았다. 가마쿠라 시기의 『하치만우동훈(八幡愚童訓)』에서도 "일본은 미소비열(微少卑劣)의 졸국(拙國)이지만, 동시에 귀중현철(貴重賢哲)의 신국(神國)"(『八幡愚童訓』甲本)이라는 이중적 인식이 확인된다(佐伯眞一, 2018: 31-32).

가마쿠라 후기 몽골·고려 침공이란 전대미문의 대위기를 맞아 무사세력의 활약은 더욱 두드러졌다. 그러나 그럼에도 불구하고 일본인이 신국을 중시하는 관념은 강고하였다.

14세기 초기에 성립된 『하치만우동훈(八幡愚童訓)』(甲本)에는 "이적(異賊)을 멸망시키고 일본을 구해 주셨다. 이것은 하치만대보살(八幡大菩薩)이 일본을 지켜주신 것이다. 큰 바람(大風)이 불어 적을 물리쳐 수만의 적을 순식간에 처리한 것은 신위(神威)가 하신 일이며 인력(人力)과는 전혀 관계가 없다"고 신의 행위를 중시한다. 즉 가마쿠라 무사의 무력(武力)이 소진된 후에 이제 끝인가라고 생각하였을 때 하코자키 궁(筥崎宮)으로부터 하얀 복장(白裝束)의 한 무리가 돌연 출현하여 활을 쏘았다고 생각하자 파도 사이로 불이 타오르는 것처럼 보여 몽골군대는 허둥지둥 도망갔다. "일본의 무사가 일기(一騎)라도 전쟁터에 남아 있으면 하치만대보살의 싸움이라고 말하지 않고 자신의 군공(功名)이라고 주장할 것이다. 그러나 일본의 무사는 한 명도 남김없이 도망가 흩어졌다. 그럼에도 불구하고 그 후에 적 군대가 도망갔기 때문에 이것은 신의 행위임을 알 수 있다"(『八幡愚童訓』甲本)라고 하였다. 『태평기(太平記)』권39(「自太元攻日本事」)에도 "대저 원(太元)의 3백만 기(騎)의 몽골 군대가 일시에 멸망한 것은 모두 우리나라(吾國)의 무용에 의한 것이 아니다. 오로지 3,750여(餘) 신사[社]의 대소(大小) 신기(神祇), 조상신[宗廟]의 눈에 보이지 않는 도움(冥助)에 의한 것이 아니겠는가"라고 무사의 무력 보다 신의 행위·위세(보살핌·도움)을 중시하였다(佐伯眞一, 2018: 54-56).

중세 신국사상은 대체로 ① 일본 내 다수의 신이 거주하며 일본 백성은 모두 신의 자손이라 신이 보호해 준다는 신명옹호(神明擁護), ② 신의 후손인 천황이 대를 이어 다스려 왔다는 신손군림(神孫君臨), ③ 이러한 일본국은 신성한 나라라는 신성국토(神聖國土)를 주요 내용으로 한다(黑田俊雄, 1975: 294-295). 그런데 이러한 신국 사상은 조정세력과 사사세력이 관념적으로 앙양시킨 이데올로기였으며, 무사(영주)세력은 이 사상을 수용하면서도 기본적으로 일본국 전체가 아닌 자신과 자신의 가문을 수호해주는 신에 관심이 있었다.[4] 재지영주로서 무사들은 현실상의 필요에서 장원 내 농민과 촌락을 지배하기 위해 농업 등과 관련된 신기(神祇)를 숭배하였다. 신국사상은 천황 측의 힘이 약화되면 약화될수록 무사정권 막부 측의 권력이 강해지면 강해질수록 오히려 조정이나 사사 측에서 정신적 지주로 삼아 이를 더욱 강조하는 경향성을 보였다(黒田俊雄, 1975: 264-274, 314-315).

　　남북조 시기 공가(公家) 기타바타케 지카후사(北畠親房)는 남조 측 입장에서 『신황정통기(神皇正統記)』를 저술하였다. 여기에는 "대일본은 신국이다. 천조(天祖) 처음으로 토대를 열고 태양신[日神]이 영원히 계통을 전해 주셨다. 우리나라[我國]만이 이런 일이 있다. 다른 나라[異朝]는 이러한 일이 없다. 그래서 신국이라 한다"는 구절이 있다. 만세일계의 황통을 신국의 근거로 삼는 주장은 무로마치 중기 "신도는 만법의 근본이다. 불교·유교[二教]는 모두 신도의 분화이다"라는 자국 중심주의 성향이 보다 뚜렷한 요시다 신도에서도 확인된다. 요시다 신도를 집대성한 요시다 가네토모(吉田兼具)는 "(일본) 국은 신국이다. 도는 신도이다. 국주(國主)는 신황(神皇)이다. 태조는 아마테라스오미카미이다. 태양신의 위광(威光)이 이백억 세계에 두루 비춘다. 태양신에 부속되어 영원히 만승(萬乘)의 왕도(王道)를 전하고, 하늘에 두 태양이 없듯이 국에 두 명의 주가 없다"(『唯一神道名法要集』)라고 천황을 신황으로 중시하였다. 또한 가네모토는 "국은 신국, 군주는 신황, 위로 일인(一人)부터 백성까지 승속(僧俗)·남녀는 우리 신명(神明)의 후예가 아닌 자가 없다"(『妙顯寺文書』,「吉田兼俱牒狀」)라고 주장하였고, 비슷한 시기의 이치조 가네요시(一條兼良)도 "군신상하(君臣上下), 신의 후예가 아닌 자 없다"(『樵談治要』)라고 일본인 전부를 신의 자손으로 인식하였다(鍛代敏雄, 2006: 115-117).

4　『몽고습래회사(蒙古襲來繪詞)』의 다케자키 스에나가도 일본국이 아닌 자기 자신의 개인 무용을 위해 이즈국 미시마대명신, 하코네곤젠, 하치만대명신 등 여러 신에게 "궁시(弓矢)의 기도""궁전(弓箭)의 통달(期成)"을 기도하였다(黒田俊雄, 1975: 272-273).

신국 사상은 기본적으로 근세에도 이어진 데 반해,[5] 무국이란 사료 용어는 신국과 달리 근세 에도시대에 주로 보이며 그 이전에는 거의 나타나지 않는다. 다만 무국을 사료 용어가 아닌 무(무사·무위)의 나라 일본이라고 규정하여 좀 더 넓은 의미의 '무국' 개념으로 파악한다면 가마쿠라 막부 시기 때도 확인된다.

가마쿠라 시기 임제종 승려 도간 에안(東嚴慧安)은 몽골이 "일본국의 무예(武藝)가 여러 나라 보다 뛰어나고 궁전(弓箭)은 비할 데 없고 갑주(甲冑)는 귀신도 두려워한다"(『鎌倉遺文』10559「東嚴慧安意見狀」)고 무예와 무기가 뛰어난 일본국이란 인식을 보였다.[6] 이 점에 대해 남기학은 도요토미 히데요시의 '활·화살[弓箭]'이 상한 국'이란 근세의 '무위'가 가마쿠라 시기에도 통용된다는 입장에서, 가마쿠라 막부는 무사 정권으로서의 위광·위세(武威)를 정치 권력이나 국가 차원에서 확보하였다고 주장한다(남기학, 2017). 다만 과연 무엇을 '국가 차원'에서 확보한 것으로 볼 것인가, 그 정의에 대해서는 논란의 여지가 있지만, 가마쿠라 시기부터 '무'에 대한 일본인의 자긍심이 확인되는 것도 사실이다. 에안에 따르면, 몽골인은 "일본을 공격하여 우리나라(몽골-역자 주)의 수행국(伴國)으로 만들어 그 군병(軍兵)을 가지고 당나라[唐土]와 인도를 굴복시키는 것은 어렵지 않다"(『東嚴慧安意見狀』)라고 생각하였다. 비록 몽골인의 생각이

---

5   신국사상은 시대에 따라 개념이 확장되고 내용도 변해 왔다. 사토 히로오(佐藤弘夫)에 따르면, 중세 신국은 불(佛)이 신(神)의 모습으로 일본에 나타났다(垂迹)는 불교 우위에 대한 열등감과 말법(末法)의 시대에 일본은 중심에서 멀리 떨어진 변방에 불과하다는 말법변토사상(末法邊土思想)을 극복하는 과정에서 출현하였다. 즉 불교적 보편적 세계관을 전제로 하여 중세 일본의 한계와 특수성을 인정한 사상이다. 반면에 근세 신국은 불교적 세계관이 후퇴하면서 신도가와 국학자를 중심으로 만세일계의 천황 등 일본의 특수성을 적극적으로 부각시키고 이를 일본의 위대함과 우월성으로 해석하였다. 그 결과 근세 신국사상은 보다 독선적(獨善的)인 성질을 지녔고 때론 타국을 무시하는 공격적 성향을 보였다(佐藤弘夫, 2013: 108-109).

6   그러면서도 에안은 "일본국은 천신지기(天神地祇) 신들이 국을 다스리고 신들의 일족·권속이 초목, 토지, 산천, 수택에 충만해 있습니다. 어디를 가든 부처[佛]의 수적(垂迹)인 신들이 위(威)가 떨치고 덕을 펼칩니다"(『鎌倉遺文』10558「東嚴慧安願文案」)라고 신불이 지닌 힘·위광도 중시하였다.

라 하였지만, 이처럼 뛰어난 무예와 훌륭한 무기로 무장한 군병을 소유한 나라 '무국' 일본에 대한 자긍심은 확인할 수 있다.

그러나 이와 동시에 승려 에안은 몽골인들이 "그렇지만 그 나라(일본)는 무도(武道)로 인하여 윗사람이 아래 사람을 업신여기고 아래 사람이 윗자리에 올라 만민(萬民)은 어지럽고 왕신(王臣)은 구별하기 어렵다. 도리가 없고 나라가 어지러우니 어찌 지배할 수 없겠는가"(「東嚴惠安意見狀」)라고 생각했다고 하여, 무도(武道)의 나라 일본을 전적으로 긍정한 것만은 아니었다. 또한 에안은 어디까지나 "무가(武家)는 조가(朝家) 제일의 중보(重寶)"(「東嚴惠安意見狀」)라는 전통적인 조정 측 관점에 서 있으며, 몽골 격퇴는 무사의 무력이 아닌 "(신들이) 거친 바람과 비와 번개를 일으켜 그 나라를 파괴하고 비례(非禮)를 꾸짖고, (적국이) 항복하여 모두 본조 신국(神國)에 귀속"(「東嚴惠安願文案」)시킬 때 가능한 것으로 인식하였다. 앞서 언급한 『하치만우동훈』(甲本)과 『태평기(太平記)』에서 몽골 격퇴의 주체는 무사의 무력이 아닌 하치만대보살 등 신이었다는 주장도 이런 맥락에서 이해할 수 있다. 가마쿠라 시기 '무국' 속에 타국에 비해 무예·무기류가 훌륭하며 뛰어난 무사(軍兵)를 소유한 일본이란 자긍심이 내포된 것도 사실이지만, 무사수장이 '무가신격화'를 통해 신위(神威)를 장악하여 국가적 차원에서 일본 내 모든 구성원을 통제한 근세 무국과의 차이점도 분명히 존재한다(박수철, 2020).[7]

최근 사에키 신이치는 남북조 이후 무로마치 시기가 되어야 무에 대한 무사들의 자의식이 뚜렷해졌다고 주장하였다. 사에키에 따르면, 가마쿠라 시기의 『헤이케 이야기[平家物語]』나 남북조 시기의 『태평기』에는 무사의 각종 전투가 서술되어 있지만 근본적으로 무사의 시각에서 무사의 입장을 대변한 것

---

7   '무국'을 넓은 의미에서 무사들의 무예, 활·도검 등 무기류가 뛰어난 일본이란 초기 형태는 가마쿠라 시기부터 확인할 수 있다.('가마쿠라' 형(型)) 그러나 좀 더 엄밀한 의미에서 ① 무국이란 사료 용어의 출현, ② 단순히 무사 계층을 넘어 거의 모든 일본인이 '호무(好武)'의 민으로 간주되는 상황, ③ 신불의 권위까지를 흡수한 '무위'(즉 어위광) 등으로 정의할 때 본격적인 무국은 근세 시기에 성립한 것('에도' 형)으로 볼 수 있다.

이 아니었고, 15세기 전반 경에 작성된 작자 불명의 『요시사다 군기(義貞軍記)』
의 단계에서 비로소 무사 자신의 관점에서 문에 대항하는 무의 입장이 제시되
었다. 『요시사다 군기』는 군담류(軍談類) 소설이 아니라 무사의 마음가짐·주의
사항(心得), 전투·생활에 관한 실천적 지식을 적은 교훈서·실용서인데, 그 서
문(序文)에

> 옛날부터 지금에 이르기까지 문과 무는 둘로 나뉘며 그 두 덕은 천(天)과
> 지(地)와 같다(A). 어느 쪽이 결여되어도 국(國)을 다스릴 수 없다. 그래서
> 공가(公家)는 문(文)을 앞장세운다. 시가관현(詩歌管絃)의 예(藝)이다. 당
> 도(當道=우리 무사의 도-역자 주)는 부를 바탕으로 한다. 궁마합선(弓馬合
> 戰)의 도(道)이다. 우리들은 분에 넘치게 무사(勇士)의 가(家)에서 태어나
> 부족하게나마 선조의 이름[名]을 계승하였으니 이 도(道)에 힘써야 한다
> (B). 그래서 가(家)마다 대대로 가르쳐 온 것, 때로 사람들이 이야기 해 온
> 것을 적어 후대의 기록으로 삼는다.[8]

라고 하듯이, 무=궁마합전의 도(무사)와 문=시가관현의 예(공가)를 병기하였다.
확실히 (B)의 내용은 근세 에도막부의 무가제법도처럼 무사의 입장에 서 있
고, '공가(귀족)=시가관현=문'과 다른 '우리 도=궁마합전=무'의 고유한 삶의 방
식을 추구하였다. 무사 입장의 문무양도론이란 점에서는 1252년(建長4)에 성
립된 설화집 『십훈초(十訓抄)』(제10의 56화)의 "대저 무란 세상이 어지러워질 때
평화를 회복하기 위해 필요한 것으로 문과 더불어 우월이 없다. 조정에서는
문무이도(文武二道)를 좌우의 날개로 하고 있다"라고 조정을 주체로 하여 서술
한 것과도 차이가 있다. 사에키는 이를 "무사에 의한 무사를 위한 텍스트가 드
디어 등장한 것"이라고 높이 평가하였다(佐伯眞一, 2018: 117-119).
　　그러나 필자는 무로마치 초기 무사 자의식을 과연 이처럼 높게만 평가할

8　『群書類從』23輯·武家部: 479.

수 있는가 하는 의문을 갖고 있다.

첫째, (B)처럼 자신들이 분에 넘치게 용사의 가문에 태어났다고 하여, 무사 가문에 대한 자부심은 확실히 확인된다. 그렇지만 결국은 (A)처럼 문을 천(天)으로 무를 지(地)로 비유하고 있듯이, 공가와 무가 사이의 상하 관계까지를 부정한 것은 아니었다. 이전처럼 무사 측이 공가 우위의 질서를 변함없이 수용하고 있다는 점에서 일정한 한계도 내포하고 있다.

둘째, 과연 가마쿠라 후기 문무양도론과 본질적인 차이가 있는가? 가마쿠라 무사 사회에서 널리 유행한 소카(早歌)가 있다. 13세기 말 14세기 초 메이쿠(明空)가 편찬한 『연곡초(宴曲抄)』속 작자 미상의 「문무(文武)」라는 소카에는 "무릇 조정[北闕]이 바야흐로 안전해지고 막부[東關]가 점차 다스려져 무위가 엄중하고 문도(文道)가 올바르니 사이(四夷)가 일어나는 일이 없고 삼한(三韓)이 곧 복속할 것이다"(『宴曲抄』「文武」)라고, 북궐(조정)과 동관(막부), 무위와 문도를 각각 대등하게 병립시키고 있다(池內敏, 2006: 11-12). 이런 입장과 『요시사다 군기』가 얼마나 근본적으로 차이가 나는지는 의문이다. 크게 보아 가마쿠라 후기부터 남북조 시기를 지나 무사세력의 자의식이 한층 강화되어 간 것으로 보는 편이 온당할 것이다.

2. 무(武)와 신국의 결합

무로마치 시기 기요하라 가(淸原家)는 가마쿠라 막부법인 「고세이바이시키모쿠(御成敗式目)」 주석을 가직(家職)으로 하는 이른바 식목삼가(式目三家) 중 하나였다. 기요하라 나리타다(淸原業忠)는 「고세이바이시키모쿠」의 제1조와 제2조가 각각 신사(神事)·불사(佛事)와 관련된 것에 대해 "일본은 신국이므로 신이 근본(本)"이며, "일본은 신국이기 때문에 가장 먼저 신(神)을 언급"(『淸原業忠貞永式目聞書』)한 것으로 해석하였다(鍛代敏雄, 2006:102). 따라서 신을 중시하여 불(佛) 앞에 둔 것은 무로마치 시대를 대표하는 요시다 신도만의 특질은 아니었으며, 몽골 침공 이후 내셔널리즘이 강화된 일본 사회 내 분위기로 보아야 할 것이다.

무로마치 4대 쇼군 아시카가 요시모치(義持)는 중국[大唐國]이 남만·고려 등을 거느리고 다시 침공해 올 것이란 소식을 들었을 때, 앙천대소하며 "신국에 무슨 일이 있겠는가"(『看聞御記』應永26년5월23일조)라고 냉소적인 반응을 보였고, 그의 아버지 3대 쇼군 요시미쓰가 명나라에 책봉을 받아 병에 걸렸다고 생각해 자신은 외국 사절을 수용하지 않을 것을 신에게 서약하고 명과의 외교 관계를 단절하였다. 이 시기 공가(公家) 마데노코지 도키후사(萬里小路時房)도 "신도를 숭경해야 하는 일, 대저 정도(政道)의 첫 조목"(『建內記』正長1년5월14일조)이라고 하여, 공가든 무가든 적어도 명분상으로는 당시 정치의 가장 우선순위를 신에 두었다(鍛代敏雄, 2006: 103-107).

이처럼 무로마치 시기에는 신에 대한 무사늘의 숭성은 변함없이고, 근세 초 무국이란 용어가 새로 출현하였더라도 전통적 신국사상은 여전히 강고하게 남아 있었다. 즉 무국이 신국을 완전히 배제하거나 대체한 것은 결코 아니었고, 무국과 신국은 상호 보완적인 개념이었다. 양자를 서로 대립하는 개념으로 파악해서는 안 된다.

도요토미 히데요시는 1591년 7월 25일자로 인도 부왕한테 외교문서를 보내, 자신이 "인(仁)·명(明)·무(武)" 세 가지 덕으로 일본을 통일했다고 무를 중시하면서도 국가적 차원에서는 "일본은 신국입니다.…신을 만물의 근원으로 삼습니다. 이 신이 인도[竺土]에 있으면 불법(佛法)이 되고 중국[震旦]에 있으면 유도(儒道)가 되고 일본[日域]에 있으면 신도라 하니"(『印地阿毘曾靈宛朱印狀案』『豊臣秀吉文書集』5·3712號)라며 무국이 아닌 신국을 내세웠다. 1612년 6월 도쿠가와 이에야스도 멕시코 국왕에게 보낸 국서(國書)에서 "우리나라[吾邦]는 신국입니다. 개벽 이래 신을 숭경하고 불을 존중합니다. 불과 신은 수적(垂迹)으로 동일하며 다름이 없습니다. 군신충의의 도를 굳건히 하고 패국교맹(覇國交盟)의 약속을 맺어 변하지 않음은 모두 신에게 맹서하여 신뢰의 증거로 삼기 때문입니다"(『增訂異國日記抄』異國叢書13: 65)라고 대외적으로 신국 일본을 표방하였다.[9]

9 물론 도요토미 시기 무(武)의 자립은 무사세력에 대한 전통적 관념을 크게 바꾸었다. 가마쿠라

그렇다고 하면 근세 초 무사 정권은 기존 신국사상을 그대로 수용한 것에 불과한 것인가? 그것이 아니라면 기존 신국사상을 크게 변모시킨 것으로 보아야 하는가? 요컨대 기존 신국사상은 근세 초 무국과 어떤 연관성을 갖고 있었는가 하는 점이다.

도요토미 시기 『요시노 진고자에몬 각서(吉野甚五左衛門覺書)』라는 무사의 일기에는 그 결합 형태가 잘 묘사되어 있다. 사에키에 따르면, 작자는 상세히 알 수 없으나 히라도 마쓰라 씨(松浦法印宗靜)의 가신으로 고니시 유키나가의 배하에 소속된 인물로 추정된다. 조선 침략에 나선 진고자에몬은 400여 주의 중국, 16으로 이루어진 대국(大國) 인도, 수많은 소국(小國), 남만·고려 등 여러 국을 묘사한 지도를 보고 "그중에서 일본은 동해의 머나먼 격리된 작은 섬에 불과하다. 대국에 비교하면 구우일모(九牛一毛)와 같지만, 일본은 신국이므로 신도맹용(神道猛勇)의 기운이 있어 사람의 마음[人心]이 무(武)인 것은 삼국 중 제일[隨一]이다"라고 적었다. 여전히 소국 일본으로 인식하고는 있지만, 신국의 근거가 이전 시기와 달리 '신도맹용의 기'와 '인심이 무'라는 무의 요소를 내세운 점이 주목된다. 또 일본군이 무고한 조선인을 학살한 일에 대해 "이것은 군신(이쿠사가미=軍神)의 혈제(히마쓰리=血祭)이다. 여자도 남자도 개도 고양이도 모두 베어 버려서 참수한 수급은 3만 정도"라고 하였듯이, 실제 자신들의 무력 발휘를 군신의 행위와 연결시켜 해석하였다(佐伯眞一, 2018: 138-141).[10] 신국과 무력의 행사를 신과 결부시키는 발상은 가토 기요마사의 가신 시모카와 헤이다유(下川兵大夫)도 "일본은 신국"이며 아마테라스오미카미(天照大神)·

시기 관동의 막부세력은 동이(東夷)로 간주되었다. 반면에 도요토미 정권은 "상국(相國) 히데요시 쇼군은 남만(南蠻)·북적(北狄)을 없애고, 동이(東夷)·서융(西戎)을 평정하여 사해(四海)를 모두 장악하여"(「小田原御陣」『天正記』(戰國史叢書1·太閤史料集): 140)라고, 자신을 마치 중화(中華)의 위치에 두고 다른 지역의 무사권력(전국다이묘)을 사이(四夷)로 취급하였다.

10   가마쿠라 후기처럼 무로마치 시대의 일본인은 신국 일본의 신들이 자기 후손들의 소망을 관철시키기 위해 적극적인 행동에 나서 심지어 무력행사도 불사한다는 이른바 "신들의 싸움[神戰]"을 인식하고 긍정하였다(桜井英治, 2009). 히데요시 시기에도 무사들의 무력행사가 군신을 매개로 연결되고 있는 점이 주목된다.

하치만대보살(八幡大菩薩)·마리시텐(摩利支天) 등 "일본의 신들이 일본의 군대(勢)를 지켜주신다"고 하고 있으며, 가토 기요마사의 군법(「加籐淸正高麗陣軍法」)에도 '무편도(武篇道=무사도)'에 맞는 않는 겁쟁이[臆病者]를 "하치만대보살이 배를 가르게 할 것"이라고 신의 행위와 관련지었다(鍛代敏雄, 2006: 169-170).

이처럼 도요토미 시기가 되면 진고자에몬과 같은 일반 무사까지 일본의 무를 신국과 연결 짓고 있는데, 에도시기가 되면 그 움직임은 다음과 같이 더욱 확대되었다.

첫째, 만세일계의 황통을 전제로 무의 최고 수장과 천황을 혈통으로 연결시키는 움직임이다. 17세기 신도가 와타라이 요시노부(度會延佳)는 "우리나라는 천지개벽 이래 구니타치노미코토(國常立尊)·아마테라스오미카미로부터 전해진 신도를 기초로 혈통[御血脈]도 당금 천황[今上皇帝]까지 계속 이어졌고, 쇼군[幕下]은 세이와 천황의 후예이신바, 공무가 함께 구니노토코타치노미코토·아마테라스오미노카미의 혈통이니 신도의 혈통으로 이보다 뛰어난 일이 있겠는가?"(『太神宮神道或問』)라고 만세일계 천황가의 혈통에 무가 수장인 도쿠가와 씨를 끼워 넣었다(高橋美由紀, 2013: 244). 이로써 황통을 중심으로 하는 신손군림(神孫君臨)의 신국사상을 굳이 부정할 필요성이 없어졌고, 무사 최고 수장은 '공무가 함께'라는 슬로건 아래 천황 가문의 귀한 혈통을 공유함으로써[11] 남북조 시기 『요시사다 군기』의 문=천·무=지라는 관점을 벗어날 수 있었다.

둘째, 무의 관점에 입각하여 신국의 핵심 요소를 재해석하는 움직임이다. 마에다 쓰토무(前田勉)에 따르면, 요시다 신도를 계승한 요시카와 고레타리(吉川惟足)는 "우리나라[本朝]는 만국(萬國)에 앞서 개벽한 금의 기운이 깊고 두터운[金氣深厚] 땅으로 그렇기에 인민 스스로도 용(勇)을 좋아한다. 이것이 무국으로 칭해지는 이유"(『中臣秡附紙秘釋』)라고 주장하였다. 특히 "무의(武義)를 근

---

11   공무가 함께하는 발상은 가마쿠라 후기부터 무로마치 시기에 확인된다. 필자는 이를 '공무체제'라는 개념으로 파악한 바 있다(박수철, 2015; 2016; 2017). 다만 이러한 공무체제가 근세 막번체제로 어떻게 변모되고 계승되었는가 하는 점까지는 고찰하지 못하였다. 차후 과제로 삼고자 한다.

본으로 하고 인혜(仁惠)를 베푼다. 이것이 아메노누보코(天瓊矛)의 덕(德)이다. 누호코(瓊矛)를 도(道)의 근본으로 다스림의 근본으로 삼는다. 이것으로 다스릴 때 무비(武備)가 융성하며 민에게 인정과 은혜[仁惠]를 베풀 수 있고 편안하며 사해가 평화롭게[靜謐] 다스려 진다. 신대(神代)의 이자나키미코토, 아마테라스오미카미로부터 (천황이 다스리는) 인대(人代)에 이르기까지 옛날[上代] 정치는 이러하였다"(『中臣祓附紙秘釋』)라고 무의 상징물인 아메노누보코에 주목하고 여기에 덕의 가치를 부여하였다(前田勉, 1997: 233). 아메노누보코는 일본서기 신대권(神代卷)에 이자나기 · 이자나미가 국토를 생성할 때 두 신이 천신(天神)에게 받은 창으로 알려져 있다. 고레타리는 이처럼 기기신화에 근거하여 일본이 아마테라스 이래 무국임을 강조하였다는 것이다.[12] 근세 신도사상가들이 제시한 무국 사상은 이윽고 에도 무사들에게도 널리 수용되었다.[13]

　　가마쿠라 시기 '무국'은 기본적으로 무사 계급이외의 구성원은 배제된 개념이었다. 그러나 근세에 이르면 무사를 포함한 일본인 구성원 전체로 구성된

---

[12]　또한 고레타리는 "당은 효도를 도의 근본으로 한다. 우리나라는 충도를 도의 근본으로 한다."(『中臣祓附紙秘釋』)라고 무의 속성이 보다 잘 반영된 충의 개념을 강조하였다. 와타라이 노부요시(度會延佳)도 "일본국의 인민이 인도 · 중국에 종지를 세워, 인도 · 중국을 존중하고 우리나라를 이적(夷狄)이나 속산국(粟散國)으로 비하하는 일은 충후(忠厚)의 도(道)가 아니다"(『太神宮神道或問』)라고 주장하였다. 중세의 문무양도론, 전통적 불교 · 유교의 논리가 아닌 충이란 무의 논리를 내세워 기존의 이적관 · 속산국론을 극복하려 한 점이 주목된다(高橋美由紀, 2013: 254, 266-267).

[13]　야마자키 안사이(闇齋)의 스이카(垂加) 신도를 배운 구마모토 번사(藩士) 이자와 나가히데(井澤長秀)는 "대저 우리 일본은 아메노누보코가 이루신 일로 말미암은 무국이다"(『神道天瓊矛記』上)라고 하였고, 역시 스이카 신도의 일파에게 배운 오와리 번사 지카마쓰 시게노리(近松茂矩)도 "신도는 무도(武道)의 뿌리이다. 무도의 근본은 신도이다. 도에 둘은 없다. 즉 신무(神武)는 하나의 도"(『神國武道弁』)라고 주장하였다. 신도사상가 히라타 아쓰타네(平田篤胤)도 "황국은 무를 본체로 한다"(『大道或問』)고 하면서 "황국은 무국으로 서민이라도 무를 좋아한다[好武]. (이것이) 다른 나라(異國) 보다 뛰어난 이유이다. 신대부터 무에 전념하여 옛날 천황님은 무로서 세상을 다스렸다. 신하들도 무심(武心)을 근본으로 받들었다. 대저 문무는 수레의 두 바퀴[兩輪]와 같다고 하지만, 황국을 튼튼히 하려면 무를 골수로 문은 피부임을 마음속에 새겨야 한다"(『武學本論三卷』『大堅平先生著撰書目』)라고 문보다 무를 중시하였다(前田勉, 1997:235-238).

무국으로 인식하게 되었다. 이러한 변화는 히데요시 시기에도 확인된다. 1596년 일본에 포로로 끌려간 조선 선비 강항(姜沆)은 당시 일본을 "춘추전국시대와 아주 흡사"(『賊中聞見錄』『看羊錄』)하다고 평하면서, 일본인을 "전쟁 하나만이 이들의 특기"(『賊中封疏』『看羊錄』)라고 무사를 포함한 일반 일본인 전체를 무와 연결시켜 파악하였다. 타자의 입장에서 일본인 전부를 전쟁에 특화된 민족으로 간주한 것이다(朴秀哲, 2021).

III. 16세기 '무국'의 실상과 허상

1. 천하와 삼국관

이상 무국과 신국 개념을 중심으로 일본인의 자국 인식을 논의해 왔는데 그럼 16세기 오다 노부나가 시기의 경우는 어떠한가? 도요토미 시기와 어떤 차이점이 있는가?

노부나가 시기는 아직 일본의 통일이 달성되지 않았고 히데요시 시기와 같이 대외 침략 전쟁이 본격화한 것도 아니었다. 또한 예수회 선교사와 우호 관계를 맺고 있었고 히데요시 시기처럼 "일본은 신국"을 근거로 선교사를 추방하지도 않았다.

오다 노부나가에 관한 1급 사료인 『신장공기(信長公記)』(角川文庫本)에는 무국이나 신국이란 사료 용어가 등장하지 않는다. 대신 당시 일본국을 지칭하는 용어로는 "일본국중(日本國中)의 대군(大軍)으로 공격한다고 해도 쉽게 힘으로 공략하기는 어렵다"(『信長公記』: 26)라는 '일본국중', 1568년 쇼군에 취임한 아시카가 요시아키가 노부나가에게 감사하며 "일본 무쌍[日域無雙]의 명예, 말대(末代)까지 이어질 면목(面目)"(『道家祖看記』『立入宗繼文書』: 241)이라고 칭송할 때의 일역(日域) 등이 있다.[14] 그 외 통상 이국(異國)과 대비되는 본조(本朝)라는

---

14 일역(日域)은 "하늘[一天]은 바람이 잦아들고 사해(四海)는 파도가 평온해 졌다. 이 때 내대

중세 이래 관용적 표현이 널리 빈출하며, 이와 비슷한 용례로서 천하라는 용어도 있다.[15]

다만 천하는 "노부나가, 금은(金銀)·미전(米錢)에 부족함이 없기 때문에, 그렇다면 당물(唐物), 천하의 명물(名物)을 수집하라고 말씀하시어"(『信長公記』: 96)라고, 중국과 대비되는 일본국을 지칭하는 천하도 있지만, 의외로 천하가 일본 전체가 아닌 교토 일대를 지칭하는 사례도 다수 존재한다(高木傭太郎, 1985).

예를 들어 단바 국[丹波國] 아카자와 가가노카미(赤澤加賀守)라는 자가 맹금 두 쌍을 노부나가에게 선물하려 하였다. 당시 오와리 국 지방 영주에 불과했던 노부나가는 "그 뜻은 실로 고맙지만, (이후) 천하를 장악할 때 받을 터이니 그때까지 맡아 주세요"라고 사양하였다. 그런데 "이 이야기가 교토에 전해지자, '멀리 떨어진 원국(遠國)에서 (이렇게) 크게 바라다니 있을 수 없는 일이다.'고 다들 비웃었다고 한다. 그렇지만 10년이 채 안되어 노부나가가 교토에 상경하였다. 희대의 불가사의한 일이다"(『信長公記』: 81-82)고 하듯이, 이 경우 천하는 중앙 정권이 있는 교토를 지칭한다.[16]

전국 다이묘간 전투가 지속되던 시대를 묘사한 『신장공기』에는 일본국 전체를 표현하거나 이를 지칭하는 국가 개념은 드물다. 따라서 신국이나 무국

신(內大臣) 다이라노 아손 히데요시공(平朝臣秀吉公), 위광(威光)이 만고(萬古)에 빛나고 명예는 팔황(八荒)에 전해진다. 일역(日域)이외에 적대하는 자 아직 없다"(「紀州御發向記」『天正記』: 67)라고 히데요시 시기에도 보인다.

15 1603-04년 예수회 선교사가 편찬한 『일포사전(邦譯日葡辭典)』(岩波文庫本)에는 천하가 대체로 국가로 해석된다. 즉 "아마가시타(天か下)"에 대해 "군주의 권한(權), 혹은 국가"로, "천하(天下)를 다스리다(治むる)"는 "국가를 통치하다"로, "천하를 취하다(取る)"는 "국가를 수중에 넣다. 혹은 영유하다"라고 해석하였다. 다만 "천하제일"은 "세계 중에 유일 독특한 것"으로 해석하였고 "천하무쌍"은 "천하제일"과 같은 뜻이라고 하여 일본을 포함한 오늘날의 세계 개념으로 해석한 용례도 있다.

16 『신장공기』에는 "천하(天下)의 법규(定目)를 지시하고, 5월 11일 기후로 귀성하셨다"(『信長公記』: 97)라는 식의 기록이 매우 많다. 역시 천하=교토(중앙정부)이다.

이란 용어도 보이지 않는다. 대체로 자신의 출생국[當國]과 다른 국[他國]으로 구분한 당국과 타국, 자신의 국[當國]과 타국의 거리를 기준으로 구분한 근국(近國)과 원국(遠國)이란 용례가 압도적 다수를 차지한다. "아쓰타 신사(宮中)는 선례대로 타국·당국(오와리 국)의 적아군 및 봉공인(奉公人)[이 맡긴 물건의 안전을 보장]"(『增訂織田信長文書の研究』1號)한다는 사료에서처럼, 노부나가는 자신이 속한 당국과 그 밖의 다른 지역인 타국으로 나누어 당시 일본국을 파악하였다. 고대 율령 국가는 7도(道)5기제(畿制)와 국군리(國郡里) 제도를 도입하여 전국을 66국(國, 구니)으로 나누었는데, 노부나가 시기에도 이와 같이 국을 단위로 하는 이러한 지역 구분법이 널리 쓰였다.

한편 노부나가의 통일 사업이 진행되면서 국이란 지역 단위를 넘어 영역 단위로 파악하는 사례도 점차 증가하였다. 노부나가의 지배 영역이 오와리·미노·오미·이세·에치젠 국으로 확대되어 감에 따라 국과 국을 아우르는 분국(分國)이란 개념도 널리 쓰였다. 노부나가는 "한편으로는 천하를 위해 다른 한편으로는 왕래 여행자를 불쌍히 생각하시어, 노부나가의 분국 내에 아주 많은 여러 관소의 제역(諸役)을 거두어들여 교토와 지방[都鄙]의 귀천(貴賤) 일동(一同)이 감사하게 생각하고 만족하였다"(『信長公記』: 91)고 하였듯이, 자신의 지배 영역을 지칭할 때, 여러 국을 합친 '분국'이란 용어를 썼다.[17]

이상의 사례로 볼 때 일본 전체를 무국으로 파악하는 방식은 적어도 노부나가 시기에는 아직 일반화하지 않았다고 할 수 있다. 즉 통설에서는 오다·도요토미 정권이 '무위'를 기반으로 '무가의 국가'를 창출해 나간 것으로 파악

---

17 노부나가 시기에는 전통적인 동국과 서국 개념에도 변화가 확인된다. 노부나가는 모리 씨 공략의 뜻을 밝히면서, "동국·서국의 병사가 직접 육탄전을 벌여 (적과) 싸워 이겨 세키도(關戶)까지 나가"(『信長公記』: 243)고자 하였다. 노부나가는 자신이 속한 군대를 동국의 병사로 인식한 것이다. 모리 씨(毛利氏)와 싸우고 있던 히데요시의 병사에 대해서도 부근 영주들은 "동국(東國)의 군대가 출진"(『信長公記』: 325)한 것으로 인식하였다. 이때는 전통적 동국세력인 다케다 씨나 고호조 씨가 건재한 시기였다. 노부나가 시기 서국이나 동국의 개념은 절대적이지 않으며 상대적 용어로 쓰였다.

해 왔지만, 이런 관점은 적어도 사료 용어 측면에서는 당시 실상과 맞지 않는 다고 할 수 있다. 그렇다면 무국이 아니라면 과연 노부나가는 일본국을 어떻게 파악하고 있었는가?

1580년 아즈치 성에 거주하던 노부나가는 무헨(無邊)이란 이름의 승려를 만났다. 이때 노부나가는 무헨에게 "태어난 곳이 어딘가?"라고 묻자, "무변(無邊=무헨)"이라 답하였다. 그러자 노부나가는 "무헨이란 천축(天竺)인가, 당토(唐土)인가?"라고 하니, 무헨은 "하늘이 아니며 땅이 아니다."라고 대답하였다. 노부나가는 "몸이 천지(天地)를 떠나 어떤 곳에 있을 수 있는가"라고 반문하고, 천지를 떠난 "너는 요괴[化物]인가. 말에 낙인을 찍는 쇠를 얼굴에 찍어 보아야겠구나"라고 위협하자, 무헨이 데와 국(出羽國)이라고 자신의 출생국을 실토했다는 기록(『當代記』: 36)이 있다. 여기서 노부나가의 인식이 천축, 당토, 일본(扶桑)이란 전통적 삼국관에 입각해 있음을 알 수 있다.[18]

다만 전통적 삼국관을 기반으로 하면서도 선교사 등 외부 세력과의 접촉이 활발해지면서 약간의 변화는 확인된다. 1580년 노부나가는 중신 사쿠마 노부모리(佐久間信盛)를 내쫓고 "(노부모리가) 인색하게 쌓아놓기만을 으뜸으로 삼았기 때문에 이번에 천하의 면목을 잃는 일이 되었고, (그 치욕은) 당토·고려(高麗)·남만국(南蠻國)까지 숨길 수 없을 것"라고 평하였다. 천하=일본과 당(중국)이란 전통적 국가 이외에 인도를 대신하여 고려·남만국이 들어간 것이다. 이처럼 삼국관을 기본으로 하면서도 인도가 탈락된 점이 주목된다. 또한 "이시야마데라(石山寺), 그 본존은 대국 중국[大國震旦]까지 알려진 영험이 뛰어난 관세음"(『信長公記』: 136)라고 하여 중국=대국이란 전통적 삼국관은 지속되었지만, 『신장공기』에는 딱히 소국 일본이란 인식은 거의 보이지 않는다. 마찬가

---

18   『신장공기』에는 "승려(客僧)의 출생국(生國)은 어디인가"고 묻자 "무헨"이라 답했고, 노부나가가 다시 "중국인(唐人)인가, 인도인(天竺人)인가"라고 묻자, 무헨은 "단지 수행자입니다"라고 하니 노부나가는 "인간의 출생지(生所)가 삼국(三國)이외는 의심스럽다"라고 하였다(『信長公記』: 315). 노부나가의 삼국관이 좀 더 분명히 드러난다.

지로 전통적인 변토 개념도 일본국 전체를 변토로 보는 표현은 확인되지 않는 다.[19]

2. 무덕양도(武德兩道)의 의미: 무편(武篇)과 어위광(御威光)

이상 근세 국가의 성립을 '무위'의 무사국가 성립으로 이해하고 그 시작을 오다 정권에서 찾는 아사오 나오히로 이래의 통설은 적어도 '무국'의 관점에서는 재고해 볼 여지가 있다. 다만 엄밀한 의미의 무국이란 사료 용어가 아니라 무·무사의 나라 일본이라는 좀 더 폭넓은 의미로 '무국' 용어를 사용할 수도 있다. 이럴 경우 노부나가 시기의 '무국'은 어떻게 이해하여야 하는가? 특히 노부나가 시기 '무'의 핵심 요소는 어떻게 파악되어야 하는가? 이 점에 대해 기존 연구에서는 주로 '무위(武威)'라는 용어에 초점을 두어 왔다.

이케우치 사토시(池內敏)에 따르면, 현재 통설이라 할 아사오 '무위'론의 위(威)는 "자연스럽게 사람을 따르게 하는 기세"(『日本國語大辭典』)이며, 무위란 "타자로부터 자발적으로 귀복을 재촉하는 성질을 지닌 것이다. 힘(力) 그 자체로 억지로 복종시키는 것이 아니라 억지로 복종시킬 수 있을 힘의 존재를 전제로 그것이 발동되기 이전에 자발적으로 따르게 하는 능력"이었다. 이러한 아사오 무위론의 원점에는 에도 초기 사상가 구마자와 반잔(熊沢蕃山)이 존재한다. 반잔은 문과 무의 밸런스를 중시하였는데, 그는 "문사(文事)는 치국(治國)·평천하(平天下)의 요체[政]"이며, "무비(武備)는 안으로는 견고하게 하며 바깥으로는 두렵게 하는 무위(武威)의 갖춤[備]"으로 이해하였다. 다만 반잔은 이처럼 문무양도의 병행을 중시하면서도 그의 지향은 문(文)이 아니라 "외국(外國)이 가장 두려워하는 첫째는 궁마병법(弓馬兵法)을 깊이 힘쓰고 사민(士民) 모

---

19 "미노 국(濃州)의 주인(住人) 마쓰노 헤이스케 가즈타다(松野平介一忠)가 그 날(노부나가가 살해 당한 날-역자 주) 변토(邊土)에 있어 야간습격을 듣고 달려온 바, 고쇼(御所)에서의 싸움이 이미 끝나 쇼군이 할복했기에 어쩔 수 없이, 묘켄지로 달려가 할복할 각오를 하였다(『惟任謀反記』 『天正記』: 32)라고, 교토 이외의 지역을 변토라고 지칭한 용어는 확인된다.

두가 통달자[達者]로서 무국(武國)의 이름에 걸맞은 것"(『大學或問』『熊沢蕃山』日本思想大系本: 425)이라고 하여 어디까지나 무에 있었다. 특히 반잔이 말한 무국은 "궁시(弓矢)의 무구(武具)가 있어도 위(威)가 없으면 두려울 것이 없다. 무구를 갖추고 무사(武事)를 익혀 무비를 엄중히 하여 위(威)가 있을 때 사방(四方)에서 이를 엿보고 두려워하고 침범할 마음이 들지 않는다."(『集義和書』『熊沢蕃山』: 126)고 하듯이 '무위'를 핵심 요소로 하였다. 아사오의 '무위'론은 바로 이러한 반잔의 무위론을 추상화하고 개념화한 것이었다(池內敏, 2006: 6-8).

이케우치는 아사오의 '무위'론을 계승하여 중세와 근세의 무위 개념의 차이점에 주목하였다. 특히 이케우치는 "사(士)가 문을 배워 예의로 삼가며, 궁마(弓馬)를 즐겨하여 무용에 힘쓰는 것은 민이 경작을 생업으로 하는 것도 같다. 사는 천하를 보호해 민을 평안케 하며 군주[君上]의 간성(干城)이 되어 무위로써 세상이 평화롭게 됨을 바란다."(『熊沢蕃山』: 353)라는 반잔의 무사 문무겸비론에 주목하였다. 이케우치에 따르면, 중세 시기에는 문사(文士)와 무장(武將)의 양립을 전제로 한 문무양도론이었고, 문무양도를 중시하는 관점에서는 중세나 근세나 동일하지만, 무사의 문무겸비라는 점이 중세와 크게 달라진 '무위'의 근세화였다.[20] 어쩌면 이것은 문무양도(중세)가 아닌 '무문양도'(근세)라고 표현될 수도 있을 것이다. 중세나 근세나 문무양도를 모두 중시하였지만, 이처럼 근세가 되면 중심추가 문에서 무로 넘어갔다.[21]

그러나 '무위'를 근세국가의 핵심으로 보는 아사오·이케우치 등 교토대 출신 연구자들과 달리, 도쿄대의 야마모토 히로후미(山本博文)는 이러한 '무위' 관점의 근세국가론을 비판한다. 야마모토는 아사오 설이 일본 근세국가 성립

─────

20 전술한 『엔쿄쿠초(宴曲抄)』「문무(文武)」에는 "문으로 백성을 보살피고, 무로 나라[國]을 지킨다. 그렇기에 혹은 28명의 문사(文士)를 뽑고, 혹은 47명의 무장(武將)을 정하였다."라고 문사와 무사(무장)가 각각 각자의 역할을 맡은 문무양립이었다(池內敏, 2006: 11).

21 전술한 히라타 아쓰타네(平田篤胤)가 일본(황국)이 무를 본체로 하며 "황국을 튼튼히 하려면 무를 골수로 문은 피부임을 마음속에 새겨야 한다"(『武學本論三卷』『大壑平先生著撰書目』)라고 하는 무=주(主), 문=종(從)은 이런 입장을 반영한 것이다.

을 "무위를 표방한 군사국가 성립"으로 보는 학설이라고 하며, 아사오가 무위를 일본형 화이의식에 기초한 무력 시위외교의 약어로서 사용하고 있다고 요약하였다. 그러면서 야마모토는 '무위'란 (사료용어가 아닌) 아사오가 사용한 학술용어에 불과하며, 확실히 도요토미 정권은 아사오처럼 파악할 수도 있지만, 에도 막부는 3대 쇼군 이에미쓰처럼 청 등 외부 세력과의 무력 충돌을 피하였고 결코 '무위'를 관철시키려고 노력하지 않았다는 점에서 근세 에도막부를 '무위'의 개념으로 파악하는 것은 결코 타당하지 않다고 주장한다. 실제 에도막부나 쇼군은 '위덕(威德)'이나 '위광(威光)'을 사용하였지 '무위'를 사용한 적은 거의 없으며, '무위' 용어는 오히려 시마즈 씨와 같이 일선 다이묘들이 즐겨 사용하였다는 것이다(山本博文, 1995: 178-185).

이처럼 근세국가 성립과 관련하여 '무위'를 강조하는 아사오 설과 '위덕'을 중시하는 야마모토 설이 대립하고 있는데,[22] 그러면 노부나가의 경우는 어떠한가?

노부나가와 관련해서는 의외일 정도로 직접 '무위'를 사용한 사료용어가 없고,[23] 그 대신 무덕이란 사료용어가 존재한다. "노부나가공은 무덕양도의 통달자(信長公御武德兩道御達者)이시므로 생각하신대로 대승리[大利]를 얻고, 14, 15, 16일 쓰루가(敦賀)에 머무르셨다"(『信長公記』: 158)라는 구절의 무덕이다. 이처럼 중세의 문무양도가 노부나가 시기에 이르러 "무덕양도"라고 하여 무가 선행하는 점이 무엇보다 눈길을 끈다. 또한 1575년 나가시노 전투에서 승리

22 　에도막부 3대 쇼군 이에미쓰 시기 대로격(大老格)인 이이 나오타카(伊井直孝)는 청의 침략에 처한 조선 측 통신사가 어쩔 수 없이 일본의 국서 변경 요구에 동의하자, 이를 일본 외교 성과로서 높이 평가하였다. 즉 "쇼군[公方樣]을 대군(大君)으로 쓴 것, 대명(大明)의 연호를 한 자를 내려 쓴 일 (등) 일본의 어치덕(御治德)을 수 개조 넣었다. 이러한 국서[書翰] 사례는 예전에는 받아들여지지 않았다. 이것은 일본을 평화롭게 만든 쇼군님의 위덕(日本大平之御威德)이다"라고 무위가 아닌 위덕의 산물로 파악하였다(山本博文, 1995: 184-185).

23 　『신장공기』에는 없고 『織田信長文書の研究(語彙索引)』에 따르면 단 하나의 사례가 있다. 그렇지만 이 경우도 노부나가의 무위가 아니라 "(적들이) 連龍의 武威를 두려워하여"라고 지방 영주(能登國의 長連龍)의 무위였다(『增訂織田信長文書の研究』下卷·895號).

한 노부나가를 칭송하는 대목에서도 무덕(武德)을 수레 두 바퀴에 비유한 부분이 확인된다.

> 미카와·도토미(三·遠) 양국(兩國)을 내려주어 이에야스의 연래(年來) 근심을 풀어주셨으니 (만사가) 노부나가의 생각대로 행하셨다(A). 옛날에도 이처럼 아군은 무사하고 강적(强敵)을 무너뜨린 일은 없었다. (노부나가는) 무용(武勇)의 달인(達者)이자 무자(武者)이시기에 음덕(冥加)을 입은 것이다(B). 비유하면 햇살이 비추어 아침 이슬이 사라지는 것과 같고, 노부나가의 무덕[御武德]은 수레의 두 바퀴[車輪]와 같다. 자신의 이름[御名]을 후대에 높이고자 수년간 산야해안(山野海岸)을 집[栖]으로 갑주(甲冑)를 베개로 삼아 궁전(弓箭)을 본 사업으로 삼아 계속 해 오신 노부나가님의 노고[御辛勞]는 쉽게 말하기에 부족하다(C).[24]

우선 (C)은 "갑주를 베개로 삼아 궁전을 본 사업으로 삼아"에서 히데요시 시기의 '궁전(弓箭)이 훌륭한 국'을 연상시킨다. 노부나가의 강한 무력(武力)를 강조하는 것이다. (B)의 아군의 무사함과 강적을 굴복시킴도 노부나가의 무(武勇·武者)에 해당한다. 다만 노부나가의 '무덕'이 각각 수레의 두 바퀴와 같다고 할 때, 문제는 이 중 어떤 부분이 덕인가 하는 점인데, 사료 구조상 (A) 부분, 즉 노부나가의 뜻대로 모든 일이 처리되어 이에야스의 근심을 해소해 주고 영지를 내려준 부분이 덕에 해당하는 것이다. 이 경우 덕은 꼭 유교의 덕만을 지칭하는 것은 아니며, 불교의 덕목인 자비를 포함하여, 노부나가의 위세·위광으로 적을 굴복시켜 전란이 그치고 세상이 평온해지는 것, 또는 그 결과로서 부하들에게 영지 등을 베풀 수 있는 등 무사권력자로서의 무력 이외를 포괄하는 개념으로 볼 수 있다. 기존에는 이 '덕' 부분을 '무위'의 '위'로 이해해 왔으며, 또한 바로 이 덕은 전술한 야마모토가 지적하고 에도시대 이이 나오타카

---

24 『信長公記』: 185.

가 말한 "일본을 평화롭게 만든 쇼군님의 위덕(日本大平之御威德)"과 통용되는 성질의 것이었다.

무편(武篇=부헨)은 노부나가 시기 직접적인 무력(군사력)을 지칭하는 용어이다.[25] 무편에 힘써야 하는 무사의 길은 무편도(武篇道) 혹은 무자도(武者道)로 표현되었다. 1575년(天正3) 노부나가는 시바타 가쓰이에(柴田勝家)에게 에치젠국(越前國)을 하사하면서 "대국(大國)을 맡긴바 모든 일에 신경을 쓰고 방심하면 처벌할 것이다. 무편이 무엇보다 가장 중요하다. 오직 무구(武具)·병량(兵糧)에만 힘써"(『信長公記』: 198)야 한다고 무편을 강조하였다. 여기서 무편은 무사 개인의 무예·무용을 넘어서 전쟁을 수행하기 위한 무기와 각종 무구류(무구) 및 병량미 확보를 핵심 요소로 한다는 사실을 알 수 있다. 디만 "영지 두세 곳은 수급자[給人]를 두지 말고 충성을 다 한 자를 위해 부지(扶持)할 토지로 남겨둘 것. 무편을 권장하더라도 은상(恩賞)으로 줄 영지[所領]이 없다고 여러 사람이 생각하면 실로 용기도 충의도 얕아지니, 이를 잘 분별해야 한다"(『信長公記』: 198-199)고 하여, 개별 무사의 무예·무용과 무관한 것은 아니었고 무편은 용기와 충의라는 이념, 영지 등 경제적 보상과도 밀접히 결부된 개념이었다. 또한 무사들이 추구할 길이라고 할 무편도는 후대의 무사도처럼 무사들의 윤리·가치 영역과 관련된 사료용어였다. 1580년 노부나가는 중신 사쿠마 노부모리(佐久間信盛)의 추방 이유에 대해 "첫째로 욕심이 많고, 대하기 껄끄럽고, 훌륭한 인재를 거느리지 않고, 게다가 태만히 일을 처리하니, 결국 부자(父子) 모두 무편도가 부족하여 이렇게 된 것"(『信長公記』: 333)이라고 하였다.

이처럼 무편이 전투를 수행하기 위한 무력(군사력)을 의미한다면, 어위광은 전투를 포함한 다양한 측면에서 노부나가의 위세를 지칭하는 용어로 널리

---

25 무편은 무변(武邊, 부헨)이라고도 한다. 『일포사전(邦譯日葡辭典)』에는 무편에 대해 "무예(武藝)·무력(武力)"이라 하였다. 무변자(武邊者, 부헨샤)에 대해서는 "훌륭한 무사, 혹은 용사(勇士)·기사(騎士)"라고 설명한다.

사용되었다.[26]

1580년 1월 히데요시가 하리마 국의 벳소 나가하루(別所長治) 등을 토벌하고 그 수급을 노부나가에게 바쳤다. 『신장공기』에서는 이에 대해 "노부나가님의 적[御敵]이 된 자는 남김없이 노부나가님의 뜻대로 되어 위광[御威光]을 헤아릴 수 없다. 그렇기는 하지만 하시바 지쿠젠(히데요시) 한 사람의 각오로 대적(大敵)을 이처럼 격퇴한 일은 무용이라 하든 계략(調略)이라 하든 궁시(弓矢)의 명예가 이보다 더할 나위 없다"고 평하였다. 실제 전투를 벌여 무력을 행사한 히데요시는 무용·계략·궁시의 명예 등 주로 직접적 무력인 무편과 관련된 용어로 묘사하였고, 이 히데요시를 지휘하여 결과적으로 적을 굴복시킨 노부나가의 행위는 추상화된 어위광이란 용어로 서술하여 양자를 구분하였다.[27] 1580년 노부나가가 오사카 혼간지와 전투를 제대로 수행하지 못했다는 명목으로 중신 사쿠마 노부모리를 추방한 근거로 제시한 부분에도 무편과 위광은 서로 구분되어 사용되었다.

> (노부나가가) 이 (사쿠마 노부모리의) 마음을 추량하면 다음과 같다. 오사카가 대적(大敵)이라 생각하여 무편(武篇)을 갖추지 않고, 계략[調儀·調略]의 수단도 활용하지 않고, 오직 (자신) 거성(居城)의 방어요새만 튼튼히 준비해 수년이 지나면(A), 상대방(혼간지)은 긴 소매[長袖]를 입는 (문

---

26 『일포사전(邦譯日葡辭典)』에는 무위(武威)를 별도로 정의한 항목은 없다. 다만 "무사(武士)의 위세(威勢)"라는 항목에는 "이름으로 나타낸 무사의 의기(意氣), 혹은 용기", "무위를 떨치다"는 "의기, 용기를 발휘하다."라고 설명하였다. 위·위세를 의기·용기로 파악한 점이 눈길을 끈다. 참고로 무위와 혼용되어 사용되는 어위광은 이쿠와(威光)라는 발음으로서 "위엄(威嚴), 위력(威力)"이라 정의하여, 오히려 이 말이 현재 학계에서 사용되는 '무위' 개념에 가깝다.

27 노부나가가 북이세로 출진하였다. 이 무렵 교토(靜原山)에 농성하던 노부나가의 적 야마모토 쓰시마(山本對馬)를 아케치 미쓰히데가 계략을 써서 죽이고, 그 목을 이세까지 직접 와서 진상하였다. 『신장공기』에서는 이를 "노부나가의 적이 된 자는 모두 노부나가 마음대로 처리하게 되어 어위광(御威光)이 다 말할 수 없다"(『信長公記』: 163)라고 적었다. 이 역시 무편의 아케치와 어위광의 노부나가로 구분한 사례이다.

약한) 자들에 불과하니 결국은 노부나가의 위광[御威光]으로 물리칠 수 있을 것이라고 해서 몸을 사린 것인가(B). 그러나 무자도(武者道)란 이와 다르다. 그러한 때라면 (더욱) 승리와 패배를 판단해 일전(一戰)을 벌이는 것이 노부나가를 위해 또한 (사쿠마) 부자(父子)를 위해 (좋은 일이며), 병사[諸卒]도 (장기간 계속된 전투의) 노고를 피하게 되어 실로 뜻한 대로 목적을 달성할 수 있는 것인데(C), (오직) 한 가지 생각(지구전-역주)만을 고집하다니 분별력이 없으며 미련한 짓임에 틀림없다.[28]

첫째, 노부나가는 오사카 혼간지를 긴 소매로 규정하고 있다. 이 긴 소매를 외부로 대상을 확장하면 히데요시처럼 긴 소매의 나라=명, 무기[弓箭]가 훌륭한 나라=일본으로 변모할 수 있는 것이다.

둘째, (A)의 무편(직접적 무력)과 (B)의 어위광(추상적 위세)은 반드시 함께 하는 것이 아니며 때론 이처럼 양자가 서로 대립되는 개념으로 사용되기도 하였다. 노부나가는 사쿠마의 무편·계략과 자신의 위광을 별개의 존재로 파악하고 있었다. 오다 시기의 '무위'를 결합된 단일 속성으로만 이해하는 것은 타당하지 않다.

셋째, 노부나가가 (C)처럼 어위광이 아닌 무편의 발휘, 즉 일전을 벌여 혼간지를 힘으로 굴복시키라고 지시한 점도 흥미롭다. 어위광이란 추상적인 '위세' 보다 직접적인 군사력(무편)을 선호하는 노부나가의 의지·지향이 잘 드러난 부분이다.

통설에서는 노부나가의 무력행사를 모두 '무위'의 관점으로 일괄하여 파악해 왔지만, 필자는 이러한 '무위' 파악이 당시의 실상과 맞지 않으며, 좀 더 엄밀하게 무편(계략)과 어위광으로 나누어 파악해야 한다는 입장이다. 이러한 관점에 설 때 직접적인 무력과 그 이면에 존재하는 위세·위광을 막연히 '무위'라는 용어로 합쳐 일반화한 통설의 문제점과 한계도 극복될 수 있을 것이다.

---

28 『信長公記』: 330-331.

노부나가 시기에는 거의 사용한 사례가 없는 무위와 달리 어위광의 용례는 다수 확인된다. 다만 어위광은 개념적으로 무위와 명확히 일치한 것은 아니다. 어위광은 무력(무편)과 무관하게 신비로운 힘을 내재된 추상적인 개념으로 쓰이기도 한다. 노부나가는 오와리 국 통일과정에서 자신의 동생 노부유키를 옹립한 시바타 가쓰이에 등과 싸웠는데, "여기서 가즈사노스케(노부나가)가 크게 소리를 내어 노여워하였다. 과연 (시바타 가쓰이에 등도) 오다 가문의 가신들이었기에 노부나가님의 위광[御威光]을 두려워하여 발을 멈추었고 마침내 붕괴해 도망갔다"(『信長公記』: 44)고 직접 무력을 행사하지 않고 아우라로 적을 격퇴한 일을 위광으로 표현하였다. 또한 어위광이 노부나가의 배려·베풂을 지칭한 사례도 있다. 1574년 6월 5일 다케다 가쓰요리의 침공을 막기 위해 노력하는 이에야스에게 병량미 대용(代用)으로서 말 두 필에 황금이 가득든 가죽 부대를 실어 보내 주었다. 이에 대해 "귀천(貴賤)과 노부나가 가신단[家中] 상하(上下)가 이를 보고 옛날에 없었던 일이라고 모두의 이목(耳目)을 놀라게 하였으니 어위광이 보통이 아니어서 여러 사람이 감동하였다. 이에야스의 공 마음속의 감격도 추량하기 어려울 정도였다"(『信長公記』: 170)라고 하듯이, 가신에 대한 마음씀씀이·배려도 어위광으로 표현되었다. 바로 이 경우 어위광은 덕으로 해석될 여지가 있으며,[29] 노부나가를 '무덕양도의 통달자'로 칭송한 근거이기도 하다. 무덕양도의 무가 무편 등 구체적인 군사력(무력)이라면, 덕은 자비심·아우라 등 보다 추상화된 어위광을 지칭한다고 할 수 있다. 바로 이것이 노부나가 시기 '무위'의 실체이다.

---

29 1582년 호조 우지마사(北條氏政)가 꿩[雉] 5백여 마리를 선물하였을 때, 노부나가는 직속 기마대인 우마마와리(御馬廻衆)을 불러, "원국(遠國)의 진귀한 물건"을 나누어 주었는데, 이를 "어위광(御威光)으로 인한 고마운 일"(『信長公記』: 400)라고 하였다. 호조 씨가 진귀한 물건을 바치고 부하들이 이를 수령한 것을 노부나가의 어위광이 사방으로 펼쳐진 것에 따른 은혜로 인식하였다. 각지에서 도자기·그림 등 명물(名物)이 진상되고 가신들이 하사받게 되자 역시 "노부나가의 어위광"(『信長公記』: 212, 218)으로 인식하였다.

IV. 맺음말

이상 신국과 무국을 중심으로 16세기 일본인의 자국 인식을 고찰하였다. 사료 용어의 측면에서 보면 신국은 고대부터 근현대까지 널리 사용된 데 비해 무국은 주로 근세 시기에 사용되었다.

그렇지만 '무국'을 보다 폭넓게 해석하여 무·무사의 나라 일본이라고 본다면, 근세 이전에 이러한 관념이 전혀 없었던 것은 아니다. 본고에서는 이를 근세 무국('에도' 형)과 그 이전의 '무국'('가마쿠라' 형)으로 구분하였다. 즉 기존 연구의 '무국' 개념이 의외로 불명확하다는 점에 착안하여, ① 뛰어난 무예와 훌륭한 무구의 나라, 부사[軍兵]가 강한 일본이란 초기 형태의 '무국'('가마쿠라' 형)과 ② 일반 서민까지도 무를 좋아하는, 기기신화에서 논리적 근거를 찾은, 문보다 무를 앞세우는 근세의 무국('에도' 형)으로 나누었다. 다만 근세 이전은 '무국'이 아닌 신국이 주된 일본인의 자국 의식이었다는 통설의 주장에는 동의한다.

노부나가 시기는 도요토미 시기와 마찬가지로 무국이란 사료 용어가 거의 보이지 않는다. 그렇기 때문에 기존 연구에서 무국을 논하면서도 노부나가 시기에 대해서는 딱히 별다른 설명이 없었다. 오직 히데요시의 '활·화살[弓箭]이 훌륭한 국'과 '긴 소매의 대명(大明)'을 비교하는 부분에만 집중해 왔다.

그런데 『신장공기』 등 당시 실제 사료에 입각해 분석해 보면, 노부나가 시기 '무국'과 관련된 자국 인식은 다음과 같은 특징을 보인다.

첫째, 일본 전체를 무국이나 신국으로 인식한 사료는 확인되지 않는다. 다만 노부나가는 승려 무헨과의 문답에서 단적으로 보이듯이 이전처럼 인도·중국·일본이란 전통적 삼국관에 입각해 있었다. 아울러 인도를 대신하여 고려·남만이 거론되는 등 다소 변화는 확인되나, 기본적으로 일본국 전체가 아니라 당국과 타국, 분국이란 지역별로 세분하여 인식하는 경향성이 뚜렷하였다.

둘째, 노부나가는 무편이란 무력을 중시하였고 무사의 추구할 자세를 무편도·무자도라는 용어로 표현하였다. 또한 혼간지 세력을 '긴 소매'라고 지칭하고 무편도의 무사와 대비시켰는데, 이러한 발상은 히데요시 시기 대명=긴 소매 국으로 확장될 여지가 있었다.

셋째, '무위'를 바탕으로 근세국가의 성립을 논하는 통설은 적어도 사료의 관점에서 재검토할 여지가 있다. 노부나가는 '무위'라는 사료를 거의 쓰지 않았으며, 통설에서 말하는 이른바 노부나가의 '무위'에 해당하는 사료 용어는 무편과 어위광이었다. 무편은 직접적 무력(군사력)을 의미하며(간접적 군사적 행위는 계략[調略]으로 표기), 어위광은 전투 이외에도 다양한 측면에서 발휘되는 노부나가의 위세를 지칭하였다. 이러한 노부나가를 실제 지칭하는 사료 용어는 "무덕양도의 통달자"였다. 여기서 무는 무편, 덕은 어위광을 중핵 요소로 하였다.

마지막으로 무편과 어위광이 각각 독자적 개별적 의미를 지닌 용어·개념이었다는 점에도 유의할 필요가 있다. 가신 사쿠마 노부모리의 추방 사례에서 알 수 있듯이, 노부나가는 어위광 보다 무편을 통한 직접적 문제 해결을 선호하였다. 이러한 무의 본질적 속성에 대한 세밀한 구분 없이 통설처럼 노부나가의 모든 행위를 '무위'로서 일괄하여 파악하는 것은 당시 실상과 맞지 않는 일이다.

참고문헌

사료

『看羊錄』

『日本書紀』

『鎌倉遺文』(「東嚴惠安願文案」·「東嚴惠安意見狀」)

『太平記』

『平家物語』

『看聞御記』

『建內記』

『增訂異國日記抄』

『天正記』

『信長公記』

『豊臣秀吉文書集』

『熊沢蕃山』

『群書類從』(「義貞記」)

『邦譯日葡辭典』

『增訂織田信長文書の硏究』上下·補遺索引

연구서 및 연구논문

남기학. 2017. 『가마쿠라 막부 정치사의 연구』. 서울: 한국문화사.

박수철. 2015. "'公武體制'의 政治理念-室町時代의 公과 武-." 『歷史敎育』 133, 193-221.

_____. 2016. "'公武체제'의 論理와 座次儀禮-'血統'과 '器量'의 調和." 『東洋史學硏究』 137, 167-197.

_____. 2017. "'公武體制'의 政治構造와 祈禱-室町時代의 새로운 政治體制像 試論-." 『東洋史學硏究』 140, 337-368.

_____. 2020. "16-17세기 오다·도요토미 정권과 에도막부 성립의 의의." 『동아시아사 입문』, 461-482. 서울: 청아출판사.

高橋美由紀. 2013. 『神道思想史研究』. 東京: ぺりかん社

高木庸太郎. 1985. "織田政權期における「天下」について" 『織田政權の研究』(戰國大名 論文集17), 東京: 吉川弘文館.

鍛代敏雄. 2006. 『神國論の系譜』. 京都: 法藏館.

藤井讓治. 1994. "17世紀の日本−武家の國家の形成." 『岩波講座日本通史』 12・近世2, 3-64. 東京: 岩波書店.

朴秀哲. 2021. "歷史から見た韓日關係−『海東諸國紀』と『看羊錄』の視覺から." 『思想・ 文化空間としての日韓關係−東アジアの中で考える』, 83-102. 東京: 明石 書店.

山本博文. 1995. "武威の構造." 『鎖國と海禁の時代』, 178-217. 東京: 校倉書房.

桜井英治. 2009. 『室町人の精神』. 東京: 講談社

前田勉. 1997. "近世日本の「武國」觀念." 『日本思想史 その普遍と特殊』, 231-253. 東 京: ぺりかん社

朝尾直弘. 1993. "一六世紀後半の日本−統合された社會へ." 『岩波講座日本通史』 11・ 近世1, 3-68. 東京: 岩波書店.

_____. 1994. 『將軍權力の創出』. 東京: 岩波書店.

佐伯眞一. 2018. 『「武國」日本』. 東京: 平凡社

佐藤弘夫. 2006. 『神國日本』. 東京: ちくま書房.

_____. 2013. "神國思想." 『日本思想史事典』, 108-109. 東京: 東京堂出版.

池內敏. 2006. 『大君外交と「武威」』. 名古屋: 名古屋大學出版會.

出村勝明. 1997. 『吉田神道の基礎的研究』. 京都: 神道史學會・臨川書店.

黒田俊雄. 1975. 『日本中世の國家と宗教』. 東京: 岩波書店.

• • • •

제4장

16~17세기 격동하는 동아시아 해양 질서 속 팽호와 대만*

채경수(경상국립대학교 사학과)

I. **머리말**

대만(臺灣)을 중국 역사에 귀속되는 공간으로 볼 것인가 아니면 독립적인 역사 지리적 단위로 볼 것인가 하는 문제는 '양안 관계(兩岸關係)'라는 민감한 정치적 이슈로 맞물린 첨예한 대립 구도 속에 놓여 있다. 중국 정부는 '하나의 중국'을 표방하며 대만이 대륙에 역사적으로 귀속된 존재임을 주장했고, 대만의 민진당 정부는 '원주민 역사'를 강조함으로써 이에 대한 견고한 대척점을 형성했다. 이러한 대립의 영향 속에서 관련 연구는 역사적 실체를 향해 수렴되는 형태보다는 각자의 정치적 이익을 뒷받침하고 특정 이념을 강화하는 방향으로 분화되고 있다. 양자의 견해 통합은 적어도 당분간은 요원해 보인다.

이 글은 2021년 『명청사연구』 55집에 수록된 논문 "淸朝 臺灣 영유 결정의 해양사적 고찰-明末 淸初 澎湖의 지정학적 위상 변화를 중심으로"를 토대로 한 것이지만, 다음과 같은 측면에서 중대한 차이가 있다. 하나, 다루는 시대의 범위를 원말-명초까지 넓혔다. 둘, 두 섬의 관계를 청조의 대만 영유라는 특정 사안의 이해를 위한 수단으로서가 아니라 시계열적 비교 자체를 목적으로 하여 서사를 재구성하였다. 셋, 해당 시기 고지도의 변화상을 관찰함으로써 시기별 인식 변화에 대한 시각적 증거를 제시하였다.

양측 입장은 17세기 역사를 두고 가장 첨예하게 부딪힌다. 중국 동남 연해 지역을 중심으로 활동했던 정성공(鄭成功)이 1624년 이래 대만을 장악했던 네덜란드 동인도회사(VOC)를 밀어내고 그곳에 '유사 국가'를 설립한 사건을 어떻게 해석하는지가 대만의 역사적 지위를 규정하는 데 핵심적인 요소로 인식되었기 때문이다. 중국 측에서는 정성공과 VOC의 대결 구도를 강조하여 그를 계속해서 '유럽 세력으로부터 중국의 영토를 지켜낸 영웅'으로 묘사하는 반면, 최근 대만에서는 정성공과 그 후계자들 역시 '외부에서 들어온 침략 세력 중 하나'로 묘사함으로써 그동안 그들에게 부여해왔던 역사적 가치의 상당 부분을 철회하였다.

　　17세기 대만 역사의 해석에 관해서 양측은 매우 첨예하게 대립하고 있으나 그 논의 대상인 대만을 '통합된 지리적 단위'로 설정하고 있다는 점에서는 합치된 견해를 가지고 있기도 하다. 현재 대만의 영토는 가장 큰 대만 본도 외에 금문도(金門島), 팽호 열도(澎湖列島), 마조 열도(媽祖列島) 등 여러 개의 섬으로 구성되어 있다. 하지만 논의의 초점은 아무래도 대만 본도에 쏠릴 수밖에 없고 자연스럽게 다른 섬들은 대만에 귀속된 부속품 정도로 치부되는 경향이 있다. 그중 팽호 열도는 중국 동남 연해 지역에서 대만으로 이어지는 뱃길을 통제하는 '대만의 대문[臺灣之門戶]'으로 인식되고 있다.

　　본고는 현재의 통념과는 달리 실제로 팽호가 '대만의 대문'과 같은 존재로 인식된 것은 대만의 지정학적 가치가 확립된 17세기 말 이후의 일로 봐야 한다고 주장한다. 그 이전 시기 두 섬에 대한 중국 측의 인식은 오히려 지금과는 정반대라고까지 할 수 있기 때문이다. 대만은 제대로 된 정보조차 없는 험준한 '야만의 땅'에 불과했지만, 팽호는 중국 동남 연해 지역의 안보에 중대한 영향을 끼치는 복건 연해 지역의 '전략적 거점'으로 지목되어 왔고, 몇 차례의 적극적 활용 시도도 있었다. 따라서 최소한 17세기 말까지의 상황에서는 대만과 팽호를 별개의 존재로 놓고 파악해야 정확한 역사상에 다가가는 데 도움이 될 것이다.

　　이상의 문제의식에 기초하여 본문을 다섯 개의 장으로 구성하였다.

첫 번째 장에서는 팽호와 대만에 대한 명 중기 이전까지의 인식을 서술할 것이다. 이 시기까지는 두 지역 모두 특별한 지정학적 가치를 인정받지 못했기에 정도의 차이는 있지만 사실상 방치되어 있었음을 서술할 것이다. 명 중기까지 대만은 그저 '야만의 영역'에 속한 '미지의 땅'에 불과했으며, 팽호는 그보다는 조금 낫긴 하나 '변경 말단의 거점' 혹은 관군의 추격을 피해 도망하는 해적들에 대한 '추격의 한계선' 정도의 존재로 인식되었다.

두 번째 장에서는 16세기 후반에서 17세기 전반 이른바 후기 왜구의 활동과 유럽 세력의 아시아 진출 등을 통해 팽호가 동아시아 해역의 남·북 항로를 통제하는 허브로 기능하면서 그 전략적 가치가 크게 상승하여 '반드시 차지해야 하는 곳[必爭之地]'으로 인식되기 시작한 상황을 서술하였다.

세 번째 장에서는 VOC와 정씨 집단(鄭氏集團)이라는 해상 세력의 점유와 경영으로 인해 대만의 지정학적 위상이 제고되는 과정에 대해 다루었다. 1622년 마카오 점령에 실패한 VOC는 차선책으로 팽호에 무역 거점을 마련하고자 했으나 명조의 강경 대응으로 1624년에 대만 남서부의 대원(大員)으로 밀려났으며, 이후 약 40년간 그곳에 근거하여 활동했다. 1662년에는 중국계 해상 세력 정씨 집단이 이 섬을 VOC로부터 탈취한 뒤 20년 동안이나 '유사 국가'를 세워 유지하였다.

네 번째 장에서는 청조의 대만 정복으로 인해 대만과 팽호가 하나의 지리적 단위로 묶이게 되는 과정을 서술하였다. 대만 정복 사업이 끝난 후 일등 공신인 시랑(施琅)은 팽호를 통해 해상 세계를 통제하고, 대만을 통해 팽호를 수호하는 구상을 제시하였다. 18세기 초 남정원(藍鼎元)의 논설을 통해서는 17세기 말 대만의 위상이 크게 상승하여 과거 팽호가 누렸던 해로 통제 요충의 지위를 흡수하였음을 확인하였다.

다섯 번째 장에서는 고지도에서 팽호와 대만이 어떤 방식으로 표기되어 있는지를 살펴봄으로써 인식 변화를 시각적으로 확인하였다. 명 전기까지의 인식을 살펴보기 위해서는 1402년에 제작된 「혼일강리역대국도지도(混一疆理歷代國都之圖)」를, 명 중기의 인식은 1562년 정약증(鄭若曾)이 편찬한 『주해도편

(籌海圖編)』에 수록된 지도를 통해 살펴보았다. 명 말까지 인식 변화는 1592년 편찬된 『주해중편(籌海重編)』에 수록된 지도와 명 말에 제작된 것으로 추정되는 회입식(繪入式) 지도를 통해 확인하였다. 18세기 초의 인식을 살펴보기 위해서는 1721년 제작된 「황여전람도(皇輿全覽圖)」를 활용하였다.

II. '야만의 땅'과 '변경의 말단'

북위 23도, 동경 119도에 소재한 열도(列島)인 팽호의 총면적은 126.86km²이며, 64개의 크고 작은 섬으로 구성되어 있다. 위치상 대만 쪽에 다소 치우쳐져 있어 대만에서 가장 가까운 가의현(嘉義縣)과의 거리는 약 45km이고, 중국 연해에서 가장 인접한 진강시(晉江市)와의 거리는 약 140km이다. 이러한 입지로 인해 오늘날 팽호는 대륙의 군사적 압력으로부터 대만을 지키는 전방 기지 중 하나로 기능하고 있다. 그러나 시기를 거슬러 올라가 보면 팽호는 정반대의 역할, 즉 대만 진출을 위한 중국 정권의 발판 역할을 하기도 했다.

팽호의 존재는 수대(隋代)에 이미 중국에 포착되었으나 정식으로 판도에 포함된 것은 원대에 이르러서였다.[1] 『원사(元史)』의 기록에 따르면 지원(至元) 28년(1291) 구월 해선부만호(海船副萬戶)인 양상(楊祥)이 6천 명의 병력을 파견하여 '瑠求[대만]'을 군사적으로 압박하여 종속시킬 것을 건의했다. 원 조정은 그의 건의를 수용하였지만 곧이어 외교적 해결을 주장한 복건 출신 서생 오지두(吳志斗)의 제안과 결합하여 '선 외교-후 정벌'의 방침을 결정했다. 세조 쿠빌라이는 다음 달인 시월에 양상을 선무사(宣撫使), 오지두를 예부원외랑(禮部員外郎), 완감(阮鑒)을 병부원외랑(兵部員外郎)으로 임명하여 해당 임무를 수행토록 하였다.[2] 양상 등은 팽호를 전진 기지로 설정하여 대만 진출을 시도했으

---

1 『澎湖紀略』卷之二「地理紀-建置」: 13.

2 『元史』卷210, 「列傳97-外夷三-瑠求」: 4667.

나 원주민의 저항으로 인한 교섭 진행의 어려움, 지도부 간의 갈등 등으로 인해 소기의 성과를 거두지 못했고, 결국 원정은 흐지부지되고 말았다.[3]

당시 원조의 입장에서 팽호는 대만과는 완전히 차별화되는 공간이었다. 『원사』에서는 대만과 팽호의 관계를 다음과 같이 묘사하였다.

> 瑠求[대만]는 남해의 동쪽에 있다. 장주(漳州)·천주(泉州)·흥화(興化)·복주(福州) 4주의 경계 안에 있는 팽호 제도는 유구(瑠求)와 마주 보고 있으나 역시 평소에는 소통이 없다. 날씨가 좋은 날에 [팽호에서] 그곳[대만]을 바라보면 흐릿하게 마치 연기나 안개처럼 보이며 그 거리는 몇천 리인지 알 수 없다. 서·남·북쪽은 모두 바다에 접해 있으니 팽호에 이르면 [깊이가] 점차 얕아지며 유구에 가까워지면 이를 낙제(落漈)라 부른다. 제(漈)란 물이 빨려 들어가 돌아오지 않는 곳이다. 무릇 서쪽 해안에서 고기잡이하는 배가 팽호에 도착한 다음 폭풍을 만나 낙제로 표류하면 돌아오는 자가 백에 하나이다. 유구는 외이(外夷) 중에 가장 작지만 가장 험준한 곳이다. 한·당이래 사서에서도 기록하지 않았고, 최근 여러 번방(蕃邦)의 상선도 그 나라에 이르렀다고 듣지 못하였다.[4]

이상의 묘사에 따르면 대만이 돌아올 길조차 막막할 정도로 험준한 '미지의 땅'이었고, 팽호는 그곳에 인접한 '영역 내 마지막 거점'이라 할 수 있었다. 두 섬은 가시권에 들 정도로 가까웠지만 상호 왕래는 거의 없었다. 팽호를 거점 삼아 두 섬 사이의 바다에서 고기잡이하는 어선이 가장 멀리까지 진출

3　전진 기지로 선정된 곳이 팽호라는 점, 사료상의 瑠求가 대만이라는 점 등을 포함한 해당 사건에 관한 전반적인 분석에 관해서는 徐曉望(2011: 49-54)의 내용을 전면 수용하였다.

4　『元史』卷210「列傳97-外夷三-瑠求」: 4667, "瑠求, 在南海之東. 漳、泉、興、福四州界內彭湖諸島, 與瑠求相對, 亦素不通. 天氣清明時, 望之隱約若煙若霧, 其遠不知幾千里也. 西南北岸皆水, 至彭湖漸低, 近瑠求則謂之落漈, 漈者水趨下而不回也. 凡西岸漁舟到彭湖已下, 遇颶風發作, 漂流落漈, 回者百一. 瑠求, 在外夷最小而險者也. 漢、唐以來, 史所不載, 近代諸蕃市舶不聞至其國."

한 선박이었지만 이들마저도 폭풍을 만나 대만 근해로 밀려가면 돌아오는 경우가 백에 하나일 정도로 대만은 위험한 곳으로 인식되고 있었다. 그랬기 때문에 원조는 대만에 대해서는 앞선 양상 등의 시도가 무위로 돌아간 다음에는 아무런 후속 조치도 취하지 않았다. 심지어는 중국을 오가는 외국 선박조차 대만을 경유하지 않았기 때문에 사실상 방치했던 것으로 보인다. 반면 팽호에 대해서는 공식 행정기구인 순검사(巡檢司)를 설치하여 관리하였으며 규모는 적지만 징세도 시행했다.[5]

팽호도 명 전반기 동안에는 버려진 섬이었다. 홍무(洪武) 5년(1372) 신국공(信國公) 탕화(湯和)가 팽호를 근거지로 연해 지역의 해적 집단을 토벌하였다. 그 과정에서 주민이 적에게 협력하는 것을 막기 위해 내지 천사(遷徙)를 처음으로 시행했다. 홍무 20년(1387)에는 원대에 설치되었던 순검사를 폐지하고 거주민을 장주와 천주 일대로 완전히 옮김으로써 공도(空島) 정책을 단행했다. 명조의 행정적 통제에서 완전히 벗어난 팽호는 이후 많은 해적 혹은 밀무역 집단의 근거지 혹은 비상탈출구로 활용될 뿐이었다.[6]

명 중기 이른바 후기 왜구의 활동이 본격화됨에 따라 복건 연해 지역의 안보 긴장도 역시 높아지기 시작했다. 물론 널리 알려진 바와 같이 가정대왜구의 전반기 활동 지역은 주로 절강 연해 지역에 집중되어 있었다. 1550년대 말에 이르면 왜구 활동의 중심은 절강에서 남쪽의 복건 남부[閩南]·광동 동부[粤東] 일대로 옮겨가는 양상이 나타났다.[7] 가정 37년(1558) 사월부터 『명실록(明實錄)』의 서술에서 등장하기 시작한 새로운 해적 집단은 융경 연간을 거쳐 만력 연간까지도 계속 활동을 이어갔다. 오평(吳平), 증일본(曾一本), 임도건(林道乾), 허서(許瑞), 임봉(林鳳) 등의 인물을 중심으로 결집한 해적과 명군은 치열하면서도 동시에 지리멸렬하기도 한 역설적인 대치 상태를 수십 년간 이어나

---

5 『島夷誌略』卷1.

6 連橫 『臺灣通史』 卷1「開闢紀」: 9.

7 『明世宗實錄』 卷470 嘉靖 三十八年 三月 二十二日 甲午條.

갔다(채경수, 2019: 114-127).

　당시 복건·광동 지역의 해적들에게 팽호와 그 너머의 대만은 위기에 몰렸을 때, 명군의 추격을 따돌리고 세력을 수습해서 재기를 꾀할 수 있는 최후의 수단이었다. 반면 명군 토벌대에게는 팽호가 일종의 추격 한계선으로 인식되었다.

　가정(嘉靖) 42년(1563) 복건 출신의 해적 임도건을 쫓던 유대유(俞大猷)는 팽호까지는 추격을 이어갔으나 임도건 일당이 대만으로 넘어가자 더는 추격할 엄두를 내지 못했다. 유대유는 추격을 계속하는 대신 병력의 일부를 팽호에 배치하여, 팽호로 넘어오는 대만 쪽 항구인 녹이문(鹿耳門)을 통제하여 임도건 일당을 고사시키려고 했다. 그러나 임도건 무리는 대반에서 공급힌 니무로 새로운 배를 만든 다음 점성(占城)으로 넘어갔고, 병력을 무작정 계속해서 주둔시킬 수 없었던 명군은 결국 성과 없이 팽호에서 철수했다.[8]

　복건순무(福建巡撫) 도택민(涂澤民)이 함께 증일본 토벌 임무를 수행하던 두 총병(總兵)인 이석(李錫)과 유대유에게 보낸 편지는 증일본 무리 역시 임도건 무리와 유사한 방법으로 명군의 예봉을 여러 차례 회피하여 왔으며, 명군 측도 해적들의 전형적 수법을 뻔히 알고 있으면서도 이에 대응할 수단이 마땅치는 않았던 현실을 잘 보여준다.[9]

　다만 도택민은 해적들이 팽호나 대만으로 달아나는 상황은 일본으로 달아나는 것에 비하면 큰 위협으로 비화할 가능성이 적다고 보았다. 팽호로 달아나면 가장 기본적인 자원인 식수와 식량의 보급조차 매우 힘들며, 대만으로 달아나면 식수와 식량 정도는 공급할 수는 있겠지만, 인원을 보충하는 데에는 명확한 한계가 있다고 보았기 때문이다. 반면 이들이 일본으로 곧장 달아나게 되면 물자와 인원을 모두 공급할 수 있기에 큰 안보 위협이 될 것으로 평가했

8　『淸初海疆圖說』「臺灣圖說」: 97.

9　『明經世文編』卷353「涂澤民-與俞李二總兵書涂澤民(捕剿機宜)」: 139-140.

다.[10]

이상에서 소개한 유대유의 조처와 도택민의 조언을 종합하여 파악할 수 있는 팽호-대만에 대한 당시 인식은 다음과 같다. 첫째, 팽호와 대만은 서로 구별되는 별도의 공간으로 인식되었다. 둘째, 두 곳은 해적들이 명군의 추격을 피하기 위한 자주 활용하는 은신처로 인식되었다. 셋째, 두 곳은 장기 주둔을 위한 자체적 보급을 기대하기 힘든 공간으로 인식되었다. 넷째, 그 결과 명조는 두 곳에 장기적으로 확보할만한 전략적 가치가 있다고 판단하지 않았다.

III. 남·북 항로의 허브가 된 팽호

궁지에 몰린 해적의 탈출구 정도로 인식되던 팽호는 16세기 말에 이르면 두 가지 측면에서 새롭게 주목받게 되었다. 첫 번째는 왜구 방어라는 군사 전략적 측면이었고, 두 번째는 해외 무역과 상세 징수라는 경제적 측면이었다. 두 측면은 팽호와 이어지는 두 항로, 즉 북방 항로와 남방 항로와 각각 대응되는 요소였다. 복건순무 허부원(許孚遠)은 만력(萬曆) 23년(1595) 사월에 올린 상주에서 이를 명확하게 지적하였다.

> 조사해보니 팽호는 진강(晉江)의 지역에 속해 있으나 바다 위에 멀리 솟아 있어 동·서양 두 바다의 섬라(暹羅)·여송(呂宋)·유구(琉球)·일본[으로 가는 선박]이 반드시 지나가야 하는 곳입니다. (중략) 만약 이곳에 장수[將領]를 배치하고 병력을 주둔시키며 성을 쌓고 군영을 설치한다면 한편으로는 경작하고 한편으로는 지키게 됩니다. 해양의 요해에 근거하여 여러 오랑캐의 왕래를 단절시키게 되니 실로 장구하게 오랑캐를 제어할 책략이 될 것입

---

10   『明經世文編』卷353「塗澤民-與俞李二總兵書塗澤民(捕剿機宜)」: 140.

니다.[11]

즉 팽호는 섬라나 여송 등 남쪽 해역으로 진출하는 선박이 반드시 거쳐야 하는 곳인 동시에, 유구나 일본이 속한 북쪽 해역 진출을 통제할 수 있는 전략적 요충지였다.

전략적 가치에 대한 긍정적 평가에도 불구하고, 16세기 후반 대부분의 시기 동안 명조는 팽호를 군사적으로 직접 활용하는 데 소극적인 태도를 보였다. 항구적 군사 시설의 입지로서 팽호가 두 가지 결정적인 약점을 안고 있었기 때문이다. 첫 번째로 군수 물자를 자급하는 것이 불가능했고, 두 번째로 복건 지역과 멀리 떨어져 있어 물자와 병력 지원에도 한계가 있었나. 두 가지 약점은 결국 과도한 유지 비용이라는 하나의 문제로 귀결된다. 명 말 사료인 『건대왜찬(虔臺倭纂)』은 팽호의 약점을 다음과 같이 서술하였다.

팽호는 돌밭이다. 남오(南澳)나 해단(海壇)과 비교할 바가 아니다. 비록 섬의 둘레가 수백 리이며 만에 천여 척의 배를 품을 수 있다고는 하나 내지와 거리가 이미 멀어서 사실상 백성을 가지고 실질을 갖추는 것이 불가하며, 병사를 가지고 지키는 것 역시 불가하다. 외딴 섬이 홀로 매달려 있고, 그 사이에는 망망대해가 펼쳐져 있다. 이곳을 얻어 농사짓게 한다면 병사를 유지하는 비용이 이것[농사의 이익]보다 오히려 열 배가 될 것이다. 이른바 이익이 열인데, 해악이 백인 것이다. 그래서 이를 버려 취하지 않는 것이다.[12]

---

11   『明經世文編』卷400「許孚遠-議處海壇疏」: 199, "查彭湖屬晉江地面, 遙峙海中, 爲東、西二洋暹羅、呂宋、琉球、日本必經之地. (中略) 若於此設將屯兵, 築城置營, 且耕且守, 據海洋之要害, 斷諸夷之往來, 則尤爲長駕遠馭之策."

12   『虔臺倭纂』下卷「倭議」: 282-283, "彭湖, 石田也. 非南澳、海壇比也. 雖云山還數百里, 澳容千餘艘, 然去內地旣遠, 旣不可實之以民, 又不可守之以兵. 絶島孤懸, 混茫萬頃, 縱使得而田之, 而養兵之費, 猶將十倍於此. 所云, 利什而害佰者也. 其之非得已也."

즉, 팽호에 거점을 설치하는 것은 지나치게 많은 유지 비용을 감수해야 했기 때문에 심각한 군사적 위기가 발생하지 않는 이상 섣불리 시도하기 힘든 측면이 있었다. 하지만 임진왜란이라는 초유의 왜구 상황이 일어남으로써 새로운 국면이 발생했다. 당시 복건 당국은 조선 침공이 일본의 기만전술이라고 여겼기에 실제로는 복건을 침공할 공산이 크다고 판단했다. 이에 일본 측의 동향을 사전에 파악하고자 하는 노력을 다방면으로 기울였다(차혜원, 2016). 앞서 언급한 허부원의 상주도 임진왜란에 대한 복건 측 입장을 중앙에 전달하기 위한 노력의 일환이었다.

후임 순무 김학증(金學曾)은 허부원의 비전을 계승하여 실질적 성과를 이뤄냈다. 만력 25년(1597) 칠월 명조는 김학증이 올린 4개의 해방 관련 요청을 받아들였다. 첫 번째 조치는 팽호에 정기적으로 남로참장(南路參將) 예하의 병력을 파견하고 주둔시켜 왜구가 팽호를 차지하는 상황을 사전에 방지하는 것이었다. 이는 이듬해 팽호유병(彭湖遊兵)의 설치로 이어져 최종적으로는 병선 40척, 병력 1,600명 규모의 팽호 수비대가 정식으로 설치되었다(何猛興, 2014: 67).

한편, 팽호의 남방항로는 해외 무역의 측면에서 새로운 의미를 획득하게 되었다. 융경 원년(1567) 명조는 오랫동안 해적의 소굴이자 연해 밀무역의 중심지였던 장주부(漳州府) 월항(月港)에 새로운 행정구역인 해징현(海澄縣)을 설치하고 이곳을 허가제 무역의 공식 창구로 삼았다. 적지 않은 우여곡절이 있었지만 적어도 만력 3년(1575)에 이르면 "해금편의십칠사(海禁便宜十七事)"를 제정하여 선박 입출입 통제와 세금 징수에 대한 제도의 대강을 갖추었다.[13]

1570년대 중반 스페인 제국이 마닐라에 교역 거점을 건설하여 동아시아 무역에 본격적으로 뛰어들기 시작함으로써 역내 무역 질서가 크게 요동쳤다. 스페인 제국이 세부섬 대신 루손섬에 근거지를 선정한 것부터가 대중국 무역에 대한 욕구를 분명하게 드러낸 것이었다. 원정대 사령관 미구엘 로페즈 데

---

13 『東西洋考』卷7「餉稅考」: 132.

레가스피(Miguel López de Legazpi)는 루손섬이 일본과 중국의 중계 무역지로 기능하고 있다는 첩보를 입수한 뒤, 목표를 루손섬의 마닐라로 바꾸어 이곳에 거점을 구축했다(Giráldez, 2015: 52-56).

1575년 명 제국은 해적 임봉(林鳳)을 추격하다가 스페인 세력과 공식적으로 접촉했다(湯開建, 2012: 45-53). 명 측은 임봉 토벌 과정을 통해 협력해 준 스페인을 적대할 이유가 없었고, 스페인 측은 중국 상인들의 마닐라행을 반겼다. 중국 선박이 마닐라를 오가며 교역하는 데 별다른 장애물은 없었다. 1580년대부터 해징-마닐라 간 무역은 가파른 성장세에 들어갔다.[14]

팽호는 마닐라가 포함된 '동양 항로'의 기점에 해당하는 항구였다. 『동서양고(東西洋考)』에는 동양과 서양 각 지역에 대한 침로(針路)와 이동 거리가 매우 상세하게 기록되어 있다. 당시 중국 선박의 역내 항해는 기존 항해 경험을 통해 확정한 경로를 거의 벗어나지 않았다(李金明, 2016). 여기에 따르면 팽호는 해징을 출발하여 마닐라로 향하는 선박을 통제하는 동시에 마닐라에서 돌아오는 선박이 해징에 도달하기 전에 미리 차단할 수 있는 곳이었다.[15]

이와 같은 팽호의 입지는 만력 32년(1604) 복건순무 서학취(徐學聚)가 올린 "초보홍모번소(初報紅毛番疏)"에 잘 드러나 있다. 서학취는 비브란트 반 바르베이크(Wybrand van Warwijck)가 이끄는 VOC 함대가 팽호를 거점으로 삼아 중국과 교역하도록 허가해서는 안 된다고 주장했다.[16] 가장 큰 이유는 팽호를 다른 세력이 차지하게 되면 해징은 곧바로 동양 항로에 대한 통제력을 상실하게 되며 이는 밀무역 세력의 발호와 상세 수입의 고갈이라는 치명적인 결과를 초래할 것으로 전망했기 때문이었다. 서학취는 VOC의 팽호 획득이 특히 해징-마닐라 교역에 심각한 타격이 될 것이라고 보았다.

---

14   관련 연구 간에 편차는 있으나 대체로 1580년대에서 1610년대까지가 이 무역 루트의 전성기로 이해된다(錢江, 1986: 72-74; Tremml-Werner, 2015: 143-145).

15   『東西洋考』卷9「舟師考」: 182-183.

16   『明神宗實錄』卷403 萬曆三十二年 十一月 十一日 丁亥條.

명조는 서학취의 주장을 받아들여 VOC가 팽호를 근거지로 삼아 호시(互市)하는 것을 허가하지 않았다. 이러한 상황 전개는 팽호가 해징-마닐라 간의 무역로를 통제하는 입지를 가졌다는 점이 복건 당국만이 아니라 명조 중앙에도 충분한 설득력이 있었음을 시사한다. 1622년 VOC의 팽호 점거 시도에 대한 명조의 강경 대응은 결코 이상의 상황 인식과 무관한 것이 아니었다.

IV. 양대 해양 세력의 근거지가 된 대만

1610년대 향료 제도에 대한 쟁탈전에서 승리한 VOC는 1622년 동아시아 해역에서 스페인 제국의 기득권을 타파하기 위한 대규모 공세를 펼쳤다. VOC는 우선 영국과 연합 함대를 형성하여 마카오 공략을 시도했다가 실패하자, 팽호 점령을 차선책으로 삼았다. 코르넬리스 레이예르센(Cornelis Reijersen)이 이끄는 VOC 함대가 1622년 7월 10일 팽호를 무력으로 점거했다. 레이예르센은 라망(Lamang)이라고 불리던 대만 서남부의 대원(大員)과의 비교를 거쳐 팽호의 입지상 우위를 확인한 뒤 이곳에 장기적으로 주둔할 요새를 건설하기 시작하는 한편, 8월 7일 한스 반 멜데르트(Hans Van Meldert)를 보내 복건 당국과 협상을 시도했다.[17]

명과 VOC의 협상은 결코 순조롭게 진행되지 않았다. 당시 명조는 팽호의 전략적 가치를 확실하게 인식하고 있었다. 특히 만력 44년(1616) 나가사키(長崎)의 대관(代官) 무라야마 도안(村山等安)이 복건 연해에서 소요를 일으킨 사건이 결정적인 계기가 되었다. 당시 복건순무였던 황승현(黃承玄)은 복건 해방 체계에 대한 대대적인 보강을 주장했다. 그의 계획에서 팽호는 '반드시 쟁취해야 할 거점[必爭之地]'이었다. VOC 측은 명조가 결국 협상에 응할 것으로 낙관했지만, 기대와 달리 그들에게는 온 것은 핵심 거점을 빼앗긴 명 수군의 대

---

17   Campbell, *Formosa Under the Dutch*: 27;『バタヴィア城日誌1』: 10-16.

규모 반격이었다.

명 수군의 팽호 포위 작전은 1624년 2월 20일부터 약 5개월에 걸쳐 은밀하게 진행되었다. 명군은 팽호 열도의 주요 거점을 외곽에서부터 조금씩 장악해 들어갔고 VOC 측이 그 사실을 깨달았을 때는 이미 포위망이 완성된 다음이었다. 자력으로 상황을 돌파할 수 없었던 VOC 측은 1624년 8월 15일 마침내 명 측에 팽호 철수를 선언했다. VOC 측은 8월 26일 팽호 요새를 파괴하여 명조 등 다른 세력이 활용할 수 없게 만든 뒤 다른 후보지였던 대만 남서부 대원으로 철수하여 그곳을 새로운 근거지로 삼았다.[18]

명 측은 VOC가 '야만의 땅'인 대만에 거점을 마련한 것에 대해서는 전혀 상관하지 않았을 뿐 아니라 오히려 이를 장려하기까지 했다. 비록 명군의 압박으로 인해 조금 더 선호했던 팽호에서 밀려나기는 했지만, 대원도 유력한 후보지 중 하나였으므로 VOC 역시 전략적 목표 달성을 완전히 실패한 것은 아니었다. 이후 대원 상관은 VOC의 유일한 중국산 생사 중계지로 기능했고, 수많은 중국계 밀무역업자들이 VOC와의 거래에 적극적으로 뛰어들었다. 대표적 사례로는 명군의 남로부총병(南路副總兵) 유자고(兪咨皐)를 뒷배로 삼아 활동했던 허심소(許心素)나 그의 거래 상대였던 이단(李旦), 안사제(顏思齊) 등의 인물을 꼽을 수 있다.

1629년 3대 대만 총독 피터르 나위츠(Pieter Nuyts)의 1627-8년 수지 보고에 따르면, 두 해 동안 일본에 수출한 모든 상품 중 적재량으로는 4.4%에 불과한 중국산 생사는 총수익의 78.3%를 점유했다.[19] 몇 년 후 대원 상관은 동아시아 무역의 성패를 결정지을 수 있는 VOC 무역 네트워크의 핵심 거점으로 자리 잡았다. VOC는 이후 38년 동안 대만을 점유했다. 그동안 황량한 야만의 땅 혹은 왜구의 침략 경로 정도로 인식되었던 대만은 점차 새로운 해상 세계의 중심지로 존재감을 획득하기 시작했다.

---

18 『バタヴィア城日誌1』: 67-72.

19 Campbell, *Formosa Under the Dutch*: 57-59.

VOC에 이어 대만을 지배한 세력은 중국계 해상세력인 정씨 집단(鄭氏集團)이었다. 정씨 집단의 기원은 정지룡(鄭芝龍)이라는 인물에서 찾을 수 있다. 정지룡은 앞서 언급한 이단과 안사제의 휘하에 있다가 그들이 사망하자 그 조직을 계승했다. 숭정(崇禎) 원년(1628) 구월 정지룡은 자신을 제압하려는 명군을 역으로 제압한 뒤 명조에 투항하여 신분을 세탁하는 데 성공한 뒤, 명군으로서 이괴기(李魁奇), 유향(劉香) 등 다수의 해적 집단을 토벌하여 확고한 입지를 획득했다. 그 결과 명조는 멸망할 때까지 복건 연해 지역의 안보를 정지룡에게 의지하게 되었다. 정지룡은 자신의 이중적 신분을 이용하여 해외 무역의 특수를 사실상 독점했다.[20]

정씨 집단의 대만 지배는 정지룡의 아들인 정성공에 의해 시작되었다. 1644년 명조는 이자성의 농민 반란군에 의해 멸망했고, 청군은 산해관을 넘어 이자성의 대순군(大順軍)을 격파한 후 옛 명조의 영토를 정복해나가기 시작했다. 일부 명나라의 황족과 유신들은 남경(南京), 항주(杭州), 복주(福州) 등에서 연이어 새로운 황제를 세워 부활을 꿈꿨지만 강력한 청군의 공세에 속수무책으로 무너졌다. 정지룡은 복주에 수립되었던 융무 정권(隆武政權)의 실세였지만 상황이 불리해지자 융무 정권을 청군에 팔아넘겨 자신의 영달을 꾀했다. 정성공은 부친의 결정에 반발했고 정씨 집단을 재편하여 청조에 대한 저항 활동을 15년 넘게 이어나갔다(채경수, 2021b: 286-296).

1660년대 초에 이르자 정성공의 반청 활동은 명백한 한계에 봉착했다. 1658년에 감행했던 남경 공략의 실패, 유일한 동맹인 영력 정권(永曆政權)의 붕괴 등으로 인해 청군의 압력이 정씨 집단의 본거지인 복건 연해로 쏠릴 것이 불 보듯 뻔한 상황이었다. 이런 상황에서 대만에서 VOC를 위해 일하던 하빈(何斌)이라는 인물이 현재 VOC의 방어가 매우 취약한 상태라는 정보를 대

20　바타비아 총독 안토니오 반 디먼(Antonio van Diemen)은 1640년 1월 8일 본국에 보낸 보고서에서, 당시 복건의 해외 무역을 정지룡이 완전히 장악하고 있어 대등한 거래가 매우 어려워졌다는 점을 호소했다(程紹剛, 2000: 219-220).

만 지도와 함께 제공하였다(Andrade, 2011: 82-107).

정성공은 하빈의 제안을 현 상황을 타개할 돌파구로 인식했기에 대만에 대한 기습적인 원정을 준비했다. 당시 VOC 측은 효과적인 1차 저지선이 될 수 있었던 팽호에 아무런 군사적 방비를 하지 않았다. 그 덕분에 정성공은 3만 명에 달하는 대군을 단 7일 만에 대만 본도에 상륙시키고, 10일 만에 VOC의 본성인 프로빈시아 성(Fort Provintia)을 포위했다. 명확한 전력 차이로 인해 양 측은 12일째에 이미 항복 협상에 돌입했다(林田芳雄, 2003: 42). 38년간이나 대만을 지배했던 VOC가 허망하게 패퇴한 데에는 팽호를 방치한 것이 핵심적 요소로 작용했다. 정성공은 대만 원정 직후 병사했지만 새로운 근거지를 획득으로 청군의 직접적 압력에서 벗어나게 된 정씨 집단은 그 후에도 20년 이상 청조의 골머리를 앓게 하는 존재로 명맥을 이어갔다.

V. '팽호의 방벽'과 '대만의 대문'

1683년 청조는 대만의 정씨 집단에 대한 대규모 원정을 감행했다. 당시 정씨 집단은 1681년 3대 수장이었던 정경(鄭經)의 사망으로 인해 촉발된 내분 때문에 극도의 혼란에 빠져 있었기에 청조의 입장에서는 오랜 골칫거리를 제거할 수 있는 최고의 기회를 맞이한 셈이었다(林田芳雄, 2003: 268-270).

원래 청조는 정경 사망 이듬해인 1682년 대만 원정을 감행할 예정이었 지만 복건총독(福建總督) 요계성(姚啓聖)과 복건수사제독(福建水師提督) 시랑(施琅)의 첨예한 대립으로 인해 원정 자체가 이듬해까지 지연되었다. 실제로는 지휘권을 둘러싼 갈등이었지만, 표면상 팽호의 공략 방식을 둘러싸고 대립했다. 요계성은 북풍을 이용한 겨울 출병을 주장했고, 시랑은 남풍을 이용한 여름 출병을 주장했다. 출병 시기에 대한 첨예한 의견 대립에도 불구하고 팽호의 중요성에 대해서는 양자의 견해는 일치했다는 점은 상당히 흥미로운 지점이다.

요계성의 경우는 "팽호가 함락되면 대만은 무너집니다[澎湖下而臺灣潰矣]." 라고 짤막하게 언급했지만,[21] 시랑은 같은 내용을 보다 구체적으로 설명했다.

작년부터 역도의 배가 팽호에 모여들어 우리 군대에 대항하고자 하니 [이는] 험준한 요충에 근거하여 편안한 군대로써 고된 군사를 맞이하는 것입니다. (중략) 일단 팽호를 얻으면 적세의 허실을 새롭게 알게 되니 곧장 대만을 취한다면 바로 큰 공을 세울 수 있게 될 것입니다. 만약 역도가 [스스로 팽호를 포기하고] 물러나서 대만을 지키면서 [대만의] 주요 항구를 사수한다면 우리 군사는 잠시 팽호에 머물면서 그 목줄을 조이고, 그 등판을 두드리면서 소굴에 접근해 들어간다면 그들을 싸우지도 않고 스스로 무너지게 하고, 안에서 모의하여 스스로 호응하게 할 것입니다. 그렇게 되지 않는다면, 시월이 되기를 기다려 소양춘의 시기를 틈타 대거 진공하면 금방 정복할 것입니다.[22] [밑줄은 필자의 강조]

요계성과 시랑 두 사람이 첨예하게 대립하는 와중에도 공감대를 형성한 팽호의 지정학적 중요성은 이듬해인 강희(康熙) 22년(1683) 유월 팽호를 무대로 일어난 대규모 해전과 그 파급 효과를 통해 여실히 증명되었다.

시랑이 지휘한 청 수군은 가용 선박을 총동원하여 대규모 함대를 구성했고, 정씨 집단도 심각한 내분에도 불구하고 대등한 규모의 함대를 팽호에 두어 맞대응했다. 양자 모두 팽호 전역의 승부가 분수령이라는 점을 알았기에 팽호 해전은 서전인 동시에 총력전이 되었다(채경수, 2021a: 137-138).

---

21 『鮚埼亭集選輯』「太子少保兵部尚書兼都察院右都御史總督福建世襲輕車都尉會稽姚公神道第二碑銘」: 71.

22 『康熙統一臺灣檔案史料選集』「施琅題爲密陳征臺戰略師期并請專征事本(康熙二十一年三月初一日)」: 241-242, "自去年逆艘糾集澎湖, 欲抗我師, 據險以逸待勞. (中略) 澎湖一得, 更知賊勢虛實, 直取臺灣, 便可克奏膚功. 倘逆孼退守臺灣, 死據要口, 我師暫屯澎湖, 扼其吭, 拊其背, 逼近巢穴, 使其不戰自潰, 內謀自應. 不然, 俟至十月, 乘小陽春時候大擧進剿, 立見蕩平."

팽호 해전에서 승리를 거둔 시랑은 대만에 대한 직접적인 공격을 하지 않고도 팽호에서 머물면서 정씨 집단의 항복을 받아낼 수 있었다. 시랑이 무조건 항복을 요구한 것이나 정씨 집단 측이 이에 호응하여 백기를 든 것 모두, 승부는 이미 팽호 전역에서 결정되었다는 양측의 공감대에서 비롯된 것이었다.

대만 정복 이후 청조의 주요 관심사는 정극상(鄭克塽)을 비롯한 주요 인사들을 처리하는 일이었고 대만의 영토화는 부차적 문제였다. 실제로 강희제는 겸양의 의미를 담아서이긴 하지만 대만을 '탄환과 같이 작은 땅에 불과[臺灣僅彈丸之地]'하다고 언급함으로써 대만 정복과 영토화의 의미를 낮게 평가하기도 했다.[23]

이러한 분위기는 강희 22년(1683) 십이월 22일에 대민 정복의 주역인 시랑이 올린 "공진대만기류소(恭陳臺灣棄留疏)"라는 제목의 상주를 통해 반전되었다. 시랑은 대만의 전략적 가치를 역사적 사례를 통해 규명했다. VOC 혹은 정씨 집단과 같은 과거 사례가 오늘날에도 반복될 수 있음을 경고했으며, 이를 방지하기 위해서 대만을 영유해야 한다고 주장했다. 시랑은 팽호와 대만의 관계를 다음과 같이 정리했다.

> 만약 그저 팽호만 지키고 대만을 버린다면, 팽호는 망망대해의 가운데 외롭게 떠 있으며 토지는 척박하며 대만과는 경계를 접하고 있으나 금문(金門)·하문(廈門)과는 멀리 떨어져 있으니 어찌 그곳[대만]에서 제재를 받지 않으면서 하루라도 지낼 수 있겠습니까? 대만을 지키는 것이 곧 팽호를 단단히 하는 것입니다. 대만과 팽호는 한 번에 더불어 지켜야 합니다. 연변(沿邊)의 수군이 순찰과 방어를 엄밀히 하여 각각이 서로 기각을 이뤄 연락이 서로 통하면 지원군이 쉽게 이르니 평온하게 할 수 있습니다.[24] [밑줄은

---

23 『淸聖祖實錄』卷111 康熙二十二年 十月 十日 丁未條.

24 『靖海紀事』卷下「恭陳臺灣棄留疏」: 61, "如僅守澎湖, 而棄臺灣, 則澎湖孤懸汪洋之中, 土地單薄, 界于臺灣, 遠隔金廈, 豈不受制于彼而能一朝居哉? 是守臺灣則所以固澎湖. 臺灣·澎湖, 一守

필자의 강조]

이상의 상주에서 시랑은 팽호의 안정적 방어를 위한 방편으로써 대만 점유를 주장했다. 이러한 시랑의 주장은 해상교통의 허브로서 팽호를 중시하는 전통적 중론(衆論)에 대만을 지켜내고자 하는 자신의 의지를 끼워 넣은 것으로 보인다. 즉 전략적으로는 팽호가 중요하다는 중론을 효과적으로 활용해서 대만이라는 방벽을 함께 확보하지 않는다면 팽호를 안정적으로 유지할 수 없기에 팽호를 지키기 위해서라도 대만까지 확보해야 한다고 주장하여 자신의 실제 목적을 달성하는 데 성공한 것이다.[25]

1684년 정씨 집단을 제거한 이후 청조는 개방적인 해외 무역 기조를 취했다. 또한, 대만은 점점 제국 내에서 사회·경제적으로도 일정한 위상을 차지하는 지역으로 발전했다. 대만에서 생산되는 쌀과 설탕은 제국 각지에서 대량으로 거래되었고, 인구압력이 높은 지역에서는 대만으로의 이주를 통해 문제해결을 모색했다(Ng, 2015: 95-117).

1721년 대만에서 주일귀(朱一貴)라는 인물을 중심으로 발생한 반란으로 인해 촉발된 팽호진(澎湖鎭) 설치에 관한 논쟁은 1684년 이후 변화한 대만의 위상으로 인해 대만과 팽호의 관계 역시 크게 변화하였음을 보여주는 사례이다.

논쟁의 도마 위에 오른 대만진(臺灣鎭)은 청 제국이 대만 영유를 결정했을 당시 시랑의 건의로 설치된 군진이다. 이 군진은 병력의 절반이 수군으로 편성된 것이 특징적이며, 수군 전력의 40%가 팽호에 배치되어 대만진과 기각지세(掎角之勢)를 이루는 것이 부대의 기본 전략이었다. 하지만 주일귀의 난 때에 대만진이 제대로 대응하지 못하자 청조 내부에서는 대만진의 사령부를 팽호로 옮겨야 한다는 주장이 비등했다. 이는 팽호만 차지하고 있으면 대만은 얼마든지 통제할 수 있다는 전통적인 견해에 근거한 것이었다. 하지만 참모로

兼之 沿邊水師, 汛防嚴密, 各相掎角, 聲氣關通, 應援易及, 可以寧息."

25 시랑이 대만 영유를 강력하게 주장해야 했던 이유에 관해서는 채경수(2019: 277-283)를 참조

주일귀의 난에 종군했던 남정원은 이러한 주장을 다음과 같이 반박했다.

> 만약 진실로 대만진을 팽호로 옮긴다면 해방의 위태로움은 마치 달걀을 쌓아 올린 것과 같을 것입니다. 조정의 대신들은 해외의 지리 정형을 알지 못한 채 억측에 기대어 아무렇게나 판단하여 팽호가 극도로 중요하다고 봅니다. 이전 계해년 대만을 평정할 때 팽호에서의 전투에 승리했을 뿐인데 이들이 투항하였고, 지금은 이 팽호를 아직 잃지 않아서 대만부는 7일이면 수복할 수 있다고 보니, 이에 팽호 한 곳을 가지고 대만 전체를 통제할 수 있다고 생각하여 이와 같은 논의를 하였으나, 대만에서 보는 팽호가 마치 큰 장고 밖의 낱알 하나와 같을 뿐임을 모르는 것입니다. (중략) 대만은 모든 일이 꾀해질 수 있[을 정도로 크]며 통제가 미치지 않[을 정도로 멀리 있]습니다. 팽호총병을 가지고 대만을 통제한다면 이는 마치 소의 터럭 하나를 잡아서 소 전체를 통제하려는 것과 같으니 비록 맹분(孟賁)이나 오획(烏獲)과 같은 힘이 있다고 하더라도 전혀 소용이 없으니, 대만을 그냥 버리고자 하는 것과 무엇이 다르겠습니까? 대만을 일단 상실하면 장주와 천주가 위협받고, 복건, 절강, 강소, 광동 4성의 삶이 불안해지며, 산동과 요양에 모두 변환이 있을 것입니다. 저는 어리석고 식견이 없으나 이 땅은 절대로 포기할 수 없다고 생각합니다.[26]

남정원은 중앙 조정의 논의가 기대고 있는 '팽호로 대만을 통제한다'라는 계산은 더는 통용되지 않는 시대착오적 발상이라고 비판했다. 남정원은 지금

---

26   『東征集』卷4: 46-47, "若果臺鎮移澎, 則海疆危若累卵. 部臣不識海外地理情形, 憑臆妄斷, 視澎湖太重. 意以前年癸亥平臺, 止在澎湖戰勝, 便爾歸降. 今茲澎湖未失, 故臺郡七日可復. 是以澎湖一區爲可控制全臺, 乃有此議. 不知臺之視澎湖, 猶太倉外一粒耳. (中略) 臺中百凡機宜, 鞭長不及. 以澎湖總兵控制臺灣, 猶執牛尾一毛欲制全牛, 雖有孟賁、烏獲之力, 總無所用. 何異欲棄臺灣乎? 臺灣一去, 漳、泉先為糜爛, 而閩、浙、江、廣四省, 俱各寢食不寧. 山左、遼陽皆有邊患. 某庸愚無識, 以為此土萬萬不可委去."

의 대만은 이제 팽호라는 작은 거점에 기대어 통제할 수 있는 지역이 아니며, 오히려 대만이 과거 팽호가 누렸던 지정학적 위상까지도 담아내고 있는 곳이기에 대만을 상실한 채 팽호만 유지하자는 주장은 상황의 변화를 읽지 못하는 것이라고 강변했다. 물론 남정원은 중앙 조정의 논의에 의견을 개진할 위치에 있지 못했으나 복건수사제독(福建水師提督)인 요당(姚堂) 등이 그와 같은 논리를 가지고 이 계획을 저지해냈다.[27] 결과만 놓고 보면 시랑과 남정원의 주장은 매우 유사한 것이라 할 수 있겠으나 이를 달성하기 위한 논리를 비교해 보면 전자는 '팽호의 중요성에 기댄 대만의 쓸모'를 논했던 반면, 후자 '팽호를 능가하는 대만 자체의 중요성'을 강조한 것이었다. 남정원과 같은 18세기 초 해양 전문가에게 팽호는 더 이상 대만과 분리해서 생각할 수 없는 공간이 되었다.

VI. 고지도(古地圖)에 나타난 팽호와 대만에 대한 인식 변화

현존하는 가장 유명한 고지도 중 하나인 「혼일강리역대국도지도」는 1402년 조선에서 제작한 세계지도이지만, 잘 알려진 바와 같이 청준(淸濬)과 이택민(李澤民)이 원대에 제작한 지도에 조선이 보유하고 있던 조선과 일본 등에 대한 지리 지식을 더하여 완성한 것이었다.[28] 따라서 이 지도가 담고 있는 동아시아 해상 부분에 대한 정보는 15세기 초 당시 중국과 조선의 인식을 가장 잘 반영하고 있는 것이라 할 수 있다.

〈그림 1〉에서 확인할 수 있는 바와 같이 「혼일강리역대국도지도」에서 대만은 유구(琉球), 팽호는 본래 명칭을 그대로 사용하여 묘사되었다. 대만을 유구로 지칭하는 대신, 오늘날 오키나와 제도는 대유구(大琉球)로 명명하여 양자를 구분하였다. 이 지도에 존재한다는 사실만으로는 팽호를 행정 구역으로 편

---

27   『淸聖祖實錄』 卷297 康熙六十一年 四月十日 甲子條.

28   해당 지도의 역사적 의의에 대한 구체적 내용은 오상학(2016: 117-134)을 참조

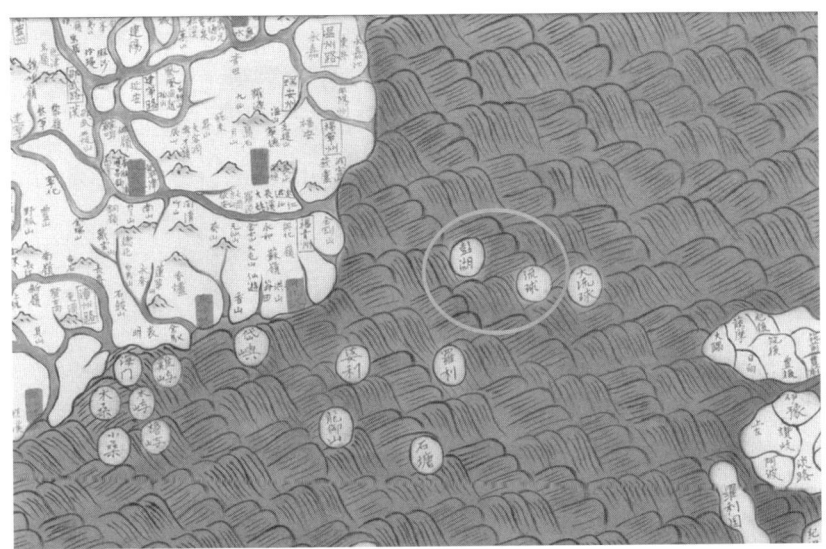

그림 1 "混一疆理歷代國都之圖" 속 팽호와 대만

입했던 원대의 상황을 반영했는지, 영유를 포기했던 명 초의 상황을 반영하였는지 판단하기 모호하다. 흥미로운 부분은 이 지도에서 일본에 대한 정보는 위치와 방위 양면 모두에서 상당히 큰 오류가 있음에도 일본에서 복건으로 이어지는 항로를 표시하는 측면에서는 가치 있는 정보를 담고 있다는 점이다. 이 지도상 '남동쪽'에 위치한 일본 규슈의 오오스미(大隅) 지역에서 출발하여 '북서쪽'으로 항해하면 대유구-유구-팽호를 거쳐서 복건 연해에 도달하는 것으로 묘사되었다. 방위는 틀렸으나 항로는 맞은 셈이다. 다만 이 경우에 연결되는 복건 연해 지역은 천주(泉州)와 장주(漳州) 등 복건 남부 지역이 아니라 북부 지역이라는 점 역시 기억해둘 필요가 있다.

　『주해도편』은 유명한 절직총독(浙直總督) 호종헌(胡宗憲)이 왕직(王直) 등의 거대 왜구 집단을 토벌한 후 축적된 노하우를 막료인 정약증 등을 통해 담아낸 책이다. 따라서 이 책에 수록된 지도에는 16세기 중엽 명조의 해방을 담당한 실무자가 바라보는 연해의 지정학적 인식이 담겨 있다고 할 수 있다.

　〈그림 2〉는 『주해도편』의 「복건연해총도(福建沿海總圖)」이다. 명칭에서 드러나듯 이 지도는 복건 연해의 지리 정보를 종합적으로 그려낸 지도이다. 이

그림 2 『籌海圖編』, "福建沿海總圖" 속 팽호

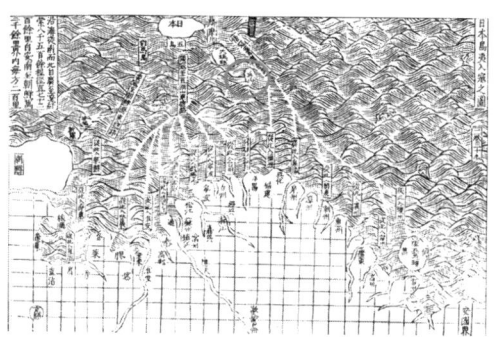

그림 3 『籌海圖編』, "日本島夷入寇之圖" 속 대만

지도에서 대만은 전혀 다뤄지지 않았다. 팽호는 다뤄지고 있으나 이 역시 먼 바다에 있는 여러 섬 중 하나로 그려지고 있을 뿐 거대한 열도라는 지형적 특성이나, 외부 해상 세계와의 관계성과 같은 지정학적 중요성은 전혀 강조되지 않았다. 이러한 점은 『주해도편』에 수록된 다른 지도를 통해서도 확인할 수 있다. 일본에서 출발한 왜구가 중국 연해 각지로 침공하는 항로를 묘사한 「일본도이입구지도(日本島夷入寇之圖)」(그림 3)에서는 일본에서 출발한 왜구가 복건·광동 등지로 들어가는 항로의 중간에 오키나와[大琉球]와 대만[小琉球]이 들어간 반면, 팽호는 다루지 않았다.

복건 연해의 구체적 지리정보를 상세하게 다룬 「복건연해산사도(福建沿海山沙圖)」에서도 대만은 완전히 제외한 채 팽호만 그렸다. 여기에서도 팽호는 실제 지리적으로 근접한 민남 연해 지역이 아니라 북쪽으로 상당히 떨어진 평해위(平海衛) 앞바다에서 있는 것처럼 그려졌다. 해당 지도가 해방 상의 필요를 채우기 위해 작성된 것이라는 점을 고려한다면 당시 팽호는 전략적 가치를 가진 곳이라 보기 힘들 것이다.

이상과 같은 경향은 16세기 말에서 17세기 전반에 그려진 지도에서는 변화를 맞이한다. 특히 팽호에 대한 인식의 변화가 두드러진다. 〈그림 4〉는 1592년 편찬된『주해중편』에 수록된「만리해도(萬里海道)」중 복건 부분의 일부이다. 이 지도에서 팽호의 위치는 중좌소(中左所) 앞바다로 묘사되어 있는데 이는『주해도편』의 경우와 비교했을 때 실제 위치를 훨씬 잘 반영한 것이다. 또한, 지도상의 팽호에는 '이 팽호는 내지와 상당히 멀리 떨어져 있다[此澎湖山離內地頗遠]'라는 글귀가 있어, 지면

그림 4   『籌海重編』,"萬里海圖－福建三" 속 팽호

그림 5   중국과학원도서관(中國科學院圖書館) 소장 "福建海防圖"의 팽호와 대만

상 한계로 팽호를 가깝게 그리고는 있지만 실제로는 상당히 멀리 떨어진 곳이라는 거리 정보를 간접적인 방식으로나마 사실에 가깝게 전하였다.

이상에서 언급한 지도상의 변화는 팽호의 전략적 입지가 중요시되는 현실과 상당히 밀접한 관계가 있어 보인다.『주해중편』에서 복건 해방에 관해 다룬 편목인「복건사의(福建事宜)」는『주해도편』에서부터 내려오던 기존 논의에다 팽호의 전략적 가치에 대한 논쟁이 더해진 구성을 취하고 있는데, 이는『주해도편』이 완성된 후부터『주해중편』이 편찬된 시기까지의 약 30년 사이에 팽호에 대한 인식이 크게 변화하였음을 의미한다.

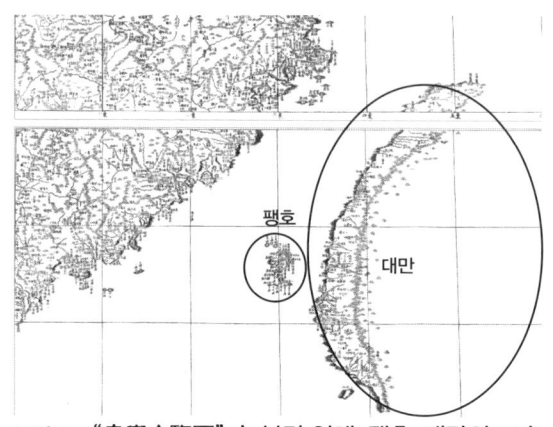

그림 6 **"皇輿全覽圖" 속 복건 연해, 팽호, 대만의 모습**

중국과학원도서관(中國科學院圖書館) 소장 「복건해방도(福建海防圖)」(그림 5)는 회입식(繪入式) 지도로 1597년에서 1619년 사이에 그려진 것으로 추정된다.[29] 이 지도에는 대만과 팽호가 모두 다뤄지고 있다. 이 지도가 이전 시기의 것과 가장 크게 다른 점은 대만을 복건 연해 및 팽호와 같은 화면에서 다루기 시작한다는 점이다. 이전 시기의 지도에도 대만은 소유구(小琉球)라는 이름으로 많이 등장하나 이 섬을 복건과 연결하는 인식은 발견되지 않았다. 대만은 유구 열도의 연장선으로 해석되거나 아예 남쪽의 광동 지역과 연결되는 곳으로 그려지곤 했다. 또한, 대만은 직접 항해가 이뤄지는 서남부만 존재하는 것처럼 그려졌으며 하나의 큰 섬이 아니라 여러 작은 섬의 연속체처럼 묘사되었다.

팽호는 복건 연해 지역과 대만을 연결하는 곳으로 그려졌다. 이전 시기 지도들이 팽호를 단순한 하나의 섬으로 그렸던 데에 반해 이 지도에서는 팽호가 36개의 작은 섬으로 구성된 열도라는 점을 분명히 밝혔을 뿐 아니라 섬 대부분을 별도로 그리고 명칭을 기록하였다. 지도 옆에 팽호의 둘레가 약 400여 리에 달한다는 점이나 내부의 만에 1천 척에 달하는 선박을 정박할 수 있다는 점 등을 특기한 것은 이 섬의 군사 전략적 가치에 대한 인식을 명확하게 보여준다. 지도의 설명 부분에서 언급한 것처럼 명 말에 팽호는 "우리가 지켜내면 왜구를 제어할 수 있고 왜구가 차지하면 우리를 괴롭힐 수 있는 곳[我據之, 可

---

29 해당 지도의 도판은 鄭錫煌·黃盛璋(1995)에 수록되어 있으며(지도번호 75), 5페이지에 지도에 대한 간략한 설명을 담고 있다.

以制倭, 倭據之, 亦得以制我]"이므로 '반드시 다투어 차지해야 하는 전략적 요충지 [必爭之地]'로 인식되었다.

〈그림 6〉은 청 제국 초기의 지리적 인식을 확인할 수 있는 「황여전람도(皇輿全覽圖)」의 복건 연해, 팽호, 대만 부분이다. 널리 알려진 바와 같이 「황여전람도」는 중국 전토를 통일한 청 제국이 수십 년에 걸친 자료 수집과 프랑스 선교사들의 도움을 받아 실측하는 과정을 거쳐 만든 매우 완성도가 높은 지도이다.[30] 따라서 이 지도에 나타난 팽호와 대만의 모습에는 18세기 초의 인식이 종합적으로 담겨 있다고 볼 수 있을 것이다.

이 지도에 나타나는 팽호와 대만은 기본적으로 그림 5에서 드러난 특징을 발전적으로 계승하고 있다. 여기에서도 내만을 진체기 이닌 일부만 다루고 있다는 점에서는 유사하지만, 항해가 가능한 지역만을 멀리 있는 섬들의 연속체처럼 그렸던 이전 지도와는 달리 행정 구역으로 편입한 대만 서부를 길게 하나의 큰 섬으로 묘사하고 있다. 이러한 현상은 VOC 점령기와 정씨 왕국 시기를 거쳐 하나의 중요한 지리적 단위로 부상한 대만의 위상 변화를 반영한 결과라 할 수 있다. 팽호 역시 유사한 변화 양상을 보인다. 지도 속 팽호는 36개 섬이 모두 표기되었고 그 명칭과 위치도 정확하게 특정되었다. 복건 연해보다는 대만 쪽에 지리적으로 훨씬 인접해 있다는 점도 확실하게 표현되었다. 「황여전람도」 속의 팽호는 민남 지역의 대문이 아니라 '대만의 대문'으로서, 동시에 중국 동남 연해 지역 전체의 항로를 통제하는 해방의 요충으로서 다뤄졌다.

VII. 맺음말

지정학적 조건의 변화는 인류 역사의 흐름을 바꾸는 중요한 요인 중 하나로

---

30 강희 연간 "황여전람도"의 제작 과정에 대한 자세한 내용은 이명희(2011: 104-118)를 참조

작용해왔다. 따라서 지정학적 요소를 심도 있게 고려하는 것은 사료의 문면(文面)의 내용을 넘어 역사상을 정밀하게 구성하는 데 매우 유효한 장치라 할 수 있을 것이다. 다만 민족주의적인 시각이 20세기 역사학에 거대한 동력을 불어넣었지만 동시에 특정한 방향으로 인식을 고착시키는 부작용을 발생시켰다는 점을 기억할 필요가 있는 것과 마찬가지로, 지정학적 조건을 역사 연구에 적용하는 것 역시 신중한 태도가 필요하다. 지정학적 조건은 순수한 지리적 조건과는 달리 해당 지역을 둘러싼 여러 세력 간의 역학 구도 변화에 따라 시시각각 바뀌는 것임에도 불구하고, 현재 지정학적 조건이 선입관이 되어 이전 시기에도 그대로 적용되기 쉽기 때문이다.

18세기 이후부터 오늘날에 이르기까지 팽호는 줄곧 '대만'이라는 지리적 단위를 구성하는 여러 하부 구성요소 중 하나로 여겨져 왔다. 그러나 17세기 이전 두 지리적 단위에 대한 다양한 기록들은 이러한 인식이 18세기 이후에 형성되기 시작한 관념에 불과하며 그 이전 시기로 소급될 수 없다는 점을 보여준다. 양자의 관계는 중국과 동아시아 해상 세계의 역학 구도의 변화에 따라 바뀌었고, 16세기 중엽에서 17세기에 걸쳐 가장 극적으로 변화하였다. 명대 사료는 팽호를 소개할 때 주로 '천주와 장주의 대문[泉漳之門戶]'이라는 표현을 사용하였지만, 청 중기 이후의 사료에서는 팽호를 하나같이 '대만의 대문[臺灣之門戶]'으로 묘사하였다. 이러한 변화는 너무 작아서 지나쳐 버리기 쉽지만, 그 속에는 16세기 후반부터 2세기에 걸쳐 요동쳐왔던 동아시아 해상 세계의 중요한 단면이 담겨 있다고 할 수 있을 것이다.

참고문헌

사료

『康熙統一臺灣檔案史料選集』(福建人民出版社, 1983)

『虔臺倭纂』『虔臺倭纂』(謝傑, 『北京圖書館古籍珍本叢刊』, 第10卷, 史部, 雜史類)

『鮚埼亭集選輯』(全祖望, 臺灣銀行經濟研究室 編, 『臺灣文獻叢刊』第217種)

『島夷誌略』(汪大淵, 商務印書館, 1979)

『東征集』(藍鼎元, 臺灣銀行經濟研究室 編, 『臺灣文獻叢刊』第12種)

『明實錄』(https://sillok.history.go.kr/mc/main.do)

『明經世文編』(陳子龍 編, 中華書局影印本)

『元史』(中華書局, 1976)

『臺灣通史』(連橫, 臺灣銀行經濟研究室 編, 『臺灣文獻叢刊』第128種)

『靖海紀事』(施琅, 福建人民出版社, 1983)

『清實錄』(https://sillok.history.go.kr/mc/main.do)

『清初海疆圖說』(臺灣銀行經濟研究室 編, 『臺灣文獻叢刊』第155種)

『澎湖紀略』(胡建偉, 臺灣銀行經濟研究室 編, 『臺灣文獻叢刊』第109種)

『東西洋考』(張燮, 謝方 點校, 中華書局, 2000)

程紹剛, 『荷蘭人在福爾摩莎』, 聯經出版事業公司, 2000

村上直次郎 譯注, 中村孝志 校注, 『バタヴィア城日誌1』, 平凡社, 1970

Campbell, William, *Formosa Under the Dutch*: *Described from Contemporary Redcords, with Explanatory Notes and a Bibliography of the Island*, Kegan Paul, Trench, Trubner & Co. Ltd(Cornell University Library Digital Collection), 1903

연구서 및 연구 논문

오상학. 2016. "『혼일강리역대국도지도』의 최근 담론과 지도의 재평가."『국토지리학회지』50(1), 117-134.

이명희. 2011. "청 강희 시기(1662-1722) 전국지도 제작에 대한 고찰."『문화역사지리』23(3), 104-118.

채경수. 2019. "가정 말기 '새로운 왜구'의 등장과 명조 해방 정책의 변화." 『동양사학연구』 149, 111-146.

_____. 2021a. "淸朝 臺灣 영유 결정의 해양사적 고찰-明末 淸初 澎湖의 지정학적 위상 변화를 중심으로." 『명청사연구』 55, 111-151.

_____. 2021b. "鄭氏集團의 變貌와 淸朝의 對應." 『동양사학연구』 157, 277-315.

차혜원. 2016. "중국 복건지역의 임진전쟁(1592~1598) 대응.", 『동방학지』 174, 137-162.

徐曉望. 2011. "元代瑠求及臺灣、彭湖相關史料實考." 『福建師大學學報(哲學社會科學版)』 169, 49-57.

李金明. 2016. "『更路簿』與『東西洋考』針路之研究." 『南海學刊』 2(4), 1-9.

錢江. 1986. "1570-1760年中國和呂宋貿易的發展及貿易額的估算." 『中國社會經濟史研究』 1986-3, 69-78, 117.

鄭錫煌·黃盛璋. 1995. 『中國古代地圖集：明代』. 文物出版社

湯開建. 2012. "明隆萬之際粤東巨盜林鳳事跡詳考-以劉堯誨『督撫疏議』中林鳳史料爲中心." 『歷史研究』 2012-6, 43-65, 191-192.

何猛興. 2014. "據險伺敵：明代澎湖築城議論之研究." 『止善』 16, 55-83.

林田芳雄. 2003. 『鄭氏臺灣史-鄭成功三代の興亡實記』. 汲古書院.

Andrade, Tonio. 2011. *Lost Colony: The Untold Story of China's First Great Victory over the West*. Princeton University Press.

Giráldez, Arturo. 2015. *The Age of Trade*. Rowman & Littlefield.

Ng Chin-keong. 2015(再刊). *Trade and society, the Amoy network on the China Coast*, 1683-1735. NUS Press.

Tremml-Werner, Birgit. 2015. *Spain, China, and Japan in Manila*, 1571-1644 : *local comparisons and global connections*. Amsterdam University Press.

● ● ● ● ●

제5장

따라잡기형 발전모델과 16~19세기 아시아의 설탕 교역*

강진아(한양대학교 사학과)

I. 머리말

우리 책의 공통 주제는 '아시아를 상상하다'이다. 하지만 아시아를 상상하는
작업은 세계사적 요소(global factor)와 연계지어야 '꽉 찬 상상'이 가능하지 않
을까. 한때 서구중심주의로 비판받았던 16세기 세계체제론은 서양이 나머지
를 어떻게 지배해나갔는가를 강조했다면, 21세기를 전후하여 나타난 프랑크,
아리기, 캘리포니아 학파 등 세계사 그룹은 서양과 아시아가 서로를 어떻게
바꾸었는지, 또 아시아의 "충격"이 얼마나 컸는지를 강조한다. 반면에 필자는
오래전이지만 16세기 세계교역의 확대와 이에 따른 변화를 동서 사이의 관계
가 아니라, 기존 아시아 역내 질서에 미친 영향에 집중해서 본 적이 있다. 그
점을 부각시킬 수 있는 키워드로 "따라잡기형 발전 모델"을 제시하고, 16-17
세기 서구의 아시아 진출과 은 경제의 대두로 중화제국의 통제 밖의 교역이
늘어나면서, 교역에서 늘 우위에 있었던 중국 상품의 기술적 독점이 해체되기

---

*   이 글은 참고문헌에 있는 필자의 설탕 관련 논문들을 기초로 총서 주제에 맞추어 다시 쓴 것이
며, 특히 Ⅴ장과 Ⅵ장은 2020년 『역사비평』에 실린 졸고를 요약한 것이다.

시작한 점을 중요하게 지적했다. 그 연장선상에서 18세기 각 지역의 자급화가 진전되었고, 결과적으로 19세기 개항 이후 근대적 "따라잡기형 발전"의 바탕이 깔렸다는 것이다(강진아, 2005).

이 글에서는 아시아 바깥 세계와의 상호 작용이 아시아 내부를 어떻게 바꾸었는지를 상상하되, 설탕이라는 하나의 상품을 매개로 16-19세기의 전환을 설명하겠다. 이 기간에 발생한 아시아 역내의 이주, 노동, 상품 이동 방식의 전환은 결과적으로 제1차 따라잡기형 발전과 제2차 따라잡기형 발전을 가능하게 하고 또 그 결합 방식을 규정하였다는 것을 확인하고자 한다.

설탕이 흥미롭고 이 주제를 다룰 때 적합한 이유는 첫째 인도와 중국 등 아시아가 이 상품의 세계적 산지이자 주요 수출 품목이었다는 점, 둘째 설탕 교역에서 16세기 이전은 기술의 영향이 컸으나 이후부터 시장의 영향이 커졌다는 점, 셋째 전근대부터 16세기 이후 20세기 초까지 국제적으로 교역되는 '세계상품'이었기 때문이다. 16세기부터 19세기까지는 직물류를 제외하면 세계 제2위의 교역 품목이었다(周正庆, 2003: 24; 川北稔, 1996: 4-6).

II. 16세기 아시아 제당업: 중국과 인도

설탕은 19세기 중반까지 사탕수수를 압착, 정제하여 얻었다. 작물로서 사탕수수 자체는 뉴기니에서 처음 재배되어 동남아시아, 인도, 중국으로, 이슬람을 거쳐 지중해 유럽으로 전파되었다고 하는데, 사탕수수에서 설탕을 정제하는 기술은 인도에서 처음 시작되었다. 18세기 중후반 원심분리기를 이용한 근대식 정제 기술이 등장하기 전까지, 인류는 기본적으로 이 인도에서 개발된 전통적 제당 기술을 개선하면서 설탕을 생산했다. 수공으로 생산되는 전통적 기법의 설탕은 사탕수수 즙에서 당밀을 완전히 제거할 수 없기 때문에 함밀당이라고 하여, 분밀당인 정제당과 구분된다. 재래당은 당밀 함량 때문에 색깔이 검거나 갈색이어서, 인도에서는 다르(Jar), 중국에서는 적당(赤糖), 홍당(紅糖),

류큐와 일본에서는 흑당(黑糖) 등 다양한 이름으로 불렸는데, 기술의 진전에 따라 선진 지역에서는 전통 기술로도 정제도를 높이거나 탈색을 하여 색이 하얀 백당(白糖)을 생산했다(平井健介, 2017: 13).

대체로 어느 사회든지 설탕은 처음에는 사치품, 약품으로 소비되다가 후에 일반적인 생필품이 되는 과정을 거쳤다. 유럽은 흑사병으로 인한 노동 인구 감소 및 삼림 파괴가 초래한 땔감 부족으로 지중해 지역의 제당업이 붕괴했으나, 15세기 신대륙 발견 이후 브라질, 서인도 제도에서 사탕수수 플랜테이션 경영을 본격화하면서 소비가 확대되었다(Smith, 2015). 그러나 서민에까지 소비가 확대된 것은 17세기 커피, 차 문화의 보급과 함께 평균 소득 증대가 이뤄긴 18세기부터이다. 아시아에서는 인도와 중국이 고대로부터 세계 유수의 산당국가다. 동남아시아는 사탕수수가 널리 재배되었지만 설탕 정제기술이 전해져 산당 지역이 된 것은 16세기 말에 가서였다.

16세기 전까지 아시아 지역에 설탕을 공급한 것은 원조 인도를 제외하고는 중국이었다. 중국에서 설탕은 사당(砂糖)으로 불린다. 설탕을 만들려면 우선 영내에 사탕수수가 있어야 한다. 중국에서 사탕수수가 재배되기 시작한 시기는 BC 766~750년부터라는 주장도 있지만, 문헌에 등장하는 것은 기원전 4세기 무렵이다. 처음에는 즙을 짜서 음용하거나 날로 씹어 먹었으나 점차 당즙을 햇빛이나 불에 말려서 졸인 초보적 가공당이 한 대부터 삼국 시대에 걸쳐 등장하였다. 그러나 설탕이라고 하려면 "결정화"가 필요한데, 이 기술은 7세기 당(唐) 초기에 인도에서 전해진 것이다(周正庆, 2003: 28).

당 시기의 설탕은 설탕을 만들 때 재를 첨가하여 결정당을 얻었다는 점에서 과거의 당 가공품과는 질적으로 달랐다(周正庆, 2003: 27). 제당이 활발해지면서 사탕수수 재배와 생산 지역에도 변화가 생겨나, 당-송 시대에는 황하 유역에서 양자강 이남으로 중심이 옮겨갔다. 그러나 당 대까지는 귀한 약품으로 황실 진상품, 사치품이었고, 상층 계층의 선물로 애용되어 서민층까지는 유통되지 않았다. 송 대는 설탕 소비의 '서민화'가 시작된 시기로, 생산이 늘어나면서 점차 일반에 보편화되어, 요리 감미료인 식품으로 사용되었고 의약품

처방은 줄어들었다. 16세기 중반 명대 가정(嘉靖, 1522-1566) 연간에는 백당까지 정제할 수 있는 기술이 발명되어 중국 제당 기술의 절정기를 이루었다(戴國煇, 1967: 29-34; 周正庆, 2003: 24-30).

반면 16세기까지 아시아의 나머지 지역은 설탕의 생산과 소비에서는 낙후되어 있었다. 변화의 조짐은 서구 상인들의 진출로 나타났다. 일본에 설탕이 최초로 전래된 것은 수 왕조대로 추정하는데, 견수사, 견당사로 활발히 중국과 교역하던 일본은 당의 선진적 문화를 배우는 가운데 설탕의 존재를 알았을 것이다(川北稔, 1996: 151). 중세 일본에는 산당 기술도 없고 시장도 미미했다. 그런데 센고쿠 시대에 해당하는 1543년에 포르투갈 상인들이 다네가시마(種子島)에 상륙하여 총포를 전하면서 일본은 본격적으로 서양 상인과의 교역을 시작한다. 1549년 이후 선교사들까지 입국하고, 유럽 문화가 상류층을 중심으로 급속히 전파되었다(川北稔, 1996: 151). 이들이 다이묘들에게 올린 진상품 중에 설탕을 가공해 만든 과자류가 인기를 끌면서, 이른바 '남만과자(南蠻果子)'라는 이름으로 소비되었다. 1569년에 포르투갈 선교사 프로이스(Luís Fróis, 1532-1597)가 오다 노부나가(織田信長)에게 진상한 별사탕 이야기는 유명하다. 이전에도 일본에 설탕은 수입되었지만, 포르투갈인이 과자류를 일본에 소개하면서 본격적으로 일본인의 생활에 설탕이 등장했다.

16세기 후반 과자류의 유행으로 시장이 확대되고 일본 은의 수출로 구매력이 확보되면서 일본은 중국산 설탕의 중요한 소비 시장으로 등장했다. 중국인 상인들과 포르투갈 상인들은 복건, 광동 등지에서 생산된 설탕을 일본에 수출하였다. 제1차 따라잡기형 발전에서 핵심적이었던 것은 구매력이었다. 마치 오늘날 산유국들이 석유 하나로 풍부한 '오일 머니(oil money)'를 뿌리며 높은 소비 수준을 유지하는 것처럼, 일본은 1530년대 중국의 은 추출기술인 회취법(灰吹法)을 조선인 기술자를 통해 확보하고 이와미(石見)와 사도(佐渡) 은광을 개발하면서 '실버 머니(silver money)'로 역내 및 세계 교역에서 큰 손으로 등장했다(강진아, 2005).

일본이 제당 기술은 없으나 주요 설탕 소비시장으로 부상했다면, 조선은

제당 기술도 없고 시장도 거의 없었다. 설탕은 줄곧 고가의 수입품으로 일반에는 거의 유통되지 않았다. 조선 시대에 단맛을 내기 위한 조미료로는 꿀이나 물엿과 같은 맥아당(麥芽糖) 종류가 있을 뿐이었다. 16세기 조선 중기 학자 이덕홍(李德弘, 1541-1596)이 지은 시 「식사당(食沙糖)」에는 "옛날에 (내가) 『당상보(糖霜譜)』를 읽은 적이 있는데, 지금 직접 보니 모래라고 부르게 된다. 단맛을 보니 용밀[1]은 아무것도 아니고, 색이 빛나기는 경화(瓊花)[2]보다 낫다"고 말하고 있다. 비슷한 시기에 임진왜란 때 의병장이었던 정희맹(丁希孟, 1536-1596)의 문집에는 "병을 앓고 있다. 고맙게도 김가기가 설탕[砂糖]을 보내왔다"는 기사가 있다. 사당(砂糖)과 사당(沙糖)은 통용되었으므로 산견된 자료로 보건데, 16세기 조선 분인 일부는 실제로 실탕을 맛보고 집힐 기회기 있었으니, 시까지 지을 정도로 흔히 볼 수 없는 물건이었음을 알 수 있다(강진아, 2011:129). 동남아시아는 사탕수수 재배에 적합한 기후로 재배는 흔했으나, 필리핀에 중국의 선진 착즙기가 보급된 것은 16세기 말에 가서였고, 기술의 이전 주체는 그 지역에 진출한 화교들이었다(クリスチャンダニエルス, 2001: 86, 96). 일본 및 동남아시아 등지로 중국의 선진적 제당 기술이 본격적으로 전파되고, 네덜란드 상인의 대만, 자바 영유와 아시아 역내 교역 진출로 설탕 교역이 크게 바뀌는 것은 17세기를 기다려야 했다.

III. 17세기 : 기술 확산의 시대

17세기는 설탕이 역내 교역의 핵심 상품으로 등장하고, 수입대체화가 추진되었다는 점에서(角山榮, 1987: 184), 따라잡기형 발전이 본격화된 시기라고 할 수 있다. 동남아시아에는 이주한 화교 상인과 기술자들에 의해 17세기에는 타

---

1 蛹蜜. 꿀의 일종으로 꿀벌 번데기에서 추출한 고급 꿀.

2 중국 揚州에 많이 자라는 꽃으로 새하얀 색으로 유명함.

이·베트남·자바 등지에 중국의 제당 기술이 보급되었고, 이 지역이 중요한 설탕 생산지역으로 부상하였다. 이어 중국의 조공국이었던 류큐 왕국은 1623년 인원을 복주(福州)에 파견하여 제당기술을 학습하여 들여왔다. 그러나 류큐를 통해 일본에 본격적으로 제당 기술이 보급되는 것은 18세기(1726년)에 들어선 이후였고, 수입 감소를 위한 국산화 장려 이후에도 19세기 초에 가서야 자급할 수 있었다(クリスチャンダニエルス, 2001: 86, 96).

17세기 중반은 명이 멸망하고 청이 성립하는 혼란기로 아시아 주요 산당국인 중국의 혼란은 역내 설탕 생산과 교역에 큰 영향을 미쳤으며, 한편으로는 새로운 발전의 기회를 주변부에 제공하기도 하였다. 혼란기 속에서 중국은 여전히 설탕 주요 수출국이자 기술 선도국으로 지위를 잃지 않았으며, 아시아 해상에서 활동하던 중국인 민간 무역업자들, 마카오를 거점으로 활동하던 포르투갈 상인, 대만을 허브로 중계 교역을 시작한 네덜란드 상인들을 통해 중국산 설탕은 아시아 역내뿐만 아니라 유럽 시장에까지 수출되었다.

1. 일본

명청 교체의 혼란에도 불구하고, 중국 설탕은 일본에 계속해서 대량으로 수출되었다. 1641-53년 사이 나가사키의 중국 설탕 연간 수입량은 최고 시기는 약 2천 톤(3.37만 담), 최소 시기는 420톤(7천 담)을 기록했다. 일본으로의 중국 설탕 수출은 1641-1832년 약 200년간 에도 시대 내내 계속되었다. 간에(寬永, 1624-1645) 연간에서 교호(享保, 1716-1736) 연간까지 나가사키에 입항한 당선(唐船) 즉 중국 배의 절반 이상에 설탕이 적재되었고, 교호 이후 18세기는 거의 모든 중국 배에 설탕이 실렸다(赵国壮, 2020: 170).

수입과 상업 교류의 확대에 따라 설탕 제조기술의 도입에 대한 관심이 높아졌다. 일본으로의 기술 이전에 결정적 역할을 한 것은 류큐(琉球, 현재의 沖縄[오키나와]) 왕국이었다. 류큐 왕국의 관료인 기마 신조(儀間眞常, 1557-1644)는 고려 말의 문익점(文益漸, 1329-1398)에 비견될 존재이다. 류큐는 조공 루트를 통해 고구마를 가져왔는데, 기마 신조는 고구마 재배를 장려했을 뿐만 아니라, 중국에서 면화 종자를 가져와 재배하고 면직을 보급시켰다. 1623년에는 복주로 사람을 파견하여 제당 기술을 습득하게 한 뒤, 제당업을 류큐에 일으킨다. 그런데 1609년 사쓰마번(薩摩藩)이 류큐를 침략하여 복속시킨 뒤, 기마 신조 역시 왕을 따라 사쓰마로 가게 되었고, 이 과정에서 류큐가 중국에서 획득한 새로운 종자와 선진적 농업 기술이 일본 본토에 전해지게 되었다(趙国壮, 2020: 170). 17세기까지는 아마미 오시마(奄美大島) 및 류큐에서 사탕수수가 재배되었고, 사쓰마 번주인 시마즈(島津) 가문이 설탕의 생산과 유통을 독점하여 막대한 이윤을 올렸다. 일본 본토에서 설탕 생산이 본격화되는 것은 18세기에 가서이다(川北稔, 1996: 151-152). 17세기 내내 일본은 중국 설탕뿐만 아니라 네덜란드 동인도회사의 지배하에 있던 대만 설탕과 자바 설탕이 중요한 시장이었다. 1656년 일본의 설탕 수입은 1,320톤으로 영국의 1665년 수입량 88톤보다 훨씬 많았다(角山榮, 1987: 184).

2. 대만

17세기는 네덜란드 동인도회사(이하 VOC, 1602-1800)가 아시아 시장에 등장하면서 향후 이 지역의 설탕 생산과 유통에서 중요한 역할을 하게 되었다. 17세기에 네덜란드는 대만과 자바를 아시아 설탕의 중요한 생산 기지로 개발하게 되는데, 결국 이 두 지역이 19세기 이후에 글로벌 규모의 원당 생산 기지로 발돋움한다는 점에서 그 역사적 역할이 크다.

　　네덜란드인은 1595년에 처음 자바 섬에 도착했다고 하는데, 아시아 교역의 독점권을 장악한 신설 VOC는 중국과 일본 시장을 겨냥하였다. VOC는 동아시아 무역 경쟁자인 포르투갈 상인을 밀어내기 위해 마카오를 공격하나 실패하고, 1622년에 전진 기지로 팽호열도(澎湖列島)를 점령하였다. 팽호열도는 명 왕조에게 영토로 인식되었기 때문에 명 해군은 네덜란드인들을 해전에서 패퇴시켰으나, 1624년 합의로 네덜란드인들에게 팽호에서 철수하도록 하는 대신에 대만에 거주하는 것은 상관하지 않는다고 사실상 대만 점령을 인정해주었다. 대만에는 원주민뿐만 아니라 복건에서 이주하여 정착한 중국인들이 살고 있었는데, VOC는 1624년 대만상관을 열고 1662년 정성공 군의 무력 압박으로 철수하기까지 40여 년간 식민지로 지배하였다(李倩, 2009: 26-27).

　VOC는 아시아 상품을 조달하여 역내 중계무역과 유럽 무역을 진행하였다. 17세기 초기에 VOC가 팔았던 아시아 설탕 대부분은 복건에서 구입한 것이었는데, 1637년 이후부터는 질이 뛰어난 광동 백당을 대량으로 취급하였다. 아모이(厦門), 광주(廣州), 마카오(澳門) 등지에서 현금이나 후추 바터 교역(Barter Trade)으로 중국산 설탕을 구입하여 일단 식민지 거점인 대만에 가져왔고, 거기에서 출항하여 일본, 바타비아 등 각지로 팔았다. 대만은 상업적으로 네덜란드인이 일본, 바타비아, 타이, 통킹, 페르시아 각지에 내다파는 설탕의 집산지이자 출발지였다. 중국 설탕을 처음 유럽 시장에 가져간 것 역시 VOC였다. 1622년에 암스테르담으로 중국 설탕 47.76톤과 빙당 840kg을 판 것이 최초라고 한다. 17세기 상반기 유럽에서 팔린 중국 설탕은 주로 네덜란드 상인들이 가져가 판 것이었다. 그러다가 VOC는 중국 연해 지역의 설탕을 가져다 파는 것이 아니라 대만에서 설탕을 생산하는 것을 고려하게 된다. 1640년대를 전후하여 명이 전란에 휩싸이고 청이 명을 멸망시키는 대혼란으로 중국에서 설탕을 구입하는 것이 힘들어지면서, 대체품을 찾아야했기 때문이었다(李倩, 2009: 36, 39-40).

　네덜란드 대만상관은 세율 완화 등 우대책으로 사탕수수 재배를 장려했다. 1636년에서 1661년 20여 년 사이에 대만당의 생산량은 72톤에서 513.5톤으로 7배가 넘게 증가했다(李倩, 2009: 36). 또 VOC는 낮은 가격으로 인도네시아에서 후추를 획득하여, 대만 농가에 비싼 가격으로 사탕수수를 교환함으로써 이윤을 극대화하였다(李倩, 2009: 38).

　VOC의 적극적 대만당 육성 정책은 식민지로 있던 약 40년간 대만 제당업의 발전과 기술력 향상에 큰 영향을 미쳤다. 대만 제당업 진흥이 막 시작되었을 때 풍작이었던 1635년 산당 180톤을 VOC는 거의 전량 일본과 페르시아 시장에 공급했다. 이듬해인 1636년에는 일본 교역을 확대하기 위해, 역시 그해 생산량 전부인 백당 7.2톤, 흑당 66톤을 일본으로 배송했다.[3] 네덜란드의 대만 지배 시기에 대만당은 꾸준히 일본에 수출되었는데 적을 때에는 연간 60톤, 1658년에는 360톤이었다. VOC는 일본 시장에서 마카오를 통해 광동당을 수출하던 포르투갈 상인이나, 복건당을 수출하던 정지룡(鄭之龍), 정성공 집단과 경쟁해야했는데, 1639년 이후 에도 막부가 천주교 금지[禁敎]를 강화하며 포르투갈인과의 교역을 단절하면서 정씨 집단이 최대 경쟁자가 되었다. 정씨 집단은 양질의 값싼 사탕을 대량으로 일본 시장에 진출시켰으므로, 한때 100%에 달하던 VOC의 일본 시장 설탕 교역 이윤은 30% 정도로 하락했다. VOC는 중국 상품 조달에 밀렸으나 비단은 베트남 통킹, 페르시아에서 구입하고, 실당은 대만과 자바에서 조달하여 일본에 계속 수출할 수 있었다(李偉, 2009: 42).

VOC의 설탕 무역에서 일본이나 본국 유럽보다 더 큰 이윤을 보장했던 시장은 페르시아였다. 1640년대 이후 대만에서 생산된 설탕은 전문적으로 페르시아를 겨냥하여 수출되었다. 대만당의 페르시아 수출은 1639년의 설탕 240톤, 빙당 60톤 첫 수출 이후 지속적으로 늘어나, 1650년대까지 연간 4,000여 톤, 1661년까지 8,000여 톤으로 증가했다. 1657년 대만당의 페르시아 판매이윤은 96.75%에 달해, 일본 판매보다 훨씬 높았다(李偉, 2009: 43) 식민지 40여 년 동안 가장 생산량이 많았던 1645년의 대만당 9천 톤은 대부분 페르시아로 수출되었고, 일부가 일본에 수출되었다(李偉, 2009: 37).

주의해야 할 점은 VOC가 대만과 자바 등 식민 지역에 제당업을 보유했어도 페르시아와 일본, 유럽에 공급한 설탕의 원산지는 매우 다양하며, 상업자본으로서 언제나 이윤이 가장 큰 설탕을 지역에 상관없이 우선적으로 공급했다는 점이다. 대만당만 하더라도 1650년대 메뚜기 떼와 전염병 등 재해로 생산량이 줄어, 1656년 이후 다시 증가로 돌아섰지만 1662년까지 약 1천 톤

---

3 동일 논문에 1636년 대만 산당량이 72톤과 73.2톤으로 수치가 다르게 등장하나 큰 차이가 없어서 그대로 인용한다.

내외에 머물러 끝내 전성기 수준을 회복할 수 없었으므로 VOC의 설탕 교역량의 일부만 담당했다(李情, 2009: 36, 38). 한편, 1661년 VOC가 일본에 수출한 화물량만 보면 아시아 각 지에서 수집한 설탕이 생사와 녹피를 누르고 1위를 기록했다. 그런데 같은 해에 청군에 밀려난 정성공 세력이 대만에 상륙했고, 이듬해인 1662년에 네덜란드인들은 대만에서 밀려 나 대만 식민지 경영에 종지부를 찍었다(李情, 2009: 43).

대만 상실은 VOC가 남아 있는 식민지인 자바 섬의 바타비아 제당업을 대대적으로 발전시키는 계기가 되었고, 결과적으로 후발주자인 자바당이 페르시아 시장에서 대만을 압도하게 되었다(李情, 2009: 43).

3. 자바

자바에 사탕수수 경작이 시작된 것은 13세기 즈음 화교들이 중국에서 사탕수수 종자를 가져가서 심기 시작한 것이 시초라고 한다. 원주민도 자급용의 저급한 조당(粗糖)을 생산했으나, 중국처럼 정제 기술로 생산한 결정당과는 달랐다. 자바의 당업은 화교들이 경작 및 제당기술을 이전하면서 발전하였다(赵国壮, 2020: 170). 하지만 자바가 아시아의 주요 설탕 생산지로 떠오른 것은 17세기부터이다. 그 배경에는 자바와 대만을 무역기지로 점령한 VOC와 노동력을 공급한 화교의 이주, 일본-자바-대만-중국-유럽을 잇는 VOC의 아시아 역내 교역망과 글로벌 교역망의 구축이 있었다.

VOC는 1610년 자바 북서부 반텐(Banten)에 첫 무역기지를 세우고, 1619년 바타비아를 건설한 후 1942년까지 약 320년간 자바를 식민지로 지배하였다. 자바 개발은 17세기부터 시작되어, 사탕수수, 커피 등 경제 작물을 주로 재배했는데, 개발에는 대량의 노동력이 필요했다. 이 수요를 충족시킨 것이 화교였다. 제당업은 바타비아를 중심으로 발전했으나, 1637년에 VOC의 장려로 화교 상인 용관(容觀; Jancon)이 최초의 설탕 제당소를 설립하기 전까지는 사탕수수 재배만 있었다. 명청 교체기에 중국 본토의 설탕 구입이 어려워진 상황에서, 대만당의 일본, 페르시아 수출로 큰 이윤을 얻고 있던 VOC는 바타비아에도 제당업 기지를 구축하기로 한 것이다. 기본적으로 1640년대 말부터 50년대 초까지 자바당은 대만당 무역의 보완재로 개발되었다고 할 수 있다. VOC는 대만당이 자연재해 등으로 생산이 불안할 때 자바당으로 보완할 수 있었고, 중국 본토 설탕에 대한 의존에서 벗어날 수 있었다. 대만에서의 정책과 마찬가지로 VOC는 인두세를 감면(1648년) 및 폐지(1652년)하여 화교들의 이주를 유도하고, 사탕수수 재배에 세율 우대 및 무이자 대출을 해주었다(李倩, 2009: 44, 45; 厉益, 2012: 110).

바타비아의 설탕 생산량은 1647년 약 11.7톤에 불과하던 것이, 1648년에는 12.25톤, 1649년에는 약 300톤, 1652년에는 732톤으로 급증하였고, 내반에서 절수한 1662년에는 약 485톤정도를 유지했디(李倩, 2009: 45; 厉益, 2012: 92). 하지만 대만의 연간 설탕 생산량이 식민지 기간 동안 피크 시기는 9천 톤, 침체기인 1661년에도 1천 톤 가량이었던 것과 비교하면 자바 제당업은 줄곧 대만 제당업 규모에 못 미쳤다. 더구나 1656년 이후 유럽의 설탕 가격이 급락하면서, VOC는 화교 농가에 지불할 사탕수수 수매 가격을 절반 이하로 낮추고, 설탕 생산을 억제하기로 했고, 1658년부터 다시 중국인 인두세 징수를 재개하였다. 그 결과 바타비아 제당업은 현지 수요를 자급하는 수준으로 위축되었다(李倩, 2009: 45).

1662년 VOC는 대만을 상실했으나, 바로 자바 당업이 그 대체물로 발전하지는 않았다. 자바 상황이 바뀐 것은 1680년대에 와서이다. 물론 대만을 상실하면서 아시아 지역에서 새로운 산당 기지를 구축할 필요성이 있었으므로, 대만당의 보조 역할을 했던 자바가 새롭게 주목받은 것은 당연한 일이었으나, 투자 환경을 조성한 것은 1683년 네덜란드 동인도 회사가 바타비아 옆의 반텐 지역을 완전히 장악하게 된 것과 1684년 청이 해금(海禁)을 완화하면서 중국인들이 대거 바타비아로 재진입하여 노동력이 공급된 것이었다. 처음 바타비아 제당업이 흥기했던 1650-60년대의 경우 절정기의 제당 작방 숫자는 25여 개 정도였으나, 1710년까지 바타비아의 제당 작방 숫자는 130개로 크게 늘어났다(李倩, 2009: 45).

17세기 VOC의 설탕 무역구조를 보면 대만 상실 이전에는 중국과 대만당을 일본, 바타비아, 베트남, 태국, 인도, 페르시아 및 유럽에 팔았으며 이때 바타비아당은 거의 아시아에 팔았다. 대만 상실 이후는 영국 식민지인 인도 뱅골당과 자국 식민지인 바타비아당을 대만당 대체품으로 구입하여 각지에 팔았다(李僩, 2009: 46). 1680-1709년 30년 간 VOC가 바타비아당과 뱅갈당을 각지에 판매한 판매 수량을 보면, 설탕 전체 3만 1,102톤 중, 일본에 수출한 설탕은 9,787톤으로 페르시아(1만 3,543톤)에는 못 미쳤지만 네덜란드 본국(6,255톤)을 능가하여 제2위의 시장이었다(厉益, 2012: 47).

17세기 VOC는 아시아 식민지로 1619년에는 바타비아, 1624년에는 대만을 연이어 획득하였고, 두 곳 모두 유사한 정책을 펴서 아시아의 제당업 기지로 육성하였다. 대만은 복건인 노예를 이용해 식민지를 건설하고, 복건에서 이주한 대만 현지의 농가에게 사탕수수를 경작시켰으며, 자바에서도 복건 출신의 화교들을 사탕수수 재배와 제당에 동원하였다. 실제 두 지역의 판로는 유럽보다는 아시아 역내에 있었는데, 식민지의 산당 장려와 억제는 암스테르담에 있는 VOC의 이사회에서 국제시장 특히 유럽 시장 상황과 이윤율 변동에 따라 결정하는 상황이었다. 현지 실정에 어두운 본토의 지시대로 대만과 자바의 VOC는 설탕 생산량을 조절하기 위해 화교에 대한 인두세를 올리거나 낮추어 공급을 조절했으므로, 생산을 맡은 화교와의 갈등은 불가피했다. 결과적으로 VOC는 정성공 집단에 의해 밀려나 1662년에 대만을 상실했다. 대만을 상실한 VOC는 1680년대부터 자바 당업을 대신 부흥시켰다. 그러나 18세기 들어서 유사한 구조의 이해대립이 발생하고, 1740년의 화교 폭동을 진압하면서 자바 제당업은 크게 쇠퇴한다. 두 식민지 모두 화교와의 관계 악화 후 생산이 쇠락했다는 공통점이 있다.

Ⅳ. 18세기 : 자급화와 그 한계

1. 중국

중국에서는 청의 통치가 안정되고 팍스 시니카로 불리는 호황기를 맞았다. 청대에는 제당기술의 전문화로 설탕 소비는 '서민화' 단계에 들어서, 일상생활에 광범위하게 사용되었다. 설탕은 더 이상 사치품이 아니라 생활필수품이 되었다. 18세기 중국에서 나타난 이러한 설탕의 상품화와 '서민화'는 영국에서 설탕의 서민화보다 100년이나 앞선 것이었다. 중국은 국내 시장은 광동, 복건, 대만의 설탕이 공급하였고, 해외는 광주, 동완(東莞), 마카오, 대만, 아모이, 천주, 영파 등 연안 도시들에서 설탕을 수출하였다. 수출 지역은 아시아, 미국, 유럽 등 14개 국가에 달했는데, 해외수출을 담당한 것은 화교 상인 외에 영국 동인도회사였다. 1635-1832년 사이 200여 년간 영국동인도회사의 운반 선적 기록에는 늘 설탕이 포함되었다(赵国壮, 2020: 168, 170).

2. 일본과 조선

17세기의 일본은 1인당 설탕 소비에서 이미 중국을 초월하고 제당 기술이 전래되었으나, 국내 생산은 초보 단계여서 공급을 수입에 의지하였다. 18세기에 들어와 국내 생산이 본격화된 후에도 일본은 여전히 동아시아 최대의 설탕 수입시장이었다. 에도 시대의 설탕 수입량의 추이를 보면 근세 초기는 매년 24톤 정도였으나, 호레키(寶暦, 1751-64)에서 메이와(明和, 1764-72) 시기는 매년 약 120톤으로 18세기 중반 이후까지 계속 늘어나고 있다. 그러나 수입 설탕의 종류에는 뚜렷한 변화가 나타난다. 수입 설탕의 종류는 흑당(黑糖), 백당(白糖), 빙당(冰糖) 및 고급 백당인 삼분당(三盆糖) 4종류가 있었다. 근세 전기는 흑당(중국에서는 적당, 홍당)과 백당이 주류를 이뤘으나, 18세기 중기 이후는 흑당 수입은 거의 사라지고 백당이 주요 수입품이 되며, 18세기 이후 빙당 수입량이 증가했다. 기술적으로 흑당이 가장 간단하고, 백당이 그 다음, 빙당이 선진기술이 필요하다. 설탕 수입종목의 변화 배경에는 18세기 중기 이후 일본 국내에서 흑당과 백당의 생산 성공이 있다(赵国壮, 2020: 171; 落合功, 2001: 422-423).

17세기에 류큐를 통해 일본 국내에 최초로 중국의 설탕 제조기술이 전해지고, 사탕수수 경작이 류큐와 일본 일부 지역에서 시작되었으나, 사탕수수 재배가 확산된 것은 18세기 초 8대 쇼군인 도쿠가와 요시무네(德川吉宗, 1716-45)의 장려책 덕분이었다. 막부는 각 번에 묘목을 주어 실험 재배하도록 했는데, 그 결과 현재의 시코쿠(四國), 주고쿠(中國), 긴키(近畿) 각지에 사탕수수 재배가 시작되어 제당업 발전을 위한 원료 공급이 가능해졌던 것이다. 이러한 장려책이 취해진 것은 여전히 설탕이 고가품이었고 막부와 소원한 관계에 있는 도자마번(外樣藩)인 사쓰마번이 설탕 전매로 막대한 이익을 올리고 있었기 때문이다. 류큐를 복속시킨 사쓰마번은 전략적으로 사탕수수 재배와 제당업을 장려하고 설탕을 번의 전매품으로 경영하여 자유 교역을 금지함으로써 막대한 재정 수익을 올렸다. 그 결과 막부와 대항할 만한 경제력을 확보하여 메이지 유신에서도 중심적 역할을 할 수 있었다(川北稔, 1996: 152).

한편, 조선에서는 개항 이전에는 16세기와 변함없이 설탕은 식품이 아닌 의료용으로 사용하는 희귀 상품으로 수입을 통해서만 얻을 수 있었다. 17세기, 18세기에는 주로 어용으로 궁중에 설탕을 공급하는 문제로 자주 등장하는데, 대부분 내의원(內醫院)에서 취급하며 황실 가족을 위한 상비약으로 비축하였다. 이처럼 조선의 경우는 설탕의 소비계층은 여전히 왕실과 일부 지배층에서 약용이자 귀중품으로 수입되어 드물게 유통되었다. 화약, 면화, 농법 등 14, 15세기까지 긴밀한 조공 관계를 통해 중국의 선진기술 도입에 유리한 위치에 있었던 조선이었으나, 설탕처럼 상업경제와 대외무역의 발달, 높은 구매력이 필요한 상품의 경우, 기술 도입도 시장 유입도 뒤쳐질 수밖에 없었다(강진아, 2011).

3. 자바

1680년대부터 급신장을 보였던 바타비아 제당업은 18세기 초까지는 성장세를 유지했으나 1720년대 중엽 이후 부침을 거듭했다. 명청 교체기의 제1차

성장기에 비해 1680년대 이후의 제2차 성장기는 암스테르담 VOC 이사회의 결정에 따라 유럽 시장을 겨냥하여 생산량을 늘렸고 규모 역시 훨씬 커졌다. 1698년과 1702년 암스테르담의 VOC 이사회의 증산 지시 이후 바타비아의 연간 설탕 생산량은 17세기 중엽 약 450톤에서, 1720년대까지 일약 3,600톤으로 늘어났다(厉益, 2012: 87). 이에 따라 바타비아의 화교 인구는 1616년 300-400명 수준이던 것이 1682년까지 3,101명으로 늘었으며, 18세기 들어와 더 빠른 템포로 증가하여 1716년 7,550명, 1739년 15,411명을 기록했다(厉益, 2012: 82, 84). 1710년 경 바타비아에는 131개 제당 작방이 연간 4-5천톤의 설탕을 생산했다. 131개 제당 작방 중에 기업으로 분류되는 규모 있는 제당창이 84개였는데, 그 중 79개가 중국인, 4개가 네덜란드인, 1개가 일본인 소유였다(厉益, 2012: 84).

17세기 바타비아 설탕 수출에서 유럽시장은 미미한 존재였으나 18세기는 상황이 달라졌다. 1660-68년 유럽 시장에서 자바당을 포함한 모든 아시아산 설탕의 교역량은 기껏해야 70톤에서 360톤 사이였다. 1698년 이전까지, 사실상 17세기 내내 바타비아에서 유럽으로 수출한 설탕 총량은 모두 더해서 약 6,200톤에 불과했다(厉益, 2012: 86-87). 그런데 18세기 들어서 유럽 수출이 주력이 되었고, 1727년 유럽에 수출된 바타비아당은 2,430톤이나 되었다. 하지만 유럽 수출은 이후 급격히 감소하여 1731년에는 약 874톤까지 추락하였다. 유럽의 바타비아 설탕 수요는 이후 약간은 회복되었지만 1730년대 내내 전성기의 절반 수준인 1,000톤 내외를 벗어나지 못했다(厉益, 2012: 88).

17세기에 중요했던 일본과 페르시아 시장은 18세기에도 여전히 VOC의 설탕 무역의 주요 고객이었다. 1713-35년 23년 동안 VOC의 일본과 페르시아 시장 설탕 수출량을 살펴보면, 매해 변동이 심한 설탕 시장의 특성을 고려하더라도, 일본 시장은 최소 256톤에서 최대 704톤으로 비교적 안정적 시장이었고, 1700-40년까지 연평균 363톤을 수출하였다. 반면, 페르시아 시장은 최고는 682톤이나 아예 0인 시기가 3년, 100톤도 안 되는 해도 많아 불안정했으며, 한 해(1715/16년)를 제외하고는 일본 수출량이 늘 더 많았다. 이는 페르시아 시장이 일본 시장보다 2배 넘게 컸던 17세기 상황과는 많이 달라진 모습이다. 그 원인은 1722년 페르시아의 사파비 왕조가 전복된 후, 유럽인들이 사실상 현지에서 사업을 할 수 없게 되었기 때문이다. 페르시아 시장을 상실한 대신, 새로 개척한 시장이 인도, 실론(현재 스리랑카) 지역이었다(李偰, 2009: 46; 厉益, 2012: 98).

1602-1740년 사이 VOC가 아시아(대만 및 바타비아 위주)에서 각지로 수출한 설탕 총량은 합계 12만 9394톤으로, 지역별로는 유럽 3만 7683톤(29%), 페르시아 6만 5557톤(51%), 일본 5,174톤(4%), 인도 14,954톤(11%), 실론 등 기타 도시 6,024톤(5%)의 분포를 보였다(厉益, 2012: 108). 18세기 초에 잠깐 유럽 시장이 주도했어도 전체적으로는 절반 이상이 페르시아 시장으로 팔렸다.

1730년대 암스테르담의 VOC 이사회는 증산 결정 때처럼 갑작스럽게 페르시아 시장 상실과 유럽의 설탕 수요 감소를 이유로 바타비아 설탕의 구매 중단을 통고했다. 유럽이 포화되면 바로 바타비아 자당 구매를 중단해버리는 암스테르담 이사회의 결정은 바타비아의 VOC 수익을 크게 해쳤고, 바타비아 제당업을 운영하는 화교 농민과 화상들에게는 심각한 손실을 초래했다(李偰, 2009: 48). 바타비아의 VOC는 상부 지시에 따라 설탕 생산을 축소하기 위해 다시 화교에 대한 인두세를 강화하고, 화교 이주민들을 단속해 체포하여 강제 추방시키거나 외부에 노예로 팔았다. 화교와 바타비아 당국 간의 갈등은 결국 1740년 바타비아 VOC의 군대가 원주민을 동원하여 화교 거주지를 습격하여 방화하고 1만 명 이상을 학살한 홍계참안(紅溪慘案)을 초래했다.

바타비아 당국은 홍계참안 이후 다시 장려 정책을 폈고 생산과 무역은 다소 회복되었지만, 더 이상 예전의 호황으로 돌아갈 수 없었다. 1741년 생산을 재개한 제당창은 2곳뿐이었고, 1742-48년간 바타비아의 설탕 무역은 거의 정지 상태에 빠졌으며, 1750년 이후에야 소생의 조짐이 보였다(厉益, 2012: 48-49, 105-106). 그러나 1750년대에 가도 화교 인구와 제당 작방의 숫자는 전성기의 절반에 불과했다. 설탕 생산은 정체했으며, VOC는 노동력 확보를 위해 화교를 계속 수용했지만, 노예와 화교인구에 대한 통제를 강화했다(李偰,

2009: 14).

　　1750년대 실험실에서 비트당이 탄생하고, 1780년대부터 기계식 대량 생산이 이뤄지는 설탕 혁명이 시작된다. 설탕 혁명 전야의 아시아는 네덜란드 인이 새롭게 건설한 대만, 자바 제당업이 퇴조를 보이며, 전통적으로 아시아 최대의 설탕 생산국인 인도와 중국이 여전히 시장을 장악하고 있었다. 중국의 제당업 기술은 화교를 통해 동남아시아, 일본으로 퍼져 나가 이 지역 제당업 을 선도했다. 인도와 중국은 자급 외에 수출까지 했고, 일본은 개항 이전에 류 큐를 비롯해 사누키(讚岐)와 오마미 오시마의 설탕 생산으로 쇄국 하에서 설탕 자급을 달성했다(平井健介, 2017: 17). 그런 와중에 19세기 들어와 설탕 혁명을 이끈 선진기술이 아시아에까지 전파되며 아시아 제당업과 시장의 판도를 완 전히 전복시키게 된다.

V.　설탕 혁명과 과도기의 아시아 제당업(18세기 말-19세기)

설탕은 오랫동안 동서양 각지에서 제조되었고 주요한 교역 상품이었지만, 규 모에서나 질에서나 국제적 상품으로 등장한 것은 '설탕 혁명(sugar revolution)' 으로 불리는 근대적 제당업의 등장부터이다. 증기기관, 진공관, 원심분리기 등 당대 최고의 과학기술이 제당업에 접목되면서 일어난 생산력 혁명은 1780 년부터 시작되어 1814년에 정점을 찍었다(Knight, 2010: 11).

　　당밀을 완전히 제거할 수 없는 재래식 함밀당과 달리, 기계화된 근대식 제당 공장에서는 당밀을 기계적으로 제거한 분밀당을 생산했다. 근대 제당 공 장에서 생산된 분밀당은 크게 3종류로 나눌 수 있다. 원심분리기로 1차적으로 당밀을 제거했지만 당밀이 남아 있어 갈색빛을 띠는 조당(粗糖)과 이 조당을 재차 정제하여 거의 완벽하게 당밀을 제거하고 영구 보존이 가능한 눈처럼 하 얀 정당(精糖) 혹은 정제당, 그리고 조당을 생산하는 단계에서 탈색을 해서 만 드는 백당(白糖)이다. '설탕 혁명' 이전에는 조당과 백당까지는 제조가 가능했는데, 고급 정제당은 기계의 도입으로 가능하게 되었으며, 무엇보다 대량 생산이 가능해져 설탕은 더 이상 사치품이 아니게 되었다.

이러한 기술 혁신에는 새로운 설탕 재료인 사탕무의 등장이 있었다. 사탕무에서 채취한 설탕은 18세기 중엽 독일과 프랑스의 실험실에서 처음 제조에 성공했다. 그때까지 설탕은 사탕수수 즙을 정제해서 만든 자당(蔗糖, 혹은 감자당, 甘蔗糖, cane sugar)밖에 없었는데, 이제 사탕무 즙에서 추출한 사탕무당(첨채당, 甛菜糖, beet sugar)이라는 새로운 범주가 만들어졌다. 사탕무당은 가격 경쟁력에서 자당에 밀렸다. 사탕무당이 세계 제당업 판도를 뒤흔든 것은 거의 100년이 지난 19세기 중후반에 가서였다. 나폴레옹 전쟁(1803-15)을 거치면서 열대 자당 공급이 힘들어지자 독일을 선두로 프랑스, 오스트리아-헝가리 제국 등에서 유럽 농민이 재배한 사탕무를 이용한 설탕 생산이 확대되었다(穆素洁, 2009: 456). 북유럽 중심의 사탕무당 생산은 1850년대 이래 세계 시장에서 비중을 늘려가, 1880년대가 되면 세계 설탕 생산량의 절반을 차지하게 되었다(Knight, 2010: 15). 생산비로는 싼 열대 자당과 경쟁할 수 없었지만, 국내 자급을 목표로 다양한 생산 지원이 정책적으로 이뤄진 덕분이었다. 사탕무당 생산국은 관세보호와 보조금 지급을 비롯한 정책적 지원과 함께, 최신의 과학 기술을 총동원하여 생산력 향상에 힘썼다. 이는 결과적으로 자당 생산기술의 개선에도 큰 자극제가 되어, 증기로 당액을 쾌속 증발시키는 진공 팬(the Vacuum Pan) 등 최신 기술이 적용되었고, 제당업 전반에서 생산성을 크게 향상시켰다(Knight, 2010: 17).

1. 자바와 기타 동남아시아

대서양 지역의 혁신이 서구 열강의 식민지가 된 동남아시아에도 약간의 시차를 두고 이식되자 전통 아시아 제당 시장은 크게 바뀌었다. 영국에서 제작된 증기기관으로 작동하는 제당 기계는 1797년에 쿠바에 처음 설치되었고, 19세기에 들어 빠르게 카리브해에서 확대되었다. 증기 동력의 제당 기계가 처음 아시아에 도입된 것은 1830년 즈음 아시아의 영국 식민지에서였다. 1830년대 중반 인도의 벵골, 마드라스 지역에 카리브해의 기술이 처음 도입되었다. 1840년대부터는 모리셔스, 인도, 자바에서 거의 동시에 진공 팬 등 선진 장비를 갖춘 제당 공장이 생겨났다. 뒤를 이어 태국에서는 1860년대에 영국 자본 및 현지 화교 자본에 의해서, 말레이 반도에서는 1870년 즈음부터 기술도입이 이뤄졌다(Knight, 2010: 14-15, 23-25).

하지만 위와 같은 아시아에서의 기계화 시도는 거의 실패로 끝났다. 인도의 경우 소규모 농가 생산이 지배적이라 원료 수급이 제대로 되지 않아, 1850년대까지 제당업은 큰 손실을 입어 투자는 자본이 덜 들고 선진기술이 필요 없는 인디고 생산으로 옮겨갔다. 모리셔스 제당업은 1870년대부터 정체기에 들어가, 수출 시장은 인도로 한정되었다. 태국에서는 근대적 제당업의 맥이 1870년대에 끊겼다. 말레이반도의 설탕 생산은 저렴한 자바 수입 당에 밀려 1900년을 전후해 사라졌다. 필리핀은 증기기관은 도입했지만, 진공 팬까지 장착한 설비는 거의 없어 기계화 정도가 높지 않았다. 남중국과 대만에서는 자본의 부족이 기계화를 저해한 핵심 원인이었다(Kume, 2006: 97; Knight, 2010: 26-27).

이처럼 아시아에서 설탕 혁명의 기술 이전이 지지부진한 가운데, 적극적으로 재기의 계기로 삼아 선진기술 도입과 제당업 부흥에 성공한 곳이 자바이다. 자바 제당업은 홍계 사건 이후 왕년의 성황을 회복하지 못했다. 부흥의 전기가 된 것은 1799년 VOC의 파산(1800년 해산)으로 이 지역이 네덜란드 정부의 직할 식민지가 되면서 제당업 부흥을 수행할 새로운 정치적 리더십이 등장하면서였다. 네덜란드령 동인도(Dutch East Indies, 1800-1949)로 알려진 식민지가 공식 성립하면서, 바타비아는 지역 회사본부에서 식민지의 수도로 거듭났다. 자바는 19세기 후반까지 근대적 제당업을 정착시켜 카리브해와 어깨를 나란히 하는 세계 메이저 원료당 생산지로 성장했다. 쿠바 제당업은 대규모 플랜테이션 농장과 최신 기술과 과학이 적용된 첨단 산업으로 발전했는데, 이런 유형의 제당업 건설은 19세기 아시아에서 자바가 유일했다. 식민지 정책이 달랐기 때문이다.

앞에서 살펴보았듯이 17세기와 18세기 자바 제당업은 자바의 경제권을 장악하고 있던 화교들에게 바타비아 주위에 플랜테이션을 조성하도록 독려했고, 노동력은 화교 노동자를 썼고, 제당창의 대부분은 화교 자본이었으며, 18세기 중후반 유럽 시장을 상실한 뒤에는 중국이 최대 시장으로 바뀌었다. 자바 역시 크게 보면 중국 설탕 생산의 일부분이었던 것이다. 1820년대 즈음 자바의 설탕 생산은 7천 톤 미만으로 18세기라면 몰라도 설탕 혁명이 시작된 19세기 초 기준으로는 국제시장에서나 아시아 시장에서나 큰 것은 아니었다 (Galloway, 2005: 3; Knight, 2010: 28).

그런데 자바의 네덜란드 식민지 당국은 아시아의 영국 식민지에 제당 기술이 도입되던 1830년대부터 자바 제당업의 가능성에 다시 착목하였다. 급성장하는 세계 정제당 산업에 원료당으로서 조당을 공급하고자 기획하고, 일련의 제당업 발전 프로젝트를 정책적으로 추진하게 된다(Knight, 2010: 20). 1830년 이후 농민들에게 사탕수수를 의무적으로 재배하게 하는 '강제재배 제도'(1830-1870)가 실시되어 플랜테이션이 조성되었고, 자본 투자 유치를 위해 1870년에 민간 자본의 제당업 투자를 허락하는 '자유주의' 통치로 전환한 뒤 네덜란드 자본과 화교 자본이 대거 제당업에 참여하면서 생산량이 급증했다. 1830년대부터 매년 7천 톤 이상 수출되더니, 1851년에는 수출량이 10만 톤으로, 1870년대 초에는 다시 20만 톤으로 배증했다. 1885년까지 자바 수출은 다시 40만 톤으로 늘었다. (자가 소비되는 인도 다르 당과 중국 적당을 제외한) 세계 설탕 생산량은 어림값이지만 18세기 말 26만 3천 톤, 1840년 65만 4천 톤, 1850년 100만 톤, 1880년대 중반 400만 톤으로 추계된다. 그에 따르면 1880년대 중반에 자바는 이미 세계 설탕 생산의 약 10%, 사탕무당을 제외한 자당만 치면 전 세계 생산량의 약 20%를 차지했다. 20세기 초까지 자바 설탕은 네덜란드령 동인도의 총 수출액 중 30%를 차지했으며, 세계 설탕 수출량에서 아시아 1위, (쿠바에 이어) 세계 2위의 지위를 점하게 되었다(Knight, 2010: 30-

31).[4]

　자바의 설탕 생산이 화교 자본 위주의 재래 함밀당에서 계획 경제하의 기계식 원료당 생산으로 전환되고 폭발적인 양적 성장이 일어남에 따라, 수출 시장도 극적으로 변화했다. 1820년대까지 아시아 위주였던 수출 시장은 산업화 초기인 19세기 중반부터 정제당 산업이 몰려 있는 유럽을 주력 시장으로 삼게 되었고, 1880년대 전까지 주로 암스테르담 및 런던의 정제당 공장에 원료당을 공급하였다.

2. 중국

이처럼 자바를 제외한 다른 아시아 지역에서는 근대적 제낭업 시도가 실패로 돌아갔지만, 재래당 산업이 갑자기 몰락한 것은 아니었다. 아시아 설탕이 증기선의 도입과 교통혁명에 따라 세계시장에 편입되면서 재래 함밀당의 수출이 늘어나기도 했다. 1850년 태국의 최대 수출품이 함밀당이었으며, 인도는 1860년대까지 유럽에 설탕 수출을 계속했다.

　1870년대 세계 제5위의 산당국이었던 중국은 해외 수출이 대폭 늘어났다. 설탕 생산량으로는 사천(四川)이 가장 컸지만 동 시기 인구 3,700만 명에 육박하는 성내 수요를 공급하는데 소진되었다. 주요 해외 수출 지역은 중국 남부 광동성(廣東省) 조주(潮州)와 대만으로, 1870년대부터 1880년대 피크를 거쳐 1890년까지 재래 함밀당을 유럽, 일본, 미국, 오스트레일리아 등지에 수출했다(平井健介, 2017: 17; Kume, 2006: 97; クリスチャンダニエルス, 1984: 21).

　광동성 조주의 설탕은 1868년에 개항한 산두(汕頭) 항구에서 선적되어 세계 각지로 팔렸다. 이른바 조당(潮糖), 조산당(潮汕糖)의 개항 초기 주력 시장은 일본이었고, 후기로 가면 영국과 미국의 비중이 점차 커졌으며, 1870년부터는 홍콩이 최대 지역이 되는데, 홍콩에서 재수출되었기 때문이다. 조당의

4　이와 달리 일본 학자 히라이 겐스케(平井健介, 2017: 45)는 자바의 설탕 생산량을 1840년에 4.7만 톤, 1870년에는 15.2만 톤, 1884년에는 39.4만 톤으로 집계하여 약간 차이가 있다.

황금기는 수출액으로는 1870-75년으로, 1877년은 설탕이 산두항 수출총액의 36.07%를 차지했으며, 수출량으로는 1884년의 2만 6,174톤에서 정점을 찍었다(赵国壮, 2020: 171; 范毅軍, 1983: 149-150).[5]

또 다른 수출 지역인 대만당, 대당(臺糖)은 주로 일본과 필리핀에 수출되어, 1860-95년까지 호황을 이뤘다. 수출은 주로 홍당(=적당, 흑당) 위주였고, 백당은 주로 화북 국내 시장에 공급하고, 일부만 일본에 수출했다. 홍당은 조당(粗糖)으로서, 일본, 유럽, 미국, 오스트레일리아의 제당 공장에서 생산하는 정제당의 원료로 수출한 것이다. 특히 1868-95년 사이에 대만당의 일본 수출액은 같은 시기 일본의 설탕 수입 총액의 69.55%나 차지하여, 37만 1,400톤에 달했다(赵国壮, 2020: 171). 17세기 중반까지 긴밀히 연계되어 있던 대만-일본의 설탕 무역 루트는 19세기 중반 개항이 되자마자 더 확장된 규모로 회복되었다.

3. 조선

개항 직전까지 설탕 입수는 오로지 중국에서 수입하는 것으로, 소비는 지배층이 의약품으로 쓰는 것에 한정되었을 정도로 조선은 아시아에서 설탕 문화에서는 고립되어있었다. 그랬던 조선 역시 개항 이후 설탕이 일본 상인들과 화상들의 손에 대량으로 수입되면서부터 상황이 바뀌었다. 『고종시대사』 2집, 1884년 9월 11일에는 『고종실록(高宗實錄)』을 인용하여, 그 해 설립된 우정총국이 반포한 규칙을 싣고 있는데, 그 제1장 제34조에는 설탕[砂糖]을 쉽게 "움직이는 것[流動的]"으로 우편수송 금지품목에 넣고 있다. 그만큼 설탕이 이전보다 많이 알려지고 구하기도 쉬워졌다고 볼 수 있다(강진아, 2011). 개항 후 진출한 대표적 화상인 동순태호(同順泰號)의 상업서신과 발송장을 살펴보면, 1889년에 이미 홍콩에서 제조된 것으로 보이는 기계식 정제당[車糖]을 수입하고 있

---

5   2017년 춘절에 방영된 산터우텔레비젼 다큐멘터리 『조당의 길(潮糖之路)』(전7편)에서는 바로 이 시기의 조당 전성기를 다루고 있다. 필자는 조당의 동아시아 판매와 광동 상인에 관해 인터뷰하였다. 중국 포털에서 검색하면 쉽게 시청할 수 있다.

으며 그 양은 청일전쟁 전까지 크게 늘었다. 17세기 중엽 1659년 현종 즉위년에 왕실의 1년 설탕 수입량이 30근(약 18kg)에 불과했는데, 동순태호의 설탕 수입량이 1894년 8,400근(약 5톤), 1895년에는 25,200근(약 15톤)이었던 점을 고려하면, 개항 후에 설탕 수입의 폭발적 증가를 짐작할 수 있다(강진아, 2011).

4. 일본

반면에 19세기에 들어와 설탕의 기술 국산화와 자급을 겨우 이뤘던 일본은 다시금 17세기와 마찬가지로 수입 설탕에 압도되었다. 1854년 개항 이후 1880년대 중반까지는 중국(대만 포함) 설탕과 인도 벵갈당 등 아시아의 재래 함밀당이, 1880년대 중반 이후는 사바당을 징제한 홍콩 정제당과 유럽의 사탕무당의 수입이 크게 늘었다.

개항 전에 일본은 류큐, 규슈 지역에서 주로 흑당을 생산하고 있었으며, 19세기 전반이 되면 시코쿠 지역의 사누키(讃岐), 아와(阿波) 등지에서 백당을 생산할 수 있게 되었다. 그러나 개항 이후 재래당 생산은 수입당에 눌려 위축되었고, 고급품인 사누키와 아와의 와산본(和三盆) 정도만 귀하게 취급되어 살아남았다(川北稔, 1996: 153).

1868-1878년, 메이지 초기 10년 동안 일본이 수입한 설탕 총량은 33만 9천 톤인데, 그중 중국산 설탕이 90%, 기타는 10%에 불과했다(趙国壮, 2020: 170). 일본의 설탕 수입이 급증한 것은 메이지유신 이후 서구의 문물과 생활방식이 확산되어 1인당 소비량 자체가 늘어나 시장은 커졌으나 국내 생산이 따라가지 못하고 가격 경쟁력이 없었던 탓이었다. 1863년에는 3,800톤 정도였던 수입량은 메이지유신이 일어난 1868년에는 5년 만에 1만 4천여 톤으로 5배가량 늘어났고 1870년대에는 연간 3만 5천 톤 내외로 다시 2배 넘게 증가했다. 그래도 1870년대까지는 국내 설탕 생산이 어느 정도 유지되었으나, 1880년대에 들어서면 정제당 수입량이 급증하면서 국내의 재래 함밀당 제당업은 사실상 붕괴하였다. 대신에 근대식 제당기술을 수입한 사탕무당 제당창 건립이 모색되는 등, 수입대체 공업화에 대한 고민이 본격화되었다.

VI. 19세기 후반 아시아 역내 분업과 아시아 설탕 시장의 재편(1880년대-1890년대)

1. 아시아 : 강제된 자유시장과 역내 분업의 역설

설탕 혁명 후 19세기 아시아 제당업의 과도기적 상황은 모자이크처럼 다양하게 나타난다. 전통적 산당국이 여전히 재래 함밀당 생산에 머무르면서도 교통혁명으로 확대된 세계시장에서 판로를 찾아 수출이 늘어난 한편, 애매한 자급을 이룩했다가 재차 수입당에 압도되면서도 기술 자급을 위해 노력하는 일본, 정체된 제당업을 정부 주도로 카리브해식 제당업을 적극 도입하면서 세계 제2위의 원당 생산지로 부흥시킨 자바 등 대응 형태는 제각각이었다. 그러한 과도기가 끝나고 설탕 혁명의 영향을 적극적으로 흡수하면서 아시아 역내에 정제당 산업이 발전하고 역내의 설탕 교역이 전면적으로 재편되는 것이 1880년대부터이다.

1880년대 이후 아시아 설탕 시장의 키워드는 아시아 역내에서의 조당-정제당 일관 생산의 확립, 유럽 사탕무당의 아시아 시장 진출이 가져온 분밀당 시장의 확대였다. 우선 아시아 역내에서는 1차 가공된 조당과, 그 조당을 원료당으로 재차 가공한 정제당이 둘 다 직접 소비시장인 아시아 내부에서 상품화되었다. 이러한 1880년대 전환의 계기는 첫째 1880년대 유럽의 과잉 사탕무당이 아시아 시장까지 진출하여 정제당 소비가 크게 늘어난 것, 둘째 1880년대 홍콩 정제당 산업의 흥기, 셋째 홍콩 제당업의 흥기로 아시아 내에서 자바 원당-홍콩 정제당 라인이 구축되어 지역 내 정제당 공급이 확대된 것이다.

역사학자 에릭 홉스봄(Eric Hobsbawm)은 1873-96년 사이 세계는 불경기였는데, 그 시작점인 1870년대의 불경기가 정치 경제의 신기원을 열었다고 보았다. 생산 과잉과 가격 하락으로 1870년대 중반부터 공업자본주의의 위기가 심화되었고, 그에 대응하는 방식으로 국가가 생산과 교역에 적극 개입하는 보호무역주의가 등장했다는 것이다. 19세기 초중반 내내 농업의 상품화와 생산방식이 완전히 바뀌었다. 제국주의 국가들은 식민지에서 농업 상품을 대량으로 생산하여 수출했다. 필연적으로 경쟁 격화, 상품 가격과 이윤의 하락이 나타났다. 이때부터 영국을 제외하고 거의 모든 유럽 국가가 강력한 보호관세를 실시하고, 자유무역에 반하는 카르텔과 양국 간 무역협상과 바터무역을 추진하게 된다(穆素洁, 2009: 488).

설탕은 대표적 사례였다. 1850-1904년 사이에 독일과 오스트리아는 정부 수출보조금을 얹어서 원가보다 낮은 가격으로 6천만 톤 이상의 사탕무당을 팔았다. 프랑스는 고율의 수입관세로 국내 제당업자들을 보호했다. 독일은 미국과 사탕무당과 식량을 교환하는 양국 간 바터 무역협상을 수십 년 약정으로 성공시켰다. 사유시장의 시대가 지물고 있었다.

국제적으로 경쟁력 있던 대만 재래당의 수출 역시 이러한 보호주의로 시장을 상실했다. 1870년대와 1880년대에 대만 재래 함밀당은 캘리포니아, 캐나다, 오스트레일리아에 원료당으로 수출되었다. 1870년에 오스트레일리아에 수출한 19.5톤이 시작이었다고 하는데, 1879년에는 8,350톤, 1880년에는 6만 3,250톤까지 늘었다. 그러나 1890년대 오스트레일리아는 한 제당 회사(Colonial Sugar Refinery Company Limited)가 피지 섬에 독점적으로 플랜테이션을 조성하고 정부가 강력한 보호관세를 실시하면서 수출이 끊겼다. 캘리포니아 시장 역시 미국에서 사탕무당 공업이 발전하자 보호관세법이 통과되면서 상실했다(穆素洁, 2009: 490).

세계 설탕 시장은 보호관세에 의해 보호받는 시장이 떨어져 나가고, 남은 자유시장에서 피 말리는 경쟁이 벌어지게 되었다. 이제 '자유시장(open market)'이란, 수요가 공급보다 많아서 정책적으로 보호관세를 실시하지 않았던 인도 시장, 관세자주권이 없었기 때문에 수입 대체형 산업화나 보호관세를 실시할 수 없었던 중국, 일본, 조선, 태국 등 불평등조약하의 아시아 국가들을 뜻했다. 1880년대에 "강제된 자유시장"이었던 아시아는 세계시장에 얼마 남지 않은 자유시장이었던 것이다. 이 시장에 정부 보조금으로 가격 경쟁력을 확보한 유럽의 과잉 사탕무당이 쏟아져 들어오기 시작했다.

2. 홍콩

한편 1870년대 이래의 위기를 배경으로 등장한 또 다른 새로운 대응이 홍콩 정제당의 성립이다. 유럽, 인도, 중국을 잇는 차, 비단, 아편의 삼각 국제무역으로 성장한 구미 상사자본들은 중국 개항 이후 성장을 거듭했으나 1870년대 내내 이어진 세계불황으로 도산하거나 구조조정 단계에 들어갔다(강진아, 2016: 78-81). 중국에서 양행(洋行)으로 불린 이 회사들 중 일부는 새롭게 떠오르는 교통, 운수, 산업자본으로 경영을 다각화하면서 자기 변신에 성공하는데, 그 대표적 사례가 스코틀랜드 자본의 자딘 메디슨사(Jardine, Matheson & Co., 중국명은 怡和洋行)와 스와이어사(John Swire & Sons Ltd.)의 중국 현지 회사인 버터필드 앤 스와이어사(Butterfield & Swire Co. 중국명은 太古洋行)이다(강진아, 2016). 두 회사는 원래 무역업자였으나, 1870년대 초반 기선을 사들여 거의 동시에 중국 연안과 아시아 지역의 해운업에 뛰어들더니, 1880년을 전후해 역시 비슷한 시기에 정제당 공장을 지어 제당업을 시작했다. 1878년에 정식 설립된 자딘 메디슨 사의 중화화차당국(中華火車糖局, the China Sugar Refining Co.)과 1881년에 설립된 버터필드 앤 스와이어사의 제당창 태고당방(太古糖房, 정식 명칭은 太古車糖股份有限公司, the Taikoo Sugar Refinery Co., Ltd.)이다(杉山伸也, 2017: 208-216; Sugiyama, 2001: 40; 鍾寶賢, 2016: 56).

중국 제당업사 연구로 유명한 마줌다(Sucheta Mazumdar)에 따르면, 1870년대 유럽의 사탕무 수확이 병해로 크게 줄어들면서 싼 중국 재래 함밀당이 유럽에 수출되어 비싸게 팔렸고, 이때 수출업자였던 양행들이 제당업에 관심을 가지게 되었다고 한다(穆素洁, 2009: 465).

하지만 필자는 두 회사가 정제당 사업을 시작한 데는 보다 구조적인 원인이 있다고 생각한다. 무선과 통신의 발전으로 시장 정보가 단시간에 공개되면서 양행들은 무역업으로는 예전과 같은 투기적 시장 차익을 노릴 수 없었다. 새로운 사업 분야를 개척해야 했다. 그런데 제당업이 전망이 있었던 것이다. 우선 자바, 필리핀의 원료당 생산이 궤도에 올라 정제당에 핵심적인 원당 공급이 해결될 수 있었다. 또 향후 아시아 시장에서 정제당 수요가 늘어날 것을 전망하여 시장이 확보될 수 있다고 기대했다. 두 회사는 모두 중국, 일본, 조선을 잇는 동아시아 개항장과 중국 내륙 수운의 증기선 항로를 장악하고 있었기 때문에 상품의 운반과 유통이 용이했다. 무엇보다 동아시아 지역 내부에서는 아직 정제당이 생산되지 않고 있어, 일단 정제당을 역내에서 생산하면 높은 이윤을 기대할 수 있다고 보았던 것이다. 이를 증명하듯이 홍콩 제당업은 동아시아 시장을 겨냥하고 생산하여 실제로 큰 성공을 거두었고, 동아시아 설탕 시장에 큰 충격을 주었다.

두 회사 모두 초기 주력 시장은 다름 아닌 중국과 일본이었다. 중국에서 활동하던 영국 상인들은 1870년대 즈음에는 광주에서 홍콩와 상해로 본점을 옮기는 현상이 확연해졌다. 상해는 1843년에 개항하여 1850년대 말에 벌써 광주를 누르고 중국 전체 수출입의 50% 이상을 처리했다. 홍콩은 1880년이 되면 중국 총수출액의 21%, 총수입액의 37%를 처리했다(강진아, 2009).

홍콩과 상해에서는 근대적 기업 투자가 방해 없이 활발히 이뤄져, 아시아 지역에서 가장 먼저 공업자본주의가 싹텄다. 동 시기 메이지 일본에서도 철도, 면업, 제사를 중심으로 제1차 산업혁명이 진행되고 있었다. 그러나 제당업만큼은 앞에서 살펴보았듯이 실패를 거듭했다. 그 이유는 불평등조약 아래서 일본은 관세자주권이 없어 국내 산업 보호가 불가능했기 때문이다. 홍콩은 자유무역항으로 원료당을 자바와 필리핀에서 무관세로 수입하고, 영국의 선진기술과 풍부한 자본을 이용해 가격과 질에서 경쟁력 있는 상품을 생산하여, 이른바 보호관세가 없는 '자유시장'인 일본과 중국을 공략할 수 있었다. 특히 중국 현지에서 사탕수수 재배와 조당 생산을 모색하던 이화당과 달리, 태고당은 처음부터 자바에서 원당을 수입하여 홍콩에서 정제하는 노선을 확실히 하고 있었다. 태고당방은 대부분의 원료를 자바의 설탕수출업자인 맥클레인 왓슨상회(Maclaine Watson & Co.)로부터 조달받았다. 이 회사는 자바의 상위 10개 설탕 수출업자 중에 유일한 영국 자본 회사이지만, 1914년 제1차 세계대전 이전까지 자바 수출량의 거의 절반을 담당하던 회사이다(Claver *et al.*, 2018: 202-230).

자바 역시 1884년 국제 설탕 값의 폭락(이른바 '설탕 위기') 이전에는 암스테르담과 런던이 수출 주력 시장이었으나, 1880년대에 홍콩에서 대형 정제당 공장이 연이어 설립되면서 아시아 시장으로 점차 주력이 바뀌게 되었다. 1890년대까지는 자바가 쿠바를 이어 세계 제2위의 원당 산지로 부상하고, 이를 홍콩 정제당 회사가 가공해 관세자주권이 없는 '자유시장'인 중국과 일본에 파는 구조가 성립되었다.

3. 아시아 산당 지역의 쇠퇴 : 식민지

아시아에서 대부분 지역은 서구 열강의 식민지가 된 상태였으므로, 이들 지역 제당업의 운명은 식민 당국의 정책적 영향을 크게 받았다.

인도는 매년 300만 톤을 생산하는 세계 최대의 산당국으로 함밀당 수출국이었으나 본국 영국이 자유무역주의를 취했기 때문에 설탕에 대한 보호관세를 두지 않아 유럽의 사탕무당과 모리셔스와 자바의 조당 수입이 크게 늘어 1880년대에는 수입국으로 바뀌었다. 1880년대 중반까지 수출이 좀 더 많았으나, 1886년과 1890년대 사이는 평균 수입이 약 9만 3천 톤, 수출이 약 5만 3,700톤으로 수입이 훨씬 많아졌다(Kume, 2006: 99). 하지만 적은 수입량을 보면 알 수 있듯이, 수출을 못하게 되었을 뿐이다. 입맛과 기호에 따라 재래당인 다르당 시장이 확고하여 재래 함밀당과 수입 분밀당 시장은 상호 대체성이 낮아 분할되었다. 인도의 재래 제당업은 수출이 끊겨도 내수시장 덕분에 자급력을 유지하였다.

한편 말라야에는 화교들의 재래 함밀당 생산과 근대식 제당창이 한동안 공존했었다. 하지만 1890년대 영국 식민 당국이 말라야의 쌀 수입을 줄이기 위해 농민들에게 쌀 재배를 권장하고 싼 자바당을 사도록 하자 제당업의 경영 환경은 악화되었다. 왜냐하면 영국 본국은 서인도제도와 모리셔스처럼 주요한 산당지를 이미 식민지로 가지고 있었고, 유럽 사탕무당에 대해서도 자유무역 정책을 취했으므로 굳이 말라야 당이 필요가 없었기 때문이다. 일본이 대만 식민지에 대해 사탕수수 재배를 유도하고 쌀 재배를 억제했으나 농민은 두 작물 사이를 갈아타며 최대이익을 꾀하던 '미당상극(米糖相克)'은 말라야에서 역전되어 나타났다(柯志明, 2003).

말라야는 설탕 생산은 줄고, 커피, 고무, 코코넛으로 상품 작물 주력이 바뀌었다. 프랑스령 인도차이나, 즉 베트남에서도 식민지 당국의 정책적 영향을 받아 작종이 개편되었다. 사탕무당 주요 산당국인 프랑스는 사탕수수 재배와 제당업에 관심이 없었다. 따라서 자바당을 수입하는 대신 베트남에서는 쌀, 옥수수, 고무 재배를 장려했다. 필리핀 제당업은 스페인 치하에서는 규모 있는 투자가 이뤄지지 못했다. 1898년 미국의 식민지가 된 이후는 꾸준히 개선되지만, 미국 본국의 사탕무당 생산업자들의 로비(이른바 the sugar-beet lobby)가 필리핀의 근대적 제당업을 지연시켰다(Galloway, 2005. 18).

4. 아시아 산당 지역의 쇠퇴 : 불평등조약체제 하의 독립국

19세기 말까지 아시아에서 독립을 유지한 곳은 태국(시암)과 한, 중, 일 동아시아 3국이다. 이 지역은 공통적으로 식민지가 되는 것은 면했으되, 불평등조약 아래서 관세자주권을 누리지 못했다. 태국의 협정관세율은 3%, 동아시아의 협정관세율은 5%로 1880년대부터 쏟아지는 저렴한 수입 설탕, 즉 자바 조당과 백당, 유럽 정제당(사탕무당), 홍콩 정제당(자당)에 시장을 잠식당했다. 태국의 제당업은 19세기 중반부터 퇴조를 보였는데, 1880년대 중엽이 되면 자바당의 수입 증가로 설탕 수입국으로 바뀐다(Galloway, 2005: 19; 平井健介, 2017: 17).

중국은 1880년대까지 수출국 지위를 유지하여 산당 대국으로 체면치레를 했다. 하지만 1890년대에 들어와 홍콩 정제당 수입이 급증하면서, 1893년을 경계로 설탕 수입국으로 바뀌었다. 그래도 아직은 인도처럼 입맛과 용도의 차이로 조당, 정제당 등 분밀당 수입의 증가가 함밀당을 생산하는 국내 제당업에 큰 영향을 주지 않았다. 그러나 빠른 시일 내에 함밀당과 분밀당 시장의 통합과 대체가 진전되면서 1894년에는 5만 4천여 톤을 수입하더니, 20세기에 진입하자 10만 톤을 넘고, 1920년대에는 80만 톤을 넘어서 아시아 최대의

설탕 수입시장이 되었다.[6]

산당국의 하나였던 일본은 개항 직후 남중국, 대만, 벵골의 재래 함밀당이 크게 늘어 수입국으로 전락했으나, 1868년 국내 설탕 생산량은 3만 톤, 수입은 약 1.4만 톤으로 국내 생산이 어느 정도 이어졌다. 그러다가 1880년대부터 일본 경제의 발전으로 1인당 설탕 소비가 늘어나 시장이 커지고 홍콩 정제당과 유럽 사탕무당 수입이 급증하면서 국내 산당이 수입당에 압도되었다. 1885년에는 국내 생산은 4만 톤, 수입이 6.2만 톤으로 수입이 크게 앞섰다. 1890년대에 들어오면 설탕 수입은 더욱 늘었다. 1894년 설탕 수입량은 13만 톤에 달했다. 그중 7만 톤이 홍콩 정제당이었다(Kume, 2006: 93; 平井健介, 2017: 33). 이듬해 1895년의 설탕 수입량은 13만 6,800톤으로 대금으로 1,332만 엔의 정화가 해외로 유출되었다. 1880년대 수입품목 1, 2위가 수입 면포와 설탕으로 두 종목만으로 총수입액의 절반 가까이를 차지하여, 수입대체와 국내산업 진흥을 위해 1881년 오사카에서 면당공진회(綿糖共進會)가 조직되기도 하였다(강진아, 2004; 2020a). 메이지 정부 역시 자바정청이 19세기 중반에 추진한 것과 마찬가지로, 그러나 수출보다는 우선 수입대체를 위해 국내 제당업 육성에 나섰고, 1870년대와 1880년대에 국영으로 이와테현(岩手縣, 1876년), 홋카이도(北海島, 1881년)에 근대적 사탕무 제당 공장을 건설했다. 그러나 이들 국영 제당 공장은 영업 부진으로 폐업하거나 휴업했다. 민간자본으로는 홋카이도에 1888년 세워진 삿포로 제당주식회사가 있으나 역시 사탕무 공장으로 1895년에 폐업하고 삿포로 맥주에 매수되었다.

---

6 중국의 설탕 수입량 추이에 관해서는 平井健介(2017)의 51쪽 표5(1902-17년), 79쪽 표6(1918-29년), 112쪽 표2(1928-35년)가 천 톤 단위로, 정영구(2019: 172) 표1(1891-94년), 202쪽 부표1(1902-30년)이 담(=60kg) 단위로 정리하고 있다. 정영구의 통계는 해관통계에서 정제당과 백당만 합산한 것이라 1929년 65만 토이고, 平井健介 통계는 아마 각종 설탕을 합산한 것으로 보이는데 山下久四郎(1935, 1936)을 인용하여 77만 7천 톤으로 제시한다. 또 다른 자료는 1929년 중국 설탕 수입 총액으로 14,857,000담, 89만 1,420톤(實業部中國經濟年鑑編纂委員會, 1934: 139), 14,423,000담, 86만 5,380톤("Kuangtung Government Sugar-factory." *Chinese Economic Journal and Bulletin*, 1936.2: 158)으로 제시하는데, 1929년이 피크인 것은 같다.

무엇보다 자바 사례처럼 사탕수수 플랜테이션으로 원료 공급을 확보하고 민간 제당업을 제도적으로 지원할 기반이 없었는데, 그 기회는 1895년 청일전쟁의 전리품으로 대만을 확보하면서 찾아왔다. 또 원료 확보에 못지않게 중요한 전제 조건은 국내 제당업을 보호할 관세자주권의 확보였는데, 1899년 부분적으로 관세자주권을 찾아 수입 설탕에 대해 보호관세를 부과할 수 있게 되면서, 일본은 아시아에서 처음으로 "강제된 자유시장"에서 성공적으로 벗어날 수 있었다.

5. 관세자주권과 설탕

세기 전환기(1898-1902년) 아시아 삼국의 설탕 수입이 수입 총액에서 점하는 비중과 순위를 보면, 일본 9.2%(3위), 인도 6.4%(2위), 중국 5.2%(3위)로 모두 최상위의 수입 상품이 되었다(平井健介, 2017: 17). 동아시아 설탕 시장에서는 조당, 백당을 생산하는 자바, 자바 조당을 정제해서 파는 홍콩, 이 둘을 소비하는 중국, 일본의 삼각 구조가 구축되었다.

유럽 사탕무당의 수입은 유럽 내의 수급 사정이나 정부의 보조금 정책 변화에 따라 선택적으로 아시아 시장까지 풀렸고, 주로는 유럽 내수의 공급이 가장 중요한 목표였다. 반면 자바당과 홍콩당은 오로지 자유무역 체제하에서 가격경쟁력으로 승부하고 전적으로 국제시장 수출을 위해 생산되었다. 마침 세계적으로도 남아 있는 자유시장이 아시아였던 것이다. 따라서 원래 암스테르담, 런던까지 수출하던 자바당도 역내 홍콩에서 대규모 정제당 공장이 연이어 설립되자 원료당은 주로 홍콩 정제당으로 공급하고, 인도와 동남아 각지에는 백당을 소비재로 수출하여, 1890년대 이후 자바당의 시장은 거의 아시아로 한정되었다(Knight, 2010: 479).

아시아 지역 내에서 이처럼 자바-홍콩의 세계적 수준의 근대적 제당 생산 라인이 구축되면서, 재래당 산업이 건재한 인도와 달리 중국과 일본의 설탕 시장에서는 재래 함밀당을 누르고 정제당 시장이 크게 확대되었다. 하지만 거꾸로 보자면, 자바-홍콩 제당 자본의 중·일 두 시장에 대한 의존도 역시 커진 셈이었다.

1890년대까지만 해도 중국 설탕 시장은 국내 재래당 생산이 내수를 채우고 있었고, 1인당 설탕 소비 수준이 낮아 설탕 수입 총량은 일본이 더욱 컸다. 그러나 일본 시장에서는 홍콩당이 유럽 사탕무당과 치열한 경쟁을 해야 했던 데 반해, 중국 정제당 시장은 태고당이 시장의 3분의 2, 이화당이 3분의 1로 거의 독점하고 있었다. 일본 정제당 시장은 1880년대만 해도 수입 정제당의 90%를 홍콩당이 공급했으나, 1890년대 들어와서는 유럽 사탕무당의 시장 진출로 점유율은 엎치락뒤치락했다. 1894년 이화, 태고 두 홍콩당은 요코하마 설탕 수요의 54%, 고베 설탕 수요의 40%를 공급하였다(鍾寶賢, 2016: 60-61).[7]

---

[7] 일본의 정제당 시장에서 이화당과 태고당의 점유율과 우위는 연구자마다 파악하는 바가 크게 다르다. 스와이어 그룹의 역사에 대해서 쓴 마리너와 하이드는 1895년에 이화당과 태고당이 일본의 설탕(아마도 홍콩당) 수입 총량의 각각 71%와 29%를 장악하여 이화당이 우세했다고 기록하고 있는데(Marriner et al., 1967: 103), 마쥬다 역시 마리너와 하이드의 책과 1888년 스와이어 고베 지점 직원의 증언을 인용해서 일본 시장에서 이화당이 우세했다고 쓰고 있다(穆素洁, 2009: 496). 홍콩학자 종보현(鐘寶賢)도 마리너와 하이드의 책과 마찬가지로 1894년 이화당과 태고당의 점유율이 54%, 46%였는데, 1895년에는 이화당이 70% 이상으로 30% 이하의 태고당을 압도하여, 일본 시장에서는 줄곧 이화당이 우세했다고 정리했다(鍾寶賢, 2016: 60, 82). 그러나 스기야마 신야는 1891-94년 사이 이화당은 매년 약 1만 8천 톤(약 30만 담), 태고당은 약 3만 6천 톤(약 60만 담)을 수출해, 태고당이 일본 시장에서 두 배 정도 우세했으며 1892년부터는 이화당을 압도했다고 정리했다(杉山伸也, 2017: 225). 필자는 스기야마의 분석을 지지하는데, 종보현과 마리너가 인용한 수치는 스와이어가 여러 정제당 중에 최고등급 상품에서 점유율이 떨어졌음을 지적할 때 인용한 것이다. 원래 최고등급에서는 이화당이 일본에서는 인기가 많아 점유율이 높지만 1895년에 차이가 더 벌어졌다고 주의를 요하는 스와이어사의 보고서를 전체 품목으로 잘못 확대 해석하였다. 바로 뒤에 낮은 등급 정제당에서는 여전히 태고당이 강세이지만 분발하라는 서술이 나오기 때문이다(John. Swire London → B&S Hong Kong, 1896.2.11., JSS 1-1-12, 런던대학 SOAS 소장 스와이어 당안). 스기야마는 모든 등급의 설탕 전체 점유율로 표를 만들었는데, 그가 인용한 문서를 보면 등급별로 점유율 표가 따로 나오는데 확실히 최고 등급에서는 밀리지만 전체에서는 태고가 우위이다(Taikoo Sugar Refinery Agent Mackintosh → China sugar Refinery Co., 1895.3.11., 3.13, JSS 1-2-7). 이 문서는 태고와 이화가 일본 시장에서 과당경쟁을 지양하기 위해 시장 담합을 논의하면서 왕복한 편지이다. 참고로 스기야마는 매킨토시의 편지를 3월 6일, 14일로 인용했는데 필자가 확인하기로 2월 11일 편지로 착오가 있는 것 같다.

하지만 1895년 일본이 아시아의 주요 산당지역인 대만을 획득하고 1899년에는 관세자주권을 회복하면서 아시아의 설탕 생산과 시장은 크게 바뀌게 된다. 아시아 설탕 시장 전체의 관점에서 보면, 1899년은 아시아 시장에서 자바-홍콩에 이어 또 하나의 원당-정제당 생산기지가 탄생할 수 있었던 결정적인 해였다. 그런데 일본이 학습한 모델은 자바-홍콩 모델이 아니었다. 자바는 네덜란드 식민지, 홍콩은 영국 식민지로 두 지역은 모두 자유시장을 기반으로 성장했다. 그러나 일본은 마침내 '자유시장'에서 벗어남으로써 아시아 역내에서 처음으로 유럽 열강들이 구축했던 식민지 원료당-본국 정제당 체제를 창출할 수 있었다. 정책적으로는 유럽 사탕무당 생산국들이 국내 산업 보호를 위해 썼던 보호관세와 보조금을 기축으로 한 국가 개입형 성장 모델이었다.

그 기획은 대만을 영유하여 원당 생산을 확보할 수 없었더라면 불가능했을 것이고, 관세자주권을 회복해서 막 출발한 국내 제당업을 보호할 수 없었더라면 또한 불가능했을 것이다. 1900년부터 일본은 이 두 가지를 다 확보할 수 있었고, 이 모멘텀이 아시아 설탕 시장에 미친 영향은 처음에는 주요 자유시장이었던 일본의 소멸이었다. 하지만 이후로는 유일하게 남은 자유시장인 중국에서 일본당이 강력한 역내 공급자/경쟁자로 등장함으로써 자바-홍콩 제당업 라인을 크게 흔들고 아시아 역내 설탕 시장 전체를 바꾸게 되었다(강진아, 2020b).

VII. 에필로그 : 20세기, 국가의 시대

19세기가 끝날 무렵, 아시아의 설탕 생산과 소비는 글로벌 경제의 영향을 직접적으로 받으며 재편되었다. 그렇다고 통설처럼 세계 경제에 종속적으로 재편되는 것이 아니라 적어도 1880년대까지 중국과 인도와 같은 전통적 제당업 강국에게는 시장 확대의 기회를 제공했다. 거의 비슷한 시기에 1870년대 공급 과잉, 글로벌 금융위기와 경기 침체가 일어나면서, 국제적 설탕 가격이 폭락했다. 보호무역주의의 대두와 관세보호권을 상실한 불평등조약체제에서 1880년대 아시아 전통당의 수출은 막혔다. 아시아 각 지역은 유럽산 사탕무당의 공세로 국제자본에 종속되는 것처럼 보였다. 그러나 동시에 아시아 내부에서는 세계 2위로 성장한 자바원당이 주력 시장을 유럽에서 아시아 시장으로 전환했으며, 홍콩과 일본에서 근대적 정당업이 발전하기 시작했다. 아시아 내부의 역내 분업이 오히려 위기를 계기로 자극을 받은 것이다. 아시아에는 자바와 대만이라는 2곳의 원당 기지와 이를 정제해서 아시아시장에 판매하는 홍콩, 일본 2곳의 정당 생산거점이 생겨나 사실상 아시아 외부의 설탕을 역내 시장에서 밀어내게 되었다.

하지만 그 기간 역시 길지 않았다. 1900년을 넘어 20세기로 진입하면서 아시아 주력 시장에서 관세자주권을 되찾고 산업보호정책을 통한 국가 주도의 제당업 건설이 본격화되면서 자유시장에 기반한 지역 분업 역시 퇴조하였다. 일본은 보호관세로 1910년대에 홍콩당 등 수입당을 몰아내고 정제당을 자급화하고, 1920년대 이후에는 자바, 대만 원당을 모두 사용하던 일본 정당업계가 보호주의를 강화하면서 가격경쟁력과 상관없이 원료당 공급을 대만 원당으로 자급화하였다. 1930년대에는 중국과 인도 역시 시차를 두고 자유시장에서 벗어나 국가 주도의 설탕 생산과 소비 구조를 추구하게 된다(강진아, 2020a; 2020b; 2022).

19세기와 20세기의 아시아 역내교역과 산업 전환의 특성을 제당업에서 엿볼 수 있다. 자바 설탕 자본, 홍콩과 중국의 양행은 본국 시장이 취약해서, 또는 본국 자본과 경쟁 관계에 있어 보호를 받지 못해서, 유럽 시장에서 경쟁력이 밀려서 등 여러 가지 이유로 모두 "외생적 식민주의(exogenous Colonialism)"를 취할 수밖에 없는 "다국적 디아스포라 상인 자본(transnational diaspora merchant capital)", 필자의 용어로는 "화교(華僑)"와 속성상 비슷한 "구교(歐僑)" 자본이었다. 세기 전환기 아시아 역내교역과 산업구조의 재편은 이러한 디아스포라 자본 주도에서 국가 보호를 받는 민족자본 주도로 바뀌는 과정이었다고 할 수 있다(강진아, 2016; 2022).

또한 보다 장기적으로 설탕의 사례에서 우리는 17세기에 중국 제당업의 선진기술을 도입, 자급화하는 제1차 따라잡기형 발전이 있었고, 19세기에 서구의 기계화된 선진 제당기술을 도입, 자급화하는 제2차 따라잡기형 발전이 있었음을 확인할 수 있었다. 또한 17세기에 자바와 대만이 주요 산당지로 부상하고 일본이 주요 시장으로 등장하면서 기술 자급을 위한 첫걸음을 성공적으로 내딛었는데, 19세기 자바, 대만 원당기지화와 홍콩, 일본 정제당 산업의 발전에서는 더욱 대규모의 지정학적 연속성을 보이는 따라잡기형 발전이 실현되었다. 두 과정에서 아시아적 특징으로 지목할 수 있는 것은 역시 정치 권력의 의식적 기술도입과 시장보호, 자급화의 노력이 여전히 중요했다는 점이다. 이러한 정치적 개입이 아시아 역내무역이 세계시장에 완전히 종속되지 않은 발전을 이룩한 핵심적인 요소였음은 간과할 수 없다. 아시아 역내시장과 무역의 개편은 국가권력의 문제를 포함하여 설명해야만 한다. 마찬가지로 17세기나 19세기나 아시아 역내질서에서 따라잡기형 발전의 관성적 경로에 동요를 가져온 것이 외부 세력, 즉 서구의 참여였다는 점을 상기할 필요가 있다. "국가권력"과 "세계사"적 요소와 연계지어 아시아를 '꽉 채워 상상'할 수 있기를 바란다.

참고문헌

사료

李德弘, 『艮齋集』(전12권) 10卷, 詩, 食沙糖, 1666년 초판(한국역사정보통합시스템 검색), http://www.koreanhistory.or.kr/

丁希孟, 『善養亭文集』(전 4권 2책), 1卷, 詩, 1875년 초판(한국역사정보통합시스템 검색).

『고종시대사』 2집, 1884년(甲申年) 9월 11일(국사편찬위원회 한국사데이터베이스 검색)

연구서 및 연구논문

강진아. 2004. "20세기 초 동아시아 시장과 중국 제당업." 『새로운 질서를 향한 제국질서의 해체』, 290-332. 서울: 청어람미디어.

_____. 2005. "16-19세기 동아시아 무역권의 세계사적 변용 – 따라잡기형 발전 모델의 모색." 『동아시아의 지역질서』, 36-78. 서울: 창비.

_____. 2009. 『문명제국에서 국민국가로』. 서울: 창비.

_____. 2016. "근대 아시아 해양과 과국적(跨國的) 상인 디아스포라의 형성 – '양행(洋行)'에서 '구교(歐僑)'로." 『역사학보』 232, 61-105.

_____. 2011. "근대 전환기 동아시아 사당(砂糖)의 유통구조와 변동 – 조선화상 동순태호를 중심으로." 『중국근현대사연구』 52, 125-146.

_____. 2020a. "근대 동아시아 설탕 시장과 홍콩 제당업 – 상인 디아스포라는 지속 가능한가?" 『역사비평』 130, 381-428.

_____. 2020b. "1930년대 중국의 설탕 전매와 홍콩 태고당방(太古糖房) – 대공황에서 살아남기 - ." 『中國近現代史研究』 85, 93-130.

_____. 2022. "20세기 전반기 아시아 설탕 시장과 "아시아 역내 교역론"의 재고 – 太古糖房 영업 분석을 중심으로." 『역사학보』 253, 295-336.

정영구. 2019. "1902-1930년 중국 백설탕시장의 성격." 『중국사연구』 121, 165-208.

柯志明. 2003. 『'米糖相剋'問米糖相剋─日本殖民主義下臺灣的發展與從屬』. 臺北: 群學出版有限公司.

厉益. 2012. "1602-1740年荷兰东印度公司蔗糖贸易研究." 浙江师范大学世界历史系 硕士学位论文

范毅军. 1983. "廣東韓梅流域的糖業經濟." 『中央研究院近代史研究所集刊校按』1983- 12, 127-161.

實業部中國經濟年鑑編纂委員會. 1934. 『中國經濟年鑑』(中). 上海: 商務印書館.

李倩. 2009. "17世纪荷兰东印度公司远东贸易研究." 浙江师范大学世界历史系硕士学 位论文.

赵国壮. 2020. "论中国糖业经济的'明清变革'." 『社会科学辑刊』2020-3, 161-174.

鍾寶賢. 2016. 『太古之道—太古在華一百五十年』. 香港: 三聯書店(香港)有限公司.

周正庆. 2003. "16世纪中叶以前我国蔗糖业生产概论." 『中国农史』2003-4, 24-30.

角山榮. 1987. 『辛さの文化 甘さの文化』. 東京: 同文館.

戴國輝. 1967. 『中國甘蔗糖業の展開』. アジア經濟調査研究叢書 129. 東京: アジア經 濟研究所.

落合功. 2001. "近世における砂糖貿易の展開と砂糖国産化." 『修道商学』42, 405-454.

山下久四郎. 1935, 1936. 『砂糖年鑑』. 東京: 日本砂糖協會.

杉山伸也. 2017. 『日英経済関係史研究 1860-1940』. 東京: 慶應義塾大学出版会.

川北稔. 1996. 『砂糖の世界史』(岩波ジュニア新書 276). 東京: 岩波書店.

平井健介. 2017. 『砂糖の帝国 – 日本植民地とアジア市場』. 東京: 東京大学出版会.

クリスチャンダニエルス. 1984. "中國砂糖の國際的位置 – 清末における在來砂糖市場 について." 『社會經濟史學』50(4), 411-444.

_____ 2001. "生産技術移轉製糖業を例として." 『アジア交易圏と 日本工業化: 1500-1900』, 69-102. 東京: 藤原書店. (新版)

Claver, Alexander and G. Roger Knight. 2018. "A European role in intra-Asian commercial development: The Maclaine Watson network and the Java sugar trade c.1840-1942." *Business History* 60(2), 202-230.

Smith, Andrew F. 2015. *Sugar: A Global History*, (Edible) Kindle Edition, London: Reaktion Books.

Knight, G. Roger. 2010. "Exogenous Colonialism: Java Sugar between Nippon and Taikoo before and during the Interwar Depression, c. 1920- 1940." *Modern Asian Studies* 44(3), 477-515.

Galloway, J. H.. 2005. "The Modernization of Sugar Production in Southeast Asia, 1880-1940.", *Geographical Review* 95(1), 1-23.

Marriner, Sheila and Francis E. Hyde. 1967. *The Senior John Samuel Swire 1825-1898: Management in Far Eastern Shipping Trades*, Liverpool: Liverpool University Press.

Takashi, Kume. 2006. "Inter-Asian competition in the sugar market, 1890-1939." in A.J.H. Latham and Heita Kawakatsu. eds. *Intra-Asian trade and the world market*, 92-102. London: Routledge.

Sugiyama Shinya. 2001. "Marketing and Competition in China, 1895-1932." in S. Shinya Sugiyama and Linda Grove eds. *Commercial Networks in Modern Asia*, 140-158. London: Routledge.

Sucheta Mazumdar. 1998. *Sugar and society in China: peasants, technology, and the world market*. Cambridge: Harvard University Asia Center(穆素洁 著. 叶篱 译. 林燊禄 校 2009. 『中国的糖与社会 - 农民, 技术 与社会』. 广东人民出版社).

제6장

15~18세기 중국 동남 지역과 해양 질서의 모호성: 류큐(琉球)를 중심으로

조영헌(고려대학교 역사교육과)

I. 문제의식

21세기에 중국 동남지역의 해양 세계에서 가장 논쟁적인 도서부는 크게 두 곳이다. 남중국해에서는 중국이 베트남·필리핀과 분쟁하는 파라셀 군도(Paracel Islands, 중국에서는 西沙群島, 베트남에서는 호앙사군도) 및 스프래틀리 군도(Spratly Islands, 중국에서는 南沙群島라 호칭)의 영유권 문제다. 그리고 동중국해에서는 일본과 분쟁하는 센가쿠 열도(중국에서는 釣魚島)의 영유권 문제다. 모두 독도(일본에서는 다케시마) 영유권 문제처럼 ①오랜 역사적 연원, ②19세기 후반~20세기 전반의 불행한 전쟁의 상흔, ③그리고 대륙과 다른 해양 세계의 특징을 가진 '문제적 공간(controversial space)'이라는 공통점을 지닌다.

최근엔 시진핑 주석이 집권과 동시에 일대일로와 해양 굴기를 주창하면서 남중국해와 동중국해에 대한 배타적인 권역을 확대했고, 그 결과 주변국과 군사적 충돌의 긴장감이 고조되었다.[1] 특히 중국의 해양 진출에 있어 교두보

---

1   중국 공산당의 일대일로와 해양 굴기 정책에 발맞추어 진행되는 중국 학계의 집단적인 연구

와 같은 위치에 자리한 대만에 대한 미국의 지원과 방문이 이어지면서 대만을 둘러싼 일촉즉발의 위기도 고조된 바 있다.

해양에서 벌어지는 영유권 문제가 쉽게 해결의 실마리를 찾지 못하는 이유는 무엇인가? 시간적으로 제1·2차 세계대전 이전과 이후 해양 세계의 질서와 운영 원리가 크게 달라졌고(①과 ②의 간극의 심화), 공간적으로 도서부라는 해양 세계에 대한 인식과 영유권이 대륙 세계와 크게 다르기 때문일 것이다. 반대로 18세기까지의 바다는, 대륙과 달리, 경계가 모호한 "교류의 장"이라는 지정학적 특징을 지니고 있었기에 오늘날의 관점으로 쉽게 이해하기 어렵기는 마찬가지다.

이 글은 19세기 유럽의 패권(hegemony)이 해양 세계를 장악하기 직전, 즉 15~18세기 동중국해와 남중국해에서 해양 질서의 관행과 특징을 파악하고자 한다. 초기 근대(early modern)라고도 불리는 이 시기는 이후 제국주의 확산과 불행한 전쟁의 상흔(②)이 덧입혀지기 직전이자 동양과 서양의 해상 패권이 아직 명확하게 드러나지 않은 시기였다. 따라서 이 시기의 해양 질서에 대한 명확한 이해가 선행되어야 19세기 이후 현대까지 이르는 해양 질서의 재편과 분쟁의 핵심을 정확하게 해석할 수 있고, 더 나아가 대처 방안에 대한 실증적인 근거를 제공할 것이다.

총서로는 楊國楨 主編(2016)의 총10권 세트(1권 海洋文明論與海洋中國, 2권 16-18世紀的中國歷史海圖, 3권 廈門灣的崛起, 4권 鄭成功與東亞海權競逐, 5권 香葯貿易與明淸中國社會, 6권 淸代郊商與海洋文化, 7권 明淸海洋災害與社會應對, 8권 淸代嘉慶年間的海盜與水師 , 9권 臺灣傳統海洋文化與大陸, 10권 淸前期的島民管理, 이 가운데 1권은 양궈전, 2019로 번역됨)와 中國海洋空間叢書로 출간된 4권의 총서(楊國楨 等 著. 2019a; 2019b; 2019c; 2019d), 그리고 2021년에 張海鵬 교수가 총주편을 맡았던 5권 분량의『中国海域史』, 上海古籍出版社, 2021(1권『中国海域史: 总论卷』, 2권『中国海域史: 渤海卷』, 3권『中国海域史: 黄海卷』, 4권『中国海域史: 东海卷』, 5권『中国海域史: 南海卷』)이 대표적이다. 이러한 해양사 총서류에 관통하는 특징은 중국 해양사를 주도하는 廈門大學 楊國楨 교수의『中國海洋空間簡史』서문에 담겨 있는 듯하다. "해양은 인류 미래 발전을 지지하는 전략 공간이며 중화민족이 위대한 "중국몽"을 실현하는데 불가결한 전략 공간이다."(楊國楨, 2019a: 3).

해양 질서를 검토하는 것이기에 기존에 육지를 기반으로 한 질서와는 다른 시점이 요청된다. 이와 관련하여 "내륙을 중심으로 하고 북쪽에 비중을 둔 역사관"을 상대화하고 기존의 "북고남저(北高南低)"의 이해를 역전시키는 발상이 필요하다는 하마시타 다케시(濱下武志)의 주장이 주목된다(하마시타 다케시, 2021: 9) 기존의 대륙 중심적 역사관에서 "바다에서 본 역사"로 관점을 돌려 해양에서 파악하는 대륙까지 염두에 둔 해역사관(海域史觀)(모모키 시로, 2012; 하네다 마사시, 2018)의 입장이면서도 북쪽과 남쪽이라는 방향 감각을 제시하고 있다.

15~18세기 중국 동남지역의 해양 질서에 대해서는 20세기 이래 조공(朝貢)과 해금(海禁)이라는 키워드로 해석하는 경향이 강했다.[2] 하지만 언제부터인가 전근대 중국과 주변국의 관계 혹은 동아시아 국제 질서를 조공 혹은 '조공 체제(tributary system)'로 파악하는 것에 대한 비판이 비등하기 시작했다. 이러한 비판은 대부분 조공 체제라는 구조적 질서로 해석되지 않는 작고 구체적인 사례를 찾아 제시하는 방식으로, 거대 담론의 허점을 파고들었다. 이를 통해 조공 체제라는 다소 이념적인 용어에 얽매여서 제대로 해석되지 않았던 상황과 사례들이 재조명되면서 일원적으로 작동되지 않던 국제관계의 역동성이 부각된 것이 사실이다. 해금에 대해서도, 이와는 어울리지 않는 예외적 교역이나 항구의 개방(및 상인의 진출 허용) 사례를 들어 17세기 후반부터 전면적인 해금이 해제된 것이라는 주장도 있다(Po, 2019; Zhao, 2013).

다만 필자는 페어뱅크(John K. Fairbank, 1907-91)가 제시했던 '조공 체제'라는 개념이 전근대 모든 국제질서를 해석하는 만능 용어가 본래 아니었고, 19세기 '조약 체제'와 대비하기 위해 제시된 가장 대표적인 전근대적 국제질서의 작동 원리였다는 점을 상기하고 싶다. 즉 페어뱅크가 1968년에 편집했던 『중국적 세계 질서: 전통적인 중국의 대외 관계(The Chinese World Order: Traditional China's Foreign Relations)』를 꼼꼼히 읽어보면 그 속에 다양한 반

---

2 Fairbank(1968)에서 제시된 바 있는 19세기 조공 체제(tributary system)에서 조약 체제(treaty system)로의 전환이라는 도식이 대표적이다.

례에 대한 고려가 있는 가운데 상징적 대표 개념으로 조공을 제시하고 있음을 확인할 수 있다(Fairbank, 1968). 약간 다른 맥락에서 조공 체제로 설명되지 않는 더 많은 반례가 발견·축적되었고, 또 분명 조공 체제로 충분치 않은 국제 질서를 누차 확인하고 있음에도 불구하고, 아직 조공 체제를 대신할 수 있는 개념이나 이해의 틀이 공유되지 않는 것은 왜일까?

역사학이 수많은 과거 사례들의 백화점식 나열이 아니라 이러한 사례들을 관통하는 시대 정신과 시대적인 특징을 개념화하는 것이라면, 이제는 조공 체제를 비판하는 단계를 넘어서 이를 대체(혹은 보완)할 수 있는 이론적 틀을 구상하고 그 타당성을 따질 때가 되었다. 특별히 동아시아 해양 질서에 대해서는 더더욱 그러하다.

이러한 문제의식 속에 조공, 해금과 함께 호시(互市) 체제에 대한 일련의 글을 발표해온 이와이 시게키(岩井茂樹)의 연구는 주목할 부분이 많다.[3] 조공 체제로는 15~18세기 동아시아 해양 질서를 포함한 국제질서를 충분히 설명하지 못하는 부분을 해금 체제와 함께 비판하면서, 의례(儀禮)가 동반되지 않는 교역과 무역이 가능한 호시 체제를 그 대안으로 제시하고 있다. 명보다는 청대의 다양한 대외 교역의 형태를 설명함에 있어 호시 체제가 기여하는 바가 적지 않은데, 이는 공식적 책봉 없이도 교역이 이루어지는 일본 및 유럽 국가와의 교역이 증가했기 때문이다.

하지만 반대로 호시 체제로 조선, 류큐, 안남, 동남아를 포함하는 지역과의 관계 및 해양 질서가 명쾌히 해석되는 것은 아니다. 특히 류큐를 중심으로 한 해양 질서를 호시의 질서로, 즉 조공 질서에 대한 전제 없이 설명이 가능할 것인가? 중국 동남부 해양 세계를 유지하는 동력과 관행이 교역과 경제 논리만으로 충분한가? 만약 조공도 호시도 아니라면, 15~18세기 류큐를 중심으로 중국 동남 지역의 해양 세계에서 이루어지는 외교와 교역의 관행과 변용(=해양

3　이와이 시게키(岩井茂樹, 2020)는 저자가 20년 가까이 이러한 문제의식으로 쓴 논문과 새로운 원고 3편을 책으로 묶어 출간한 것이다.

질서)을 어떤 개념어 및 동력으로 이해해야 할까? 이 글은 이러한 문제의식을 가지고 류큐를 중심으로 한 중국 동남부 해양 질서를 재검토해본 것이다.

II. 15세기 정화(鄭和)는 중국 중심의 해양 질서를 구축했는가?

조공 체제 못지않게 역사학계와 이를 넘어서는 지적 세계에서 통념으로 자리 잡은 문제적 인물과 사건이 있다. 바로 15세기 초 정화의 항해를 통해 중국(명나라)이 당시 남중국해에서 중국 중심의 해양 질서를 구축했다는 상식적인 통념이다. 과연 그런가?

이러한 통념을 재고하는 것이 중요한 이유는 이것이 곧 이후 '정화'스럽지 않은 관행과 질서를 "대후퇴(Great Withdrawal)"(부어스틴, 1987: 310-313) 혹은 "내권화(內卷化, involution, 질적 발전이 없는 양적 성장)"(황쭝즈, 2016: 16-42)로 파악하는 기준이 되곤 하기 때문이다. 정화를 통해 중국 중심의 해양 질서가 형성되었다면 논리적인 설명이지만, 전제가 잘못되었다면 이후의 논의 과정이나 결론 역시 오류가 될 수 있다.

좀 더 단도직입적으로 질문해본다. 과연 18세기 이전에 중국 중심의 해양 질서가 구축된 적이 있었던가? 정화의 항해단은 이러한 해양 질서의 원초적인 형태라도 제공했던 것일까? 오래된 질문이긴 하지만, 관련된 질문이 또 있다. 명은 왜 정화 원정단의 규모와 경험을 지속·발전시키지 못했을 뿐 아니라 오히려 위험한 것으로 여기고 숨기려 했을까? 어떤 연구자는 15세기 후반 정화의 '하서양(下西洋)' 관련 자료의 소화(燒火)가 의도적인 기억의 말살 정책이 아니었다는 주장을 하지만(李映發, 2014), 그럼에도 불구하고 정화 사후 반세기도 안 되어 정화 함대의 해양 관련 기록의 상당수가 삭제 혹은 전소되었음은 분명한 사실이다(조영헌, 2021: 78-82). 계승보다는 비(非)계승으로 후대의 역사가 흘러간 것은 정화의 해양 진출이 해양력(sea power)의 상승 국면이 아니라 하강 국면에서 발생했던 대단히 예외적인 현상이었음을 반증한다.

정화의 함대와 원정이 후대의 시각으로 볼 때 분명 놀라운 해양으로의 진출임에는 틀림없지만, 중국의 해양·원양 활동의 절정기는 명나라 때가 아니라 그 이전인 남송과 원(몽골제국) 시기였다(Deng, 1997: 55-58). 세기로는 11세기에서 14세기까지의 3백여 년이 해양력의 전성기였다. 당시 국제도시 광주(廣州)에는 페르시아 상인의 왕래가 빈번했으며, 복건성 천주(泉州)는 도자기 산지로 유명하여 해외로 도자기를 수출하는 '해양 실크로드' 시대를 여는데 기여했다. 송·원 시대에 교역을 위해 천주에 몰려 온 서양인들에게는 이 지역이 '자이툰(Zaitun, 刺桐)'으로 알려졌다(단코나, 2000). 마르코폴로도 『동방견문록』에서 천주는 "세계에서 상품이 가장 많이 들어오는 두 개의 항구 가운데 하나"라고 묘사했다(김호동, 2000: 406).

즉 15세기 전반 정화의 '하서양'[4]은 중국 해양사에서 정점이 아니다. 착시 효과를 일으키는 일시적인 특이 현상으로 보는 것이 적절하다. 오히려 11~14세기와는 확연히 다른 국가급 해양 통제가 본격적으로 가동되기 시작하는 시점에 발생한 사건이었다. 조공과 해금이 통합적으로 운영되었기에 '조공-해금 체제'라고도 부를 수 있는 명나라의 해양 정책(檀上寬, 2013)이 정화 원정을 계기로 더욱 강고해졌다. 이는 해양 세계뿐 아니라 대륙 세계까지 포괄하는 '명 질서'의 기초가 되었다(차혜원, 2020). 하지만 반복하듯, '명 질서'는 해양력을 기반으로 성립된 것이 아니다. 정화의 3차 항해부터 동승했던 마환(馬歡)은 직접 방문하고 견문한 동남아시아와 서남아시아 20여 개국에 대한 기록을 『영애승람(瀛涯勝覽)』으로 남기고, 그 나라들이 "남방의 기이한 보물 멀리까지 조공으로 바치며 은혜를 생각하고 인의를 흠모하며 충성을 맹서했지"라고 노래했으나(馬歡, 2021: 35), '조공국'으로 카운트되었던 이들 나라의 지도자들이 '조공(朝貢)'의 본래 의미를 제대로 이해했을 리는 만무하고 실제 정화 함대

---

4 정화의 항해 시기에 '서양(西洋)'은 보통 인도네시아 자바[闍婆] 섬에서 서쪽에 있는 바다, 즉 인도양을 지칭한다. 유럽을 서양으로 여기게 된 것은 16세기 후반 예수회 선교사들이 중국에 찾아온 뒤의 일이다.

의 왕래가 끊어지고 얼마 되지 않아 그들의 선물('조공품') 외교는 몇십 년도 안 되어 다 끊어졌다(조영헌, 2021: 60).

중국의 해양사 전문가 양궈전(楊國楨)도 정화의 원정에 대해서 "관방이 독점하고 있는 조공 무역을 최고치까지 발휘한 것"으로 이를 통해 "명 왕조의 안전에 유리한 국제적 환경을 조성"했다고 평가하면서도, "정화의 대원정에서 주력 선단의 활동 범위는 송·원 시대 뱃사람들이 이미 아는 동·서 해양 세계의 범위를 벗어나지 않았다"고 일갈했다(양궈전, 2019: 288-291). 즉 정화가 탑승한 보선(寶船)은 송·원 시대 원양 선박의 개량형이었고, 정밀한 나침판과 풍부한 항해지식 역시 모두 송·원 시대 뱃사공들이 축적한 지식을 활용한 것에 지나지 않았다. 정화가 출성 기시로 복건성 징릭(長樂)을 선택한 것도, 복건 장락이 송·원 시대 이래의 원양 해양선의 제조와 수리, 선원 및 통역 모집 등에 유리한 지역이었기 때문이었다. 송나라 시기에 중국의 상선들이 이미 정기적으로 동남아 및 인도와 교역을 했다는 기록이 조여괄(趙汝适)의 『제번지(諸蕃志)』에 남아있고, 이러한 전통이 원나라 시기 왕대연(汪大淵)의 『도이지략(島夷志略)』으로 계승되었다(汪大淵, 2022; 趙汝适, 2019). 마환의 『영애승람』은 『제번지』와 『도이지략』으로 이어지는 송·원 시대의 해양 견문록 계보와 서술 방식에서 크게 벗어나지 못했다.

따라서 15세기 이후 중국 동남부의 해양 질서는 정화와 큰 상관 없이 조공과 무역(혹은 호시)의 동력이 중첩되고 혼용되면서 형성된 것으로 보아야 한다. 일견 '모호'하게 보이는 해양 질서의 특징은 정화의 원정이라는 착시 현상을 걷어내어야 비로소 그 진상(眞相)에 대한 가늠이 가능해진다. 물론 해양세계에서 발생하는 교류에는 '조공'이나 '무역'으로도 포함되지 않는 '약탈'이라는 요소도 중립적으로 다루어져야 한다(슈하이미, 2020: 18). 이는 정화가 왕래했던 말라카와 같은 항구도시뿐 아니라 이 글이 주목하는 섬나라 류큐에도 동일하게 적용된다. 유럽의 해양사는 해적 없이는 서술이 불가능할 정도인데, 이는 약탈이 일상적으로 발생하는 해양 세계의 특징을 적극적으로 고려했기 때문이다. 그래서 한 연구자는 해양사의 장애물로 "지표면의 육지 공간만이 실제라고 보는 공인되지 않은 가정", 즉 육지중심적인 관점을 지적한 것이다(레디커, 2021: 16). 일본의 해역사 연구자들이 해상(海商)이 아니라 '해적(海賊)'이라고 불리는 집단의 교역 활동을 오래전부터 긍정적으로 해석해온 것도 이와 맥을 같이한다(稲賀繁美, 2017; 松浦章, 2003; 豊岡康史, 2016). 다만 이 글이 주목하는 15~18세기 류큐의 해양 질서를 논함에 있어서 약탈보다 조공과 무역의 혼종성을 부각하는 것은 약탈에 대한 간과가 아니라 실제 류큐의 해양 세계에서 조공과 무역이 약탈보다 더 많은 비중을 차지하고 있기 때문이다.

III. 해양 질서의 모호성 (1) : '만국진량(萬國津梁)의 시대'

정화의 '신화'를 걷어내고 류큐를 중심으로 한 중국 동남부 해양 질서를 생각하면 명쾌하기보다는 '모호'한 국면이 드러난다. 이에 대한 섣부른 개념 규정을 유보하며 중국 동남부 해양 세계의 질서를 우선 '모호성'으로 부르고자 한다. 그리고 이러한 모호성을 잘 보여주는 사례로, 대륙의 중국과 섬나라인 일본과 밀접한 관계를 맺었던 류큐의 삼각관계부터 살펴보고자 한다. 류큐 사례는 대륙과는 사뭇 다른 대단히 모호한 해양식 주권 개념과 교역의 필요에 따라 모호하게 변화하는 다원주의적 시각, 그리고 경제 논리와 안보 논리가 절묘하게 절충된 관행을 보여준다.

먼저 소개하고자 하는 기록은 1534년 명에서 류큐의 책봉사 정사(正使)로 파견된 진간(陳侃, 1489-1538)이 귀국 후 기록했던 『사유구록(使琉球錄)』의 한 구절이다. 이 기록은 류큐로 파견된 책봉사들의 첫 번째 견문록이자 이전까지의 문헌 기록을 정리한 위에 생동감 있는 견문 내용이 추가되어 이후 류큐에 대한 기록의 전범이 되었다(夫馬進, 1998: 11). "류큐로의 사행은 다른 국가들과는 다르다. 안남(安南)이나 조선(朝鮮)으로의 사행은 조칙(詔勅)을 낭독한 후에 사행 업무가 종료된다. 육로(陸路)로 이동하기에 업무가 끝나면 바로 돌아올 수 있고 오래 머물 필요가 없다. (하지만) 류큐는 해외(海外)에 있기에 북풍(北風)을 기다려야 귀환이 가능하니, 인력(人力)으로 어찌할 수 있는 것이 아니다."[5] 류큐로의 사행이 지닌 조선 및 안남과의 차별점으로 왕복하는 경로의 차이, 즉 왕래가 쉬운 육로와 달리 인력으로 어찌할 수 없는 해로의 특성을 꼽았다. 인력으로 통제가 가능한가의 여부가 핵심이다. 육지에서 인식하는 해양 질서의 특성이자 '모호성'의 배경이 된다.

15~18세기 류큐의 역사는 1609년을 분기 삼아 크게 두 시기로 구분된다. 1609년은 일본 사쓰마(薩摩)의 시마즈씨(島津氏)가 철포(鐵砲)로 무장한 3천여 명의 군사를 류큐에 파견하여 침공한 해이다. 당시 류큐의 쇼네이(尚寧, 1564-1620) 왕과 고위 관리는 사쓰마의 수도 가고시마로 끌려가 항복문서를 제출했다. 사쓰마는 류큐의 북부 5개 섬을 합병하고, 이후 중국 등 외부 지역과 교역을 하려면 사쓰마의 허락을 받도록 강요했다. 따라서 사쓰마의 침공 이전인 1372년에서 1609년까지는 중국과의 일원적인 조공-책봉 관계가 유지되던 시기이고, 그 이후인 1609년부터 1879년까지는 일본과 중국 양국에 동시에 복속된 시기였다. 1879년 류큐는 일본에 강제 합병되면서 일본에 완전히 복속된다. 이 글은 이전 시기를 '만국진량(萬國津梁) 시대'로, 이후 시기를 '중·일 양속(中·日 兩屬) 시대'로 부르고자 한다.

먼저 1372~1609년까지의 시기를 '만국진량의 시대'로 부르는 이유부터 설명하고자 한다. '만국진량'이란 '여러 나라를 잇는 교량'이라는 뜻으로, 1458년 류큐의 수도인 슈리성(首里城)의 정전(正殿)에 걸린 종의 이름이었다. 이 '만국진량의 종'은 쇼타이큐(尚泰久, 재위 1454-60) 왕이 건립한 것으로, 이름 그대로 명의 조공 질서에 편입된 직후 동아시아 해양 세계에서 가교 역할을 수행하는 류큐의 위상을 단적으로 보여준다. 종에 새겨진 명문(銘文)을 옮기면 다음과 같다.

---

5   陳侃, 『使琉球錄』, 「使事紀略」:197, "使琉球, 與使他國不同. 安南、朝鮮之使, 開讀詔敕之後, 使事畢矣; 陸路可行, 已事遄返, 不過信宿. 琉球在海外, 北風而後可歸, 非可以人力勝者."

류큐 국은 남해의 이름난 지역으로 삼한(三韓, 한국)의 빼어남을 모아 놓았고

대명(大明, 중국)과 '덧방나무와 수레바퀴'[輔車: 떨어질 수 없는 밀접한]

와 같은 관계이면서

일역(日域, 일본)과도 '입술과 치아'[脣齒]와 같은 관계이다.

류큐는 이 두 나라[중국과 일본] 사이에 솟은 봉래도(蓬萊島, 낙원)이다.

선박 왕래를 통해 만국의 교량이 되고 외국의 산물과 보배는 온 나라에 가

득하다.[6]

15세기 중엽 류큐의 국제적 위상을 과시하는 듯한 명문에 따르면, 당시 류큐는 조선-명-일본을 연결하는 해양 세계의 교량이라는 정체성을 보여준다.

여기서 류큐가 '만국진량'이 될 수 있었던 기폭제가 중국, 즉 명과의 조공-책봉 관계의 형성에 있었음을 상기할 필요가 있다. 동시에 해양 세계에 대해서 명이 조공과 함께 해금 정책을 강제하고 있었음이 류큐의 부각에 중요하다. 잘 알려져 있듯, 명의 홍무제가 집권 초기에 '주도적으로' 주변국에 사절을 보내면서 여러 나라와의 조공-책봉 관계가 형성되었다.[7] 류큐 역시 1372년 홍무제가 류큐왕 사토(察度, 1350-1395)에게 사절을 보내면서 공식적인 관계가 시작되었다. 2년 뒤 사토왕은 자신의 동생 타이키(泰期)를 공물과 함께 중국에 보내 중국의 종주권을 인정하는 대신 교역권을 얻어냈다. 흥미롭게도 명은 류큐를 조공-책봉 관계로 포섭한 초기에 거대한 해상 진공선(進貢船)을 무상으로

6　 "琉球國者 南海勝地 而鐘三韓之秀 以大明爲輔車 以日域爲脣齒 在此二中間涌出之蓬萊嶼也 以舟楫爲萬國之津梁 異産至室 充滿十方利"(국립고궁박물관, 2014: 175)

7　 원의 몰락과 함께 재정립된 명 중심의 대외 관계는 대부분 명이 먼저 주변국으로 사절을 보내면서 조공-책봉 관계가 재개되거나 형성되었다. 이는 통상적으로 제후국 또는 주변국이 먼저 중앙의 중국으로 책봉을 요청하면서 이루어지는 조공-책봉 관계와는 사뭇 다른 양상이다. 고려와의 관계나 일본과의 관계에서도 동일한 현상이 발생했고, 대부분의 주변국도 유사했다. 이는 그만큼 몽골족을 쫓아내고 한족 국가를 회복한 명의 개창자인 홍무제의 입장에서 새로운 정통성 확보를 위한 주변국과의 관계 설정이 급박했음을 보여준다.

류큐에 제공할 정도로 적극적이고 호의적이었다. 류큐는 명으로부터 받은 거대한 선박을 가지고 동남아 지역으로의 교역을 진행할 수 있었다(다카라 구라요시, 2008: 96-102).

오키나와 출신의 역사학자 다카라 구라요시(高良倉吉)는 류큐에 대해서 "명조의 조공국이 됨으로써 또 유력한 중국 상품을 자기 손에 넣음으로써 류큐 왕국은 무역을 통해서 단숨에 아시아의 국제 사회에 등장한 것"이라고 평가했다(다카라 구라요시, 2008: 97). 당시 조공-책봉 체제는 종주국인 명과 조공국 두 나라 사이에의 관계에만 그치지 않고 조공국 사이의 네트워크로 확산될 수 있었기 때문이다. "류큐는 이 네트워크를 활용하여 조선 및 동남아시아 여러 나라와 외교와 무역을 활발히 전개하게 된 것"이었다(다카라 구라요시, 2008: 67). 따라서 류큐가 개척한 교역 루트의 범위는 명조와 책봉을 맺은 여러 나라로 그 범주가 확대 가능했다. 〈그림 1〉의 류큐 대외 교역도(14-16세기)를 보면 15세기 류큐의 교역 루트가 명의 책봉국 범주와 정확히 일치하고 있음을 확인할 수 있다(국립고궁박물관, 2014: 174). 즉 이 시기 류큐의 해양 교역은 '중국(종주국)-류큐(조공국)'의 양국 관계를 넘어서 '류큐-여러 조공국', 즉 조공국 간의 관계로 확산했다. 이를 두고 한 연구자는 명나라가 동남 지역 해양 세계와의 교역을 류큐라는 조공국(에이전시)에게 외주(아웃소싱)로 해결한 것이라고 묘사했다(Smits, 2019: 64-68). 이는 중개인(에이전시)을 세워 지역사회의 상업과 교역 문제를 해결하는 것에 익숙했던 후기 중화제국이 지닌 통치 방식의 특징과도 일맥상통했다(이스트만, 1999, 173-188).

이는 해양 세계에서 류큐의 지리적 위치가 힘을 발휘한 결과다. 류큐는 동중국해의 주변부를 구성하면서도 "일찍이 동중국해와 남중국해를 연결하는 중개적 작용을 수행"하는 교차점에 자리잡고 있다는 점이 중요했다(하마시타 다케시, 2021: 9-10). 16세기 중국에서 해양으로 진출하는 경로로 따지자면, 일본 및 류큐와 연결되는 북양(北洋) 노선과 동남아 및 인도양과 연결된 서양(西洋) 노선을 중개하는 지점에 류큐가 위치했다(브룩, 2018: 248-253). 전형적인 해양 세계 중계무역의 결절점(node)이었다.

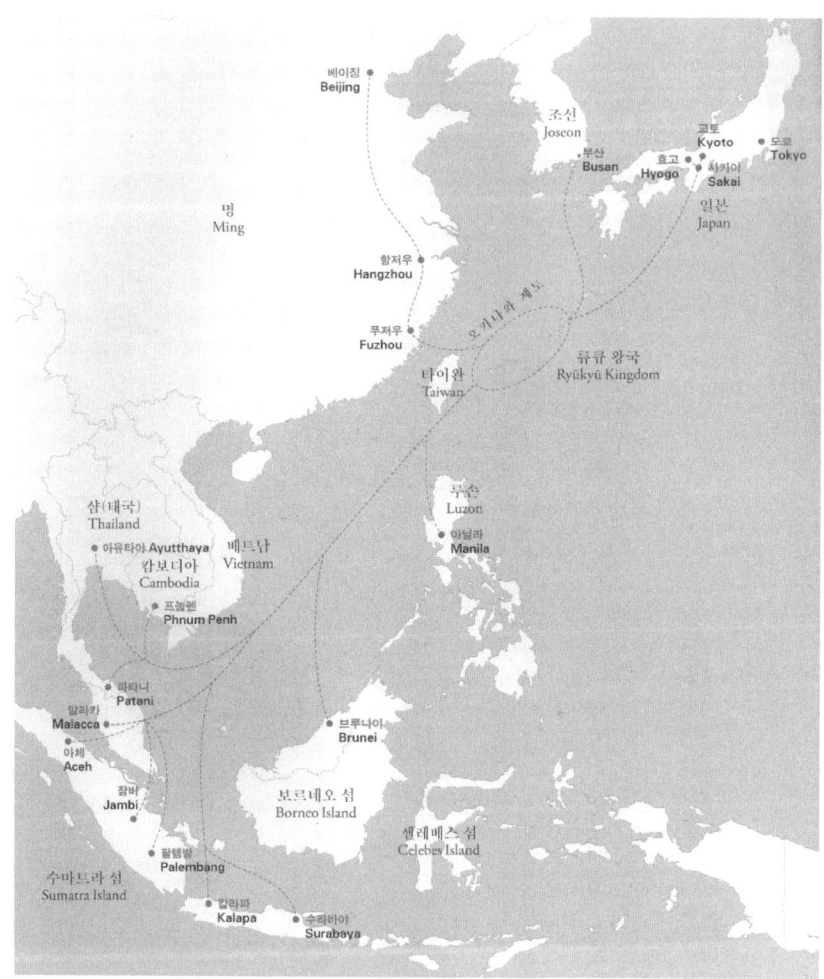

그림 1 류큐의 대외 교역도(14세기 말−16세기)
출처: 국립고궁박물관(2014: 174)

이상과 같은 '만국진량의 시대'를 유지하는 두 요소에 주목할 필요가 있다. 하나는 형식이고 다른 하나는 내용에 해당한다.

첫째는 조공과 책봉이라는 외교 질서의 형식으로, 앞서 언급한 바와 같다. 공권력이 동반되지 않는 단순한 형식처럼 보이지만, 바다로 연결된 14~15세기 여러 국가 및 항구도시의 집권자들에게 이보다 더 '안전한' 신뢰의 연결망은 찾기 어려웠다. 다만 이러한 연결망의 신뢰성은 16세기 후반까지만 효력을 유지했다. 1567년 복건성 장주(漳州)의 월항(月港)에서 '동양'과 '서양'을 향한 중국 상인의 진출이 허용되면서 홍무제 이래 강제되었던 해금 정책이 효력을 상실하기 시작하자[8] '만국진량'이라는 류큐의 우월한 지위 역시 점차 유명무실해졌다. 따라서 '만국진량의 시대'를 유지시킨 첫 번째 요소인 조공-책봉이라는 형식은 중국의 해금 정책이 실효성을 담보할 때만 그 효력을 십분 발휘했다고 보아야 한다.

둘째는 '만국진량'의 형식을 채우는 실질적인 구성원인 류큐 구메무라(久米村)의 화인(華人)들이다. 이들은 류큐와 중국을 연결할 뿐 아니라 류큐와 동남아시아를 연결하는 플레이어(player)였다. 조공 네트워크라는 외적 형식을 활용했지만 이에 국한되지 않고 동남아 지역에 산재한 화인 네트워크까지 직극 활용했다는 점이 주목된다.

구메무라는 중국과의 교역 거점인 나하(那覇)항 인근에 위치했다. 나하는 류큐의 수도인 슈리성과 연결된 항구로, 15세기 초반 주잔(中山)의 근거지인 우라소에(浦添)가 함락되고 슈리성 건설 및 천도가 이루어지면서 부각되었다. 당시 남잔(南山)·주잔·호쿠잔(北山) 세 정권이 다투던 산잔(三山) 시대가 종식되고, 통일된 류큐 왕국이 성립되었다. 이후 1451년 나하항에 석교(石橋)를 포함한 물자 수송의 통로를 만들어지면서 나하는 도성 외항으로의 기능을 확보하고 슈리성과 더욱 긴밀해졌다(池田榮史, 2009). 슈리성의 나하는 서쪽의 믈라카와 함께 동아시아 해역의 교역 네트워크에서 대단히 중요한 양대 허브 항구가 되었다. 조공 무역에 직접 참여하기 힘들거나 동남아까지 항해할 수 있는 선박을 소유하지 못한 일본 상인들도 일본 물건을 가지고 나하까지만 오면 풍부한 중국과 동남아시아 상품을 입수하고 교역에 참여할 수 있었다(다카라 구라

---

8 당시 월항 개항은 기존의 강력한 해금 정책에 대한 완화 내지는 폐지를 요구하던 복건성 연해민들의 요구가 반영된 것이지만, 복건 상인들의 출항이 허락될 뿐 외국 상선의 입항은 여전히 금지되었다. 또한 당시 해상 교역이 '동양'과 '서양'에 해당하는 대부분이 지역으로 개방되지만 유일하게 일본과의 교역은 여전히 금지되었는데, 이러한 해양 교역 개방에서 일본의 배제가 지닌 중요성 및 20여 년 후 임진왜란의 발생에 미친 영향은 조영헌(2017) 참조

요시, 2008: 112-115). 신숙주(申叔舟, 1417-75)의 『해동제국기(海東諸國記)』에 수록된 〈유구국지도(琉球國之圖)〉에 기재된 나하항 인근의 '구면리(九面里)'가 구미촌(九米村, 구메무라)에 해당했다(申叔舟, 2017: 37[윤용혁, 2020: 282-283에서 재인용]).

구메무라의 화인들을 통상 "민인삼십육성(閩人三十六姓)"이라고 부른다. 명 초기에 복건성에서 온 이들로, 명 황제로부터 "사성(賜姓)"을 받은 36개 성씨(姓氏) 집단이라는 뜻이다. 당시 류큐에 거주하는 화인들의 기록을 보면 이름만 있고 성이 없었는데, 구메무라의 화인들에게는 성이 부여되었다는 것이다. 신속(臣屬)한 외지인에게 성을 부여하는 "사성"은 한(漢)나라 이후 지속된 의식으로, 영락제가 14세기 후반 거세하고 신속했던 무슬림 정화(본래는 馬氏)에게 정씨(鄭氏)를 사여한 것은 널리 알려진 사실이다(鄭鶴聲・鄭一鈞, 2005: 1-2) 최근의 한 연구에 따르면, 구메무라인들은 명 초에 한꺼번에 이주하여 36개의 성을 부여받은 것이 아니라 지속적으로 이주한 공동체이고, 따라서 "민인삼십육성"이라는 표현은 후대의 각색(脚色)이라고 분석한다(方寶川 외, 2021) 그 가운데는 원말・명초의 동란을 피해서 간 사람, 명에서 선박을 잘 다루던 사람, 해상 무역에 종사하며 '통사(通事)' 역할을 했던 사람, 그리고 명 중기에 명조가 파견했던 사신 가운데 일부도 포함되어 있었다. 이들이 모여 사는 공동체가 구메무라를 형성했기에 '생존형' 이민자와 '발전형' 이민자가 뒤섞여 있었다. 성씨도 정확히 36개가 아니었다. 다만 조공 무역에 참여하도록 명 조정의 승인을 얻었으며 거주지인 류큐에서도 예우를 받았으므로 이러한 "사성" 이야기가 만들어지고 유포될 수 있었다.

그럼에도 불구하고 구메무라인들이 황제로부터 성을 부여받았다는 수식(修飾)이 중요한 이유는 "사성"이야말로 조공 네트워크에서 국가 공인을 상징하는 기제로 작용했기 때문이다. 의례를 통해 공인(公認)을 얻게 되면 해상 교역에 있어 안전을 확보할 수 있었다. 15~16세기 동아시아 해양 세계는 경제 논리만이 아니라 이념적 헤게모니와 결부된 안전(안보) 논리가 공존하고 있었다. 이는 19세기의 해양 질서와 관념으로는 이해하기 어려운 질서였다. 불안정한 해양 세계에서 조공이라는 헤게모니를 쥐고 있는 명의 공인을 받는 것은 교역의 대상에게는 신뢰를 부여할 수 있는 증표 그 자체였다. 구메무라인들을 활용하면 해상에서 해적으로 돌변할 수 있는 불안한 이들에게 의존하지 않으면서도 해상 세계에서 필요한 물자를 원활히 구할 수 있었다.

구메무라의 화인들은 류큐 조정에 행정과 새로운 조선술을 전수하면서 류큐와 중국 사이의 조공과 교역을 매개했다. 『역대보안(歷代寶案)』에 수록된 외교문서는 구메무라인의 손으로 작성된 것이고, 조공선을 타고 여러 나라에 파견된 사절단 가운데 지도층이나 통역관, 그리고 무역선(조공선)을 실제로 조종하는 인원 가운데 구메무라인들의 비중이 높았다. 그들 가운데 일부는 명의 공식 직함도 받았기에, 그들은 사실상 류큐에 기주하는 명의 주재원이나 다름없었다. 조공 네트워크의 힘이다.

하지만 구메무라의 화인들은 조공 네트워크 외에 다른 동남아 해양 지역에 체류하던 중국인들과 연결된 화인 네트워크를 활용함으로써 명이 필요로 하는 물자를 공급하는데 큰 어려움을 겪지 않았다. 당시 동남 중국해의 해양 질서를 원활하게 유지시켜 준 네트워크는 조공 네트워크가 아닌 화인 네트워크로, 나하항 근처의 구메무라와 같은 화인 공동체는 류큐에만 있던 것이 아니라 '동양'과 '서양' 주요 지역에 광범위하게 존재했다. 15세기 전반기 정화 함대의 '서양' 순방은 이러한 화인 네트워크에 활력을 제공했다. 가령 정화의 방문 이후 믈라카가 인도네시아, 말레이반도, 태국으로 연결되는 지역 교역망의 거점항이자 교역 강대국으로 급성장했다. 이때 형성된 믈라카와 명의 활발한 교역은 1511년 포르투갈이 믈라카를 점령할 때까지 근 백 년 동안 지속되었다(강희정·송승원, 2021: 81-82). 정화 함대는 '미답지(未踏地)'인 '서양'이 목적지였기에 이미 책봉 국가로 편입되어 있던 류큐까지 순방국에 포함시키지 않았지만, 해상 세계에서 '만국진량'이라는 류큐의 위상은 조공-책봉이라는 관계망을 '서양'까지 확산시킨 정화의 네트워크와 연결되어 있었다. 류큐는 조공 네트워크와 화인 네트워크를 모두 겸비했기에 15~16세기 복건성(중국), 조선, 일본, 그리고 동남아시아 지역의 '여러 나라를 잇는 교량'의 기능을 십분 발휘

할 수 있었다.[9]

IV. 해양 질서의 모호성 (2) : '중·일(中·日) 양속(兩屬) 시대'

'만국진량의 시대'(1372-1609년)는 하나의 네트워크만으로 설명이 어려운 시대였다. 게다가 중국의 해금 정책이 효력을 발휘하던 시기였기에 오히려 조공 네트워크와 화인 네트워크의 결합이 더 큰 시너지를 발휘할 수 있었다. 만약 이 시기에 자유로운 해상 교역이 허락되었다면 '여러 나라를 연결하는 교량'이라는 류큐의 기능은 오히려 효력을 발휘하기 어려웠다. 강력한 통제가 자력(磁力)을 발휘하던 배경에서 다수의 네트워크가 류큐를 매개로 연결의 빛을 보았기에, 일견 '모순'적이라고밖에 표현할 수 없는 메카니즘이다.

실제 해금이 완화되고 복건에서 해외로 진출할 수 있는 월항이 1567년 개항하면서 류큐의 독보적인 위상이 하락했음은 앞서 언급한 바와 같다. 류큐 사료인 『역대보안』에서 류큐와 동남아시아 사이의 공식 무역에 대한 기록 역시 1570년대부터 사라졌다. 16세기 중엽 서일본의 해상세력이 동중국해에서 일어나는 밀무역과 약탈에 가담하기 시작하면서 류큐의 중요성은 약화되었다. 이른바 '후기 왜구'로 불리는 해상 세력과 휘주 출신 해상(海商, 특히 왕직(王直)과 허씨(許氏) 4형제 등)이 결합하여 절강성 주산군도(舟山群島)에 자리한 쌍서(雙嶼)항이 밀무역항으로 번영하면서 류큐의 중계무역 역시 타격을 받은 것이다. 물론 17세기에도 일본과의 무역 및 화인 해상들의 밀무역으로 류큐는 중계무역 기능이 사라진 것은 아니지만, 더 이상 '만국진량'과 같은 위세를 회복하는 것은 어려웠다(하네다 마사시, 2018: 161-162, 179, 197).

1609년 사쓰마의 침공 이후 류큐는 사쓰마에 복속하게 된다. 그런데 류

---

9 류큐와 일본과의 문서 교환과 외교에서는 13세기경 류큐에 건너온 일본 승려가 구메무라 중국 인과 같은 역할을 감당했다(다카라 구라요시, 2008: 115).

큐는 기존에 유지하던 중국에 대한 조공-책봉 관계를 중단하지 않았다. 사쓰마의 합병 이전인 1372년에서 1609년까지는 중국과의 일원적인 조공-책봉 관계가 유지되었다면, 1609년부터 일본이 류큐를 강제로 병합하는 1879년까지는 일본과 중국 양국에 동시에 복속된 시기였기에, 이후 시기를 '중·일 양속(中·日 兩屬) 시대'로 부른다. 류큐 역사에서는 '일지양속(日支兩屬)'이나 '막번제 하의 류큐' 혹은 '막번체제 속의 이국(異國)'이라고 표현하는 대단히 '모호'한 270년이었다. 이러한 '모호성'이 모순적인 앞선 시대에 이어 중국 동남 지역 해양 질서의 특징이라 할 수 있다.

　'중·일 양속 시대'의 모호한 특징은 외교 관계에서 극명하게 표출되었다. 기령 1609년 침공 이후 사쓰마는 류큐의 북부 5개 섬을 힙병하고, 나하 항에 일본인을 배치시켜 중국을 비롯한 외국과 교역을 하려면 사쓰마의 허락을 받도록 강제했다. 1613년에는 류큐가 다른 나라와 관계 맺는 것을 금지하고, 1621년 쇼네이 왕이 사망하자 사쓰마의 승인을 받아야 류큐 왕이 될 수 있다는 법령을 내렸다. 이러한 사쓰마의 태도는 이전 시대 중국이 조공 제도를 강요했던 것과 유사했다. 그런데 사쓰마에 항복과 복종 문서를 제출한 류큐는 1610년과 1612년에 명에 조공을 보내는 등 이후로도 계속 중국으로의 조공을 중단하지 않았다.[10] 즉 류큐는 중국(명)에 일본의 통치를 받게 되었다는 사실을 공식적으로 숨기며 명과의 조공 관계를 유지한 것이다. 명조의 멸망(1644년) 후에는 청조(淸朝)의 책봉까지 받고 조공 관계를 유지해 나갔다. 청대에 편찬된 『명사(明史)』, 「외국전」의 류큐 관련 기록을 보면, 명의 북경과 남경이 모두 함락되고 남명(南明) 정권이 들어선 상황에서도 조공 사절 파견을 지속하니 "천조(天朝)를 경건하게 받드는 것은 외번(外藩) 가운데 최고"라고 일컫

10　당시 류큐에서 복건으로 파견한 사신과 진공선 가운데 두 척이 1612년 음력 7월 제주도 대정의 모슬포에 표착했다. 사로잡힌 8명 가운데 한 명인 마희부(馬喜富)라는 자는 "자못 중국어를 할 줄 알았다"고 하며 "유구국 도성 안에 사는 자"라고 했는데, 복건과 류큐 사이의 조공 무역을 담당했던 구메무라인으로 판단된다(宋廷奎, 2015: 25).

어졌다(동북아역사재단, 2011: 304). 류큐로서는 나름의 생존 전략이라 생각하고 중국과의 조공 관계가 끊어지지 않도록 노력한 것이다.

놀라운 것은 일본 역시 류큐의 이러한 이중적 태도에 대해서 무력이나 강제 조치를 취하지 않았다는 사실이다. 오히려 일본은 류큐를 합병한 지 3년 뒤인 1612년 명에 파견하는 조공단을 배후에서 조종했다. 공물에 일본 생산물이 섞여 있었고, 조공 사절 중에도 다수의 일본인이 포함되어 있었다. 당시 일본의 노림수는 류큐를 통해 공식적으로는 불가능했던 중국과의 (조공) 무역을 추진하는데 있었다(후마 스스무, 2019: 135-137). 그러면서도 류큐에 대한 일본의 통제는 이어져서, 1634년에 류큐 왕국은 일본의 봉건 영지가 되었고 왕은 지역 관리자로 강등했다. 하지만 1644년 명에서 청으로의 왕조 교체 이후 막부와 사쓰마는 각자의 입장에서 일본-류큐 관계를 청에 계속 은폐하려고 했다. 그리고 중국인이 류큐에 표류할 경우 그들을 나가사키로 보내지 않고 직접 복건성 복주(福州)로 송환하도록 변경했는데 이 역시 일본-류큐 관계가 누설될 가능성을 줄이기 위함이었다(아라노 야스노리, 2019: 191-195). 류큐를 통해 일본은 조공-책봉 체제에 포섭되지 않으면서도 조공 네트워크와 연결된 교역의 욕구를 일부나마 해소할 수 있었다. 조공무역 체제에 참가하지 않으면서도 동아시아의 교역권에서 필요한 물자를 확보하는 전략에 나가사키와 쓰시마를 비롯해 류큐까지 활용했다고도 볼 수 있다(요시노 마코토, 2005: 210-211). 1879년의 류큐 처분에 의해 류큐 왕국이 붕괴하고 '오키나와현'이 설치될 때 오키나와현 설치를 둘러싸고 류큐, 일본, 중국 3자가 분쟁한 것도 그 이전 270년 동안 류큐 왕국이 일본에 완전히 복속되지 않았음을 반증한다(다카라 구라요시, 2008: 181-182). '모순'적이면서 '모호'한 관계가 '중·일 양속 시대'에 류큐-일본-중국 사이에 형성된 것이다.

더 놀라운 것은 중국 측의 모호한 반응이다. 본래 조공-책봉의 원리에 따르면 일본에 복속한 류큐의 조공을 중국이 꾸짖거나 거절하는 것이 마땅하지만, 그러지 않았다. 이를 거절할 경우 그 배후에 있는 일본이 류큐에 이어 대만이나 중국 연안까지 침범하여 또 다른 우환이 될 것을 염려했기 때문이다. 그

나마 2년마다 조공하도록 했던 기존의 공기(貢期)를 10년마다 1회로 늘리는 조치를 취한 것이 전부인데, 이 역시 1633년 다시 2년 1공으로 회복되었다. 그래서 후마 스스무(夫馬進, 2019: 135-147)는 이후 중국과 류큐 사이의 조공과 책봉을 '허구의 조공'이자 '허구의 책봉'이라 불러야 한다고 주장했다. 같은 맥락에서 복건 출신 관료들의 모호한 대책, 즉 류큐의 일본 복속에 대해 굳이 언급하지 않으면서 일본이 배후에 있는 류큐의 조공을 단절하지 않는 대책은 "일본의 침략을 미연에 방지한다고 하는 실로 훌륭한 외교정책"이라고 평가했다.

하지만 1609년 일본의 류큐 침공 및 복속 소식을 접한 명의 인사 가운데 우려의 목소리가 없던 것은 아니다. 가령 1611년 이일화(李日華, 1565-1635)의 일기에는 설상성 해염현(海鹽縣) 지현이 방문하여 류큐에 대한 최신 정보를 전달해주었다는 기록이 있다. 그리고 "류큐는 중국의 조공국이므로 그냥 내버려 두어서는 안 된다. 파병까지는 할 여유가 없더라도 주변의 섬들을 근거지로 삼게 하여 그 신민(臣民)에게서 류큐 부흥의 기운이 일어나기를 기다렸다가 서로 호응하여 계략을 꾸며야 할 것이다. 이 일은 복건과 광동의 두 순무(巡撫)가 나서서 해결해야 할 것으로, 아무런 반응을 하지 않아서 먼 곳의 오랑캐로 하여금 중국은 믿을 만하지 못하다고 생각하게끔 만들어서는 안 된다."는 지현의 언급을 인용했다(李日華, 1996: 157). 1598년 진사에 합격한 복건인 동응거(董應擧)는 1612년 일본이 배후에 있었던 류큐 사절단이 복건에 도착했을 때 이미 류큐가 일본에 복속된 사실을 알고, 복건성을 통해 교역의 물꼬를 트려는 일본의 의도에 말려들지 않기 위해서 해금을 다시 엄격하게 실시해야 한다고 주장했다. 또한 1616년 나가사키(長崎)의 대관(代官) 무라야마 도안(村山等安)이 대만에 선단을 파견하여 큰 소동이 벌어지자 동응거는 일본의 침략 노선이 조선(임진왜란)과 류큐(1609년의 류큐 침공)를 거쳐 대만의 계롱(鷄籠)으로 확산한 후 결국 중국의 복건과 절강 연해로 연결될 것임을 예측했다.[11]

11 　동응거가 1612년 무렵 해금 강화를 주장한 내용은 董應擧, 『崇相集』, 疏1, 「嚴海禁疏」: 17-20을 참조하고, 일본의 공략 노선을 조선 → 류큐 → 대만 → 중국 동남연해지역으로 분석한

그럼에도 불구하고 중국이 류큐에 대해서 모호한 태도를 취하기로 가닥을 잡은 것은 후금 세력과의 대결로 인한 여력의 부족이라는 상황도 작용했지만, 결국 중국측 해양력의 한계를 인지하고 있었기 때문일 것이다. 정화 함대의 거점이었던 복건성 연해 지역인 장락현(長樂縣) 출신의 사조제(謝肇制, 1567-1624)는 『오잡조(五雜組)』에서 "류큐는 나라가 작고 빈약(貧弱)하여 자립이 어렵다. 비록 중국의 책봉을 받고 있다고는 하나, 동시에 왜(倭, 일본)에 신복(臣服)하였다. 왜의 사절로서 오는 자가 끊이지 않아 중국의 사절과 서로 뒤섞여 있다. 대체로 왜는 류큐와 영토가 연결되어 있어 공격하기가 매우 쉽다. 중국은 대해(大海)를 건너 류큐를 구해낼 수 있을까?"라고 회의적인 입장을 표출했다(謝肇制, 2001: 82)[12]. 복건 출신으로 내각수보(內閣首輔)까지 올랐던 섭향고(葉向高, 1559-1627) 역시 일본의 의도가 중국에 대한 침략이 아니라 "교역의 개통[通市]"에 있음을 잘 알고 있지만, 류큐를 병합하고 대만의 계롱과 담수(淡水)를 점거하며 중국에 접근하는 일본에 대해서 "이를 구축(驅逐)하려 해도 할 수 없고 막으려 해도 방비하기 어려운 것"이라는 인식을 하고 있었다(葉向高, 2000: 326).[13]

요컨대 류큐가 일본의 침공을 받아도 중국이 언뜻 구원군을 파견하기 어려운 이유는 대해를 건너야 하는 어려움 때문이었다. 여기에는 해양 세계의 질서를 좌우할 해군력의 한계와 함께 해양에 대한 근본적인 두려움이 깔려 있다. 1600년을 전후로 중국에는 중국 동남지역을 혼란에 빠뜨린 왜구, 북경까지 공격 목표로 두었던 히데요시의 조선 침략(임진왜란), 그리고 동남 해양 지역을 진입하기 시작하는 유럽의 무장 세력(포르투갈, 스페인, 네덜란드)이라는 세 가지 요소가 '바다에 대한 두려움'을 증폭시켰다(조영헌, 2021: 175-186). 임진

내용은 董應舉, 『崇相集』, 書3 「與翰璧老」: 525-526을 참조

12　謝肇制, 『五雜組』, 卷4. "琉球國小而貧弱, 不能自立, 雖受中國册封而亦臣服于倭, 倭使至者不絶, 與中國使者相錯也, 蓋倭與接壤, 攻之甚易, 中國豈能越大海而援之哉."

13　葉向高, 『蒼霞續草』卷20, 「答丁撫臺」, "閩人多言, 倭之志在于通市, 不在入寇, 據其情理, 似亦近之, 然通市是決不可行之說, 誰敢任此, 今所慮者彼既吞琉球, 漸而據鷄籠淡水, 去我愈近, 驅之則不能, 防之則難備"

왜란이 발생할 때 육로를 통한 명군의 파병이 조선으로 수월하게 이루어졌던 것과 대조된다. 이는 1534년 류큐에 사신으로 파견되었던 진간이 앞서 언급했듯, "류큐는 해외에 있기에 … 인력으로 어찌할 수 있는 것이 아니."는 우려 섞인 언급과 정확히 맥을 같이 한다. 다만 중국 입장에서는 "이백여 년 동안 공순했던 나라를 단번에 거절하는 것은 멀리서 온 나라를 순복·교화하는 바가 아니"라는 명분으로 수식했다(葉向高, 2000: 322).

이처럼 '중·일 양속 시대'에 류큐-일본-중국 사이에 모호한 외교관계가 전개되자, 그 사이에 끼여 있던 조선 역시 류큐와 모호한 관계를 취할 수밖에 없었다. 명에 대해 동일한 조공국 지위를 지닌 조선과 류큐는 조선 전기까지만 해도 교류가 활발한 편이었다. 다만 류큐에서 조선으로 보낸 사신 가운데 위사(僞使) 문제가 반복적으로 발생하자 1530년대 이후부터 조선과 류큐 사이의 직접 왕래는 끊어지고 북경을 통한 우회적인 방법으로의 통교로 전환되었다. 즉 북경에서 만난 조선과 류큐의 사신 사이에서 문서 왕래 및 표류민 전달 등이 이루어졌다(하우봉 외, 1999: 42-72). 하지만 1609년 일본의 류큐 침공 소식이 전해진 이후부터 조선과 류큐의 관계는 점차 소원해지기 시작했다. 자문(咨文) 형식의 외교문서를 주고받는 것도 1638년이 마지막이었다. 이후 조선과 류큐의 관계는 1879년까지 명확한 통교나 명확한 절교 없이 애매한 관계를 유지했다. 이전과 달리 북경에서 만날 때에도 양국 사절은 대화도 거의 나누지 않고 기묘할 정도로 서먹서먹하게 지냈다(후마 스스무, 2019: 120-200). 류큐가 일본에 복속되었다는 사실을 누구도 먼저 말하고 싶지 않았기 때문이다. 이 사실이 공론화되었을 때 예상되는 난처한 상황을 회피한 것이다.

하지만 당시 일본의 류큐 복속은 동아시아 국제 사회에서 '공공연한 비밀'이었다. 이는 1801년 연행사로 북경을 방문했던 유득공(柳得恭, 1748-1807)이 귀국 후 남긴 『연대재유록(燕臺再遊錄)』에도 잘 나타난다. 당시 유득공은 북경에서 외교적 의례를 관장하던 홍려시(鴻臚寺)에서 류큐 사신을 만났는데 필담이 아니라 중국어로 간단한 소통을 했다. 류큐 사신들이 한시도 짓지 못할 뿐 아니라 한자도 잘 모른다고 답변했기 때문인데, 실제 상황인지 의도적인 회피인지는 불명확하다. 이에 유득공은 지난해(1800년) 류큐에 부사(副使) 자격으로 다녀온 중국인 이정원(李鼎元, 1750-1805)을 만나 류큐에 대한 정보를 캐물었다. 그 대화 기록을 보면 유득공도 류큐가 일본에 복속되었음을 알고 있었고(비록 정확한 지식은 아니지만), 이에 대해 이정원은 "왜놈에게 소속되었다는 사실은 그 나라 사람들이 심히 비밀로 삼고 있기 때문에 기록에 들어가지 못한 거지요"라는 사실을 알려주었다. 즉 1609년 이후 류큐가 일본에 복속되어 있다는 사실이 '공공연한 비밀'로 외교 현장에서 공유되고 있었음을 알 수 있다(구지현, 2016: 157-158).

　　이 시기에 유포된 '류큐 왕자의 제주도 살해설' 역시 애매하고 모호한 당시의 국제적 상황의 산물이라 생각된다. 이는 1611년 류큐의 왕자가 제주도로 표착했는데, 당시 제주목사 이기빈(李箕賓)은 판관 문희현(文希賢)과 공모하여 제주에 표류한 류큐 선박을 약탈하고 탑승한 왕자 등을 모두 살해했다는 설이다(민덕기, 2010: 264-271).『조선왕조실록』에는 이기빈과 문희현이 남경(南京)과 안남(安南)인들이 타고 온 상선(商船)의 재물에 욕심이 생겨 탑승자들을 살해하고 배를 전소한 후 이를 왜구의 배라고 속여서 보고했던 일로 기록된 부분과, 표류해 온 류큐국 왕자를 죽이고 재화를 몰수했다고 기록된 부분이 모두 남아있다.[14] 문학계에서는 후자에 신빙성을 두고 추론이 이루어지기도 하지만(설성경, 2004: 289-299), 역사학계는 류큐측 기록에 관련된 내용이 없기에 이 기록은 일종의 '전설'이나 혹은 남중국해에서 활동하던 중국인·안남인의 상선이 류큐의 왕자가 타고 온 선박으로 둔갑한 것으로 이해하는 편이다.[15]

14　『광해군일기』권50, 광해4년(1612) 2월 10일과『인조실록』권8, 인조3년(1625) 1월 8일을 각각 참조

15　최근 '류큐 왕자의 제주도 살해설'에 대한 기존 조선의 기록을 망라적으로 분석한 홍진옥은 1611년 제주도에 표착한 선박은 류큐 왕자의 선박이 아니라 안남과 일본을 오가던 무역선으로 추정했다. 그리고 이후 1612년 류큐 백성들의 제주도 표류 사건, 일본의 류큐 침공과 허균의 역모 사건, 그리고 인조 정권의 정치적 의도 등이 복합되어 '류큐 왕자 살해설'이 이후 여러 문학작품으로

홍미로운 사실은 '류큐 왕자의 제주도 살해설'이 이후 해양 세계에 유포되어, 바다를 왕래하는 이들에게 사실처럼 수용되었다는 점이다. 당시 동·남중국해에서 표류했던 여러 이들의 기록에 '류큐 왕자의 제주도 살해설'은 계속 등장하는데, 가령 제주도 애월읍 출신의 선비 장한철(張漢喆)이 1770년 류큐에 표류한 후 남긴『표해록』에 따르면, 1611년 류큐 왕국의 태자가 제주목사에게 살해당했다는 사실을 언급하며 "이때부터 유구와는 화친이 끊어졌다고 하오. 유구 사람들이 제주 사람을 보면 어찌 복수하려는 마음이 없겠소?"라고 기록했다. 그리고는 자신들이 제주 사람이라는 흔적이 드러나지 않도록 "뱃사람들이 차고 있던 호패를 모두 바닷속에 던져 버리도록" 했다(張漢喆, 2018: 53-54, 62).[16] 1611년으로부터 2배 년 가까이 이러한 전설이 유포되고 '사실'처럼 인식된 배경에 류큐를 중심으로 한 해양 질서의 모호성이 영향을 준 것이 아닐까? 1609년 이후 조선과 류큐 사신 사이의 서먹해진 관계와 사실상 단절된 양국의 모호한 상황은 확인되지 않은 사실마저 '공공연한 비밀'로 유포될 수 있는 최적의 상황이 되었다. 이는 홍길동이 세운 율도국(栗島國)이 류큐라는 이야기가 생성·유포될 수 있었던 상황, 『홍길동전』의 저자로 인정되는 허균(許筠)이 '친유구' 인물로 분류되어 유구국이 조선을 침공할 것이라는 유언비어를 유포한 죄목 등으로 사형까지 이르게 되는 상황과 무관하다고 볼 수 없을 것이다.

요컨대 '중·일 양속의 시대'에 나타나는 외교적 모호성은 경제·군사적 힘에 우위를 점하지 못했던 일본 중심의 해양 질서가 이전 질서를 완전히 대체하지 못한 과도기적 상황을 반영한다. 모호하지 않은 새로운 질서는 1879

형상화될 수 있었다고 한다(홍진옥, 2016).

16   한편 호남 사람이었던 김려휘(金麗輝) 등이 1663년(현종4) 제주도를 출발하여 류큐에 표류했다가 일본의 사쓰마를 경유하여 송환되었을 때의 기록에는 '류큐 왕자 제주도 살해설'에 대한 언급이나 두려움이 없다(송정규, 2015: 86-98). 1726년 류큐로 표류했던 제주 백성 김일남(金日南) 등은 일본이 아니라 류큐의 조공선을 타고 복건성과 대운하를 경유하여 조선에 귀환했다. 당시 복건 복주의 유구관소(琉球館所)에 소록국(蘇祿國, 인도네시아)에서 온 사신이 방문하였는데, 이를 통해 소록국으로 표류했던 복건상인의 이야기도 들을 수 있었다(鄭運經, 2008: 104-122).

년의 류큐 처분으로 류큐가 일본의 오키나와현으로 편입된 이후에야 형성되었다. 그 이전까지 근세 일본의 대외인식 역시 본조(本朝, 일본), 당(唐, 중국), 서양(西洋)의 공존이라고 부를 수 있는 다원적인 세계관으로, 중화사상에 근거한 중국의 일원적 세계관과는 확실히 차이가 있었다(아라노 야스노리, 2019: 95-96). 이러한 다원적 세계관은 15~18세기 동아시아 해양 세계에서 모호한 관행이 형성·유지되는 사상적 배경이 된다. 류큐는 정치적·이념적 힘(조공 질서)의 자장 속에서 새로운 경제·군사적 힘(호시 질서)이 절충되고 혼합된 해양 질서를 보여주는 좋은 사례였다. 다른 말로 "두 개 또는 복수의 통치와 운영 원칙이 병존하는" 류큐의 역사적 특징이라 할 수 있는데, 하마시타 다케시(2021: 11)는 "다(多)제도적이고, 다(多)주권적이며, 다(多)외교적인 상황"으로 묘사했다. 강진아(2015: 479-482)는 조선의 사대교린 사례까지 포함하여 이 시기 평화롭게 유지된 동아시아 질서를 '편의적인 오해의 질서'라고 불렀다. 이글에서 강조한 해양 질서의 모호성은 다중적인 헤게모니가 공존하며 자의적인 해석을 묵인하는 질서의 다른 표현이라 할 수 있다.

V. 맺음말

같은 지역의 역사를 고찰함에 있어 해양을 시야의 중심에 두면 대륙을 중심으로 볼 때와는 다른 면이 많이 보인다. 가장 큰 유익은 '중국중심주의(sino-centrism)로부터 거리두기'라고 할 수 있다. 동아시아 혹은 아시아 해양사에 대한 논저에서 활용하는 지도를 일람해보면, 그 지도의 중심이 육지가 아닌 것을 다수 발견하게 된다(하네다 마사시, 2018: 148, 253; 하마시타 다케시, 2021: 53, 56). 이는 해양사이기 때문에 의도적으로 바다를 지도의 중심으로 잡은 것이 아니다. 지구의 70%를 차지하는 해양을 나머지 30% 대륙과 함께 고찰하는 과정에서 도출되는 자연스러운 중심점의 변화이다.

　　오늘날 그런 해양사 지도만 그런 것이 아니다. 대략 1608년 무렵에 동중국해와 남중국해의 해양 세계를 왕래하던 중국 상인의 주문으로 제작되었을 것으로 추정되는 〈셀던의 중국 지도〉도 그 중심점은 대륙이 아니라 복건성과 대만 사이의 바다에 찍힌다. 영국 옥스퍼드대학 보들리안 도서관에 소장된 이 지도를 다각도로 분석한 티모시 브룩은 지도 제작자가 "자신의 항해 지침서 데이터를 근거로 항로를 먼저 그린 뒤 주변 해안선을 그렸"으므로, 이 지도는 "항로를 보여주는 해도(海圖)"라는 결론에 도달했다. 제국의 의도나 영유권 주장을 위한 지도가 아니라 철저하게 상업적인 항해도로 그려졌기에, 1608년 무렵에 그려진 지도치고는 동남아시아의 해양 지역이 놀랍도록 현재 모습과 일치했다(브룩, 2018: 327-361). 이처럼 해양에 주의를 기울인 동아시아 지도의 중심이 광활한 중국 대륙이 아니기에 해양사의 논점 역시 중국 혹은 조공 체제로 논의의 출발점이나 종점을 삼지 않아도 된다. 마치 유럽중심주의(euro-centrism)라는 도식에서 탈피함으로써 다양한 세계사의 모습을 복원할 수 있듯, 중국 중심주의로부터 거리두기를 함으로써 다양한 동아시아(아시아)상을 복원할 수 있을 것이다.

15~18세기 류큐를 중심으로 한 동남 중국의 해양 질서에서 조공 네트워크는 III장에서 강조했듯 불가결한 요소임에 틀림없다. 여기에 16세기 중엽까지 중국의 해금 정책이 효력을 발휘했기에 중국뿐 아니라 동남아 각지와 연결된 조공 네트워크의 결절점에 위치한 류큐는 '여러 나라를 연결하는 교량(=만국진량)'의 기능을 십분 발휘할 수 있었다. 하지만 조공 네트워크와 조공·해금의 논리로 '만국진량의 시대'를 온전히 설명할 수 없다는 것이 대륙과 다른 해양 질서의 특징이다. 즉 류큐는 조공 네트워크라는 외적 형식을 활용하면서도 이에 국한되지 않고 동남아 지역에 산재한 화인 네트워크까지 유연하게 활용했다. 이 과정에 복건성에서 류큐 나하항으로 이주한 구메무라인들의 역할이 중요했다. 15세기 전반기 정화 함대의 '서양' 순방은 동남아 각지로 연결된 화인 네트워크에 활력을 제공했고, 그 동력은 조공보다 교역의 욕구에 가까웠다. 일본은 1609년 류큐를 침공하여 복속시킴으로써 조공-책봉 체제에 직접 포섭되지 않으면서도 조공 네트워크와 연결된 교역의 욕구를 일부나마 해소

할 수 있었다. 류큐와 일본이 모두 일본의 류큐 복속을 동아시아 국제 사회의 '공공연한 비밀'로 유지한 것도 조공 네트워크와 화인 네트워크가 혼합된 해양 질서의 모호성을 한껏 활용하며 교역의 욕구를 충족하기 위함이었다. 중국 역시 이처럼 변용된 관행을 바로잡을 수 있을 만한 해양력을 결여했기에 '공공연한 비밀'을 굳이 폭로하지 않으며 해양 질서의 모호성을 유지했다.

하지만 바다로부터 보는 역사에 유의점이 없는 것이 아니다. 해양사로 해양 질서를 강조하다 보면 부지불식간에 일본 중심의 역사 해석으로 경도될 위험이 높다. 가령 '해역사(海域史)'라는 표현은 정확하게 일본이라는 섬나라 입장에서 동아시아와 아시아사를 서술하기에 적합하도록 설계된 일본 맞춤형 (japan-customized) 관점이다. 호시 체계 역시 일본사를 중심으로 동아시아의 국제질서를 설명하기에 안성맞춤이다. 도서부의 역사(일본, 오키나와, 대만, 필리핀 등)만 살핀다면 큰 모순점이 없어 보이지만, 대륙부(중국, 시암, 안남, 버마, 그리고 한반도까지)에 적용할 때는 잘 맞지도 않을뿐더러 편향적이다.[17] 무엇보다 동아시아 세계에서 전쟁과 평화를 규율하는 외교적 장치로 기능했던 조공–책봉의 의미를 놓치게 된다(이삼성, 2009: 441). 가령 하마시타 다케시는 "연해(沿海), 환해(環海), 연해(連海, 항만도시)의 세 가지 요소에 의해 성립된 해역 세계는 육지와는 다른 다원성·다양성·포섭성을 가진 개방적인 다문화 시스템의 세계"였다고 평가했다(하마시타 다케시, 2021: 58-59) 하지만 과연 육지 세계는 이러한 다원성, 다양성, 포섭성이 결여된 폐쇄적인 세계라 말해도 좋은가? 장성(長城)으로 상징되는 대륙 문화는 그렇다고 볼 수 있지만, 내륙의 대운하 네트워크는 연결성(connectivity), 융합, 다양성을 역사 속에서 구현해 왔다(조영헌,

---

17 가령 역사적으로 영파(寧波, 혹은 明州)라는 도시의 역사성을 서술할 때, 해역사 관점을 지닌 일본 학자들은 내륙과 운하로 연결된 교역 도시라기보다는 연해 및 해양 세력(특히 일본)과의 교역으로 성장한 도시로 파악하는 경향이 강하다(高津孝 編, 2013 등) 특히 나가사키 교역에서 영파 상인의 중요성을 강조한다. 영파를 일본과의 교역 없이 서술할 수는 없겠지만, 이러한 해역사의 서술이 과연 실제 영파를 삶의 터전으로 두고 살았던 사람들의 관점을 균형 있게 반영하고 있는 것인지는 의문이다.

2022).

　　류큐를 둘러싼 15~18세기 해양 질서가 모호하게 느껴진 것도 실상 교역의 논리만으로 명쾌하게 해석이 되지 않는 부분이 존재했기 때문이다. 구메무라인이 포함된 화인 네트워크의 활력이 조공보다는 교역을 통해 공급된 것은 사실이지만, 조공 네트워크의 안정성 없이 효력을 발휘하기 어려웠다. 구메무라인들이 황제로부터 성을 부여받았다는 "사성"은 조공 네트워크에서 국가 공인을 상징했고, 이는 불안정한 해양 세계에서 교역의 대상에게는 신뢰를 부여할 수 있는 증표였다. 또한 1609년 이후에도 경제·군사적 힘에 우위를 점하지 못했던 일본 중심의 해양 질서가 류큐에서 이전 질서를 완전히 대체하지 못했기에 '중·일 양속의 시대'에도 외교적 모호성은 유지되었다.

　　요컨대 15~18세기 동아시아 해양 세계는 교역의 논리만이 아니라 이념적 헤게모니와 결부된 안전(안보) 논리가 공존하고 있었다. 이는 19세기의 해양 관념으로는 모호하다고밖에 표현하기 어려울 정도로 다중적인 헤게모니가 공존하는 공간 속의 질서이자 관행이었다. 이처럼 류큐 사례는 대륙과는 사뭇 다른 대단히 모호한 해양식 주권 개념과 교역의 필요에 따라 모호하게 변화하는 다원주의적 시각, 그리고 경제 논리와 안보 논리가 절묘하게 절충된 관행을 보여준다.

참고문헌

사료

동북아역사재단 편. 2011. 『明史 外國傳 譯註1 - 外國傳 上』. 서울: 동북아역사재단.

董應擧. 2000. 『崇相集』(『四庫禁毀叢書刊』 集部 102. 北京: 北京出版社)

馬歡 저. 홍상훈 역주. 2021. 『영애승람(瀛涯勝覽) 역주』. 서울: 동문연.

謝肇淛. 2001. 『五雜組』. 上海: 上海書店出版社

宋廷奎 저. 김용태·김새미오 역. 2015. 『해외문견록: 제주목사 송정규. 바다 건너 경
        이로운 이야기를 기록하다』. 서울: 휴머니스트

申叔舟 저. 허경진 역. 2017. 『해동제국기(海東諸國記)』. 파주: 보고사.

葉向高. 2000. 『蒼霞續草』(『四庫禁毀叢書刊』 集部 125. 北京: 北京出版社).

汪大淵 저. 후지타 토요하치(藤田豊八) 교주. 박세욱 역주. 2022. 『바다와 문명 : 도이
        지략(島夷志略) 역주』. 경산: 영남대학교출판부.

李日華 著. 1996 『味水軒日記』. 上海: 上海遠東出版社

張漢喆 저. 김지홍 역. 2018. 『장한철 표해록』. 서울: 지식을만드는지식.

鄭運經 저. 정민 역. 2008. 『탐라문견록. 바다 밖의 넓은 세상』. 서울: 휴머니스트

鄭鶴聲·鄭一鈞 編. 2005. 『鄭和下西洋資料彙編』 上中下. 北京: 海軍出版社

趙汝适 저. 박세욱 역주. 2019. 『바다의 왕국들 : 『제번지(諸蕃志)』 역주』. 경산: 영남
        대학교출판부.

陳侃 『使琉球錄』. 2011. 「使事紀略」(沿海形勢 及海防編委會 編. 『海疆文獻初編 : 沿海
        形勢及海防. 第3輯』. 第18冊. 北京: 知識産權出版社).

연구서 및 연구논문

강진아. 2015. "조공질서와 한중관계: 데니는 왜 청한론을 저술했는가?." 한국고등교
        육재단 편. 『중국. 새로운 패러다임: 18인 석학에게 묻다』, 474-506. 파
        주: 한울아카데미.

강희정·송승원. 2021. 『신이된 항해자: 21세기 말레이 세계의 정화 숭배』. 광주: 국립
        아시아문화전당.

구지현. 2016. "청나라 문사의 유구 경험과 조선으로의 유전 -이정원(李鼎元)과 유득

공(柳得恭)을 중심으로-.”『연민학지』 25, 145-164.

국립고궁박물관. 2014.『류큐 왕국의 보물』(국립고궁박물원특별전). 서울: 국립고궁
　　　박물관.

김호동 역주. 2000.『마르코폴로의 동방견문록』. 서울: 사계절.

다카라 구라요시(高良倉吉) 저. 원정식 역. 2008.『류큐 왕국』. 서울: 소화.

단코나, 야콥 저. 오성환·이민아 역. 2000.『빛의 도시』. 서울: 까치.

레디커, 마커스 저. 박지순 역. 2021.『대서양의 무법자: 대항해 시대의 선원과 해적
　　　그리고 잡색 부대』. 서울: 갈무리.

모모키 시로(桃木至朗) 편. 최연식 역. 2012.『해역아시아사 연구 입문』. 서울: 민속원.

민덕기. 2010.『조선시대 일본의 대외 교섭』. 서울: 경인문화사.

부어스틴, 대니얼 J. 저. 이성범 역. 1987.『발견자들(The Discoverers)˙ 세계를 탐험
　　　하고 학문을 개척한 창조정신의 역사』(1). 서울: 범양사.

브룩, 티모시 저. 조영헌·손고은 역. 2018.『셀던의 중국 지도: 잃어버린 항해도 향료
　　　무역 그리고 남중국해』. 서울: 너머북스

설성경. 2004.『홍길동전의 비밀』. 서울: 서울대학교출판부.

슈하이미, 파라하라 저. 정상천 역. 2020.『말라카』. 서울: 산지니.

아라노 야스노리(荒野泰典) 저. 신동규 역. 2019.『근세 일본과 동아시아』. 파주: 경인
　　　문화사.

양궈전(楊國楨) 저. 김창경 등 역. 2019.『해양문명론과 해양중국』. 서울: 소명출판.

요시노 마코토(吉野誠) 저. 한철호 역. 2005.『동아시아 속의 한일 2천년사』. 서울: 책
　　　과함께.

윤용혁. 2020.『한국과 오키나와-초기 교류사 연구』. 서울: 서경문화사.

이삼성. 2009.『동아시아의 전쟁과 평화1 : 전통시대 동아시아 2천년과 한반도』. 파
　　　주: 한길사.

이스트만, 로이드 저. 이승휘 역. 1999.『중국사회의 지속과 변화. 1550~1949』. 서울:
　　　돌베개.

조영헌. 2017. “명 후기 月港 개항과 임진왜란.”『사총』 90, 83-126.

_____. 2021.『대운하 시대 1415-1784: 중국은 왜 해양 진출을 ‘주저’했는가?』. 서
　　　울: 민음사

_____. 2022. “대륙 문명과 해양 문명의 접점 베이징과 접선 대운하.”『명청사연구』

58, 99-138.

차혜원. 2020. "명 질서와 청 질서." 동북아역사재단 북방사연구소 편. 『주제로 보는 조선시대 한중관계사』, 19-60. 서울: 동북아역사재단.

하네다 마사시(羽田正) 편. 고지마 쓰요시(小島毅) 감수. 조영헌·정순일 역. 2018. 『바다에서 본 역사: 개방. 경합. 공생-동아시아 700년의 문명 교류사』. 서울: 민음사.

하마시타 다케시(濱下武志) 저. 임상민·이상원 역. 2021. 『오키나와 입문: 아시아를 연결하는 해역 구상』. 서울: 소명출판.

하우봉·손승철·이훈·민덕기·정성일 저. 1999. 『朝鮮과 琉球』. 서울: 아르케.

홍진옥. 2016. "'琉球 세자 살해설'과 김려의 〈유구왕세자외전〉." 『대동한문학』 47, 121-169.

황쭝즈(黃宗智) 저. 구범진 역. 2016. 『중국의 감춰진 농업혁명』. 과천: 진인진.

후마 스스무(夫馬進) 저. 신로사 외 역. 2019. 『조선연행사와 조선통신사』. 서울: 성균관대학교출판부.

方寶川·徐斌·張沁蘭. 2021. "'閩人三十六姓'移居琉球史料鈎沉及其史實考析". 『海交史研究』 2021-3, 1-12.

楊國楨 主編. 2016. 『中国海洋文明專題研究』. 北京: 人民出版社

楊國楨 等著. 2019a. 『中國海洋空間簡史』. 北京: 海洋出版社

_____. 2019b. 『中國海洋資源空間』. 北京: 海洋出版社

_____. 2019c. 『中國海洋權益空間』. 北京: 海洋出版社

_____. 2019d. 『中國海洋戰略空間』. 北京: 海洋出版社

李映發. 2014. "鄭和下西洋檔案幷非劉大夏燒燬──明代劉大夏銷毀鄭和下西洋檔案考辨". 『西華大學學報』(哲社版) 33(5), 22-28.

高津孝 編. 小島毅 監修. 2013. 『くらしがつなぐ寧波と日本』(東アジア海域に漕ぎだす 3). 東京: 東京大學出版會.

張海鵬 主編. 2021. 『中国海域史』. 上海: 上海古籍出版社

檀上寛. 2013. 『明代海禁＝朝貢システムと華夷秩序』. 京都: 京都大學學術出版會.

稲賀繁美 編. 2017. 『海賊史観からみた世界史の再構築: 交易と情報流通の現在を問い直す』. 京都: 思文閣出版.

夫馬進 編. 1998. 『〈使琉球錄〉解題及び研究』. 京都: 京都大學文學部東洋史研究室.

松浦章. 2003.『中國の海商と海賊』. 東京：山川書店.

岩井茂樹. 2020.『朝貢、海禁、互市：近世東アジアの貿易と秩序』. 名古屋：名古屋大学出版会.

池田榮史. 2009. "琉球における港灣と都市". 天野哲也·池田榮史·臼杵勲 編.『中世東アジアの周縁世界』, 1-10. 東京：同成社

豊岡康史. 2016.『海賊からみた清朝：十八~十九世紀の南シナ海』. 東京：藤原書店.

Deng, Gang. 1997. *Chinese Maritime Activities and Socioeconomic Consequences. c.2100 B.C.-A.D. 1900*. Westport. Conn.: Greenwood Press.

Fairbank, J. K. ed.. 1968. *The Chinese World Order: Traditional China's Foreign Relations*. Cambridge: Harvard University Press.

Po, Ronald C.. 2019. *The Blue Frontier : Maritime Vision and Power in the Qing Empire*. Cambridge, United Kingdom ; New York, NY: Cambridge University Press.

Smits, Gregory. 2019. *Maritime Ryukyu 1050 - 1650*. Honolulu: University of Hawaii Press.

Zhao, Gang. 2013. *The Qing Opening to the Ocean : Chinese Maritime Policies. 1684-1757*. Honolulu: University of Hawaii Press.

. . . .

제7장

카르트朝 말릭 샴스 앗 딘을 통해 본 13세기 중·후반 몽골 제국의 세계 질서

김석환 (서울대학교 동양사학과)

I. 머리말

1259년 4대 대칸 뭉케가 남송 원정 도중 사망하면서 몽골 제국은 유례없는 큰 혼란을 맞이하였다. 제국을 이끌어나갈 최고통치자의 부재라는 상황은 이전에도 있었지만, 이번에는 뭉케의 두 동생인 쿠빌라이와 아릭 부케가 각각 대칸을 자칭하고 대립하면서 제국은 균열을 보이기 시작하였다. 결국 이 계승 분쟁은 쿠빌라이의 승리로 끝났지만 이후 몽골 제국은 전과 같은 정도의 통일성은 회복하지 못하였다. 한편 뭉케의 또 다른 동생으로서 서아시아 원정의 책임자였던 훌레구는 자신만의 세력, 즉 훌레구 울루스를 건립하였고, 계승 분쟁에서 쿠빌라이를 지지하는 대가로 그 정통성을 인정받았다(김호동, 2007: 65-81). 그러나 다른 울루스와는 달리 훌레구 울루스는 칭기스 칸이 분봉한 것이 아니었고, 훌레구가 원정의 결과물을 독점한 것이기 때문에 인접한 주치 울루스·차가타이 울루스 등과 빈번하게 충돌할 수밖에 없었다. 이처럼 몽골 제국은 13세기 중반 무렵 기존 질서가 무너지고 새로운 시대로 접어들고 있었

다.[1]

그렇다면 몽골 이외 사람들은 몽골이 만든 세계 질서를 어떻게 바라보았고, 변화하는 세계 질서 속에서 어떤 선택을 하며 생존하였을까? 몽골인들은 스스로 '영원한 하늘'로부터 이 세계를 지배할 수 있는 권리를 부여받았다고 주장하면서 상대에게 복속을 요구하였다. 몽골의 힘을 인정하고 그 질서 속에 편입된 사람들은 생명은 물론, 기득권을 보장받을 수 있었지만, 저항하는 경우에는 철저한 보복이 뒤따랐다. 그러나 몽골의 통치가 장기화하고 내부 상황이 급변하면서 제국의 구성원들은 각기 나름의 선택을 해야만 했다. 특히 비몽골인이면서 중앙 권력과 밀접한 관계를 맺고 있었던 속국의 통치자들은 더욱 신중하고 민감하게 대처할 필요가 있었다.

본고에서는 카르트[2] 왕조의 말릭 샴스 앗 딘을 통해 이 문제를 살펴보고자 한다. 카르트 왕조는 현재의 이란 동북부와 아프가니스탄 일대에 존재하였던 소위 몽골 제국의 속국 중 하나이다. 몽골 제국 내에는 다양한 속국이 존재하였지만, 카르트 왕조는 다른 속국과는 구분되는 독특한 특징을 가지고 있었다. 예를 들어 고려와 위구르는 몽골 제국이 출현하기 이전부터 존재하였고, 모두 카안 울루스에 복속하였으며, 카안 울루스가 다른 울루스와 충돌할 때도 줄곧 전자의 편에 섰다. 이에 반해 카르트 왕조는 몽골 제국의 비준과 후원을 기반으로 새롭게 설립되었고, 중앙아시아의 차가타이 울루스와 서아시아

---

1   과거에는 1259년 뭉케의 사망을 기점으로 하여 몽골 제국이 분열되었다는 식의 이해가 일반적이었다(대표적으로 Jackson, 1978). 반면 최근 학계에서는 몽골 제국이 이후에도 여전히 통합적 성격을 가지고 있었으며 하나의 전체로서 봐야 한다고 주장하는 연구들이 많다. 대표적으로 Allsen, 2001을 들 수 있다. 필자는 이와 같은 최근 연구 경향에 동의하지만, 제국의 기존 질서에 중요한 변화가 생겼음은 부정할 수 없다고 생각하며, 이 변화상을 배경으로 본 연구를 진행하고자 한다.

2   이 왕조의 이름을 부르는 방식에 대해 일치된 견해는 없다. 학자에 따라 "쿠르트(Kurt)", "카르트(Kart)", "쿠라트(Kurat)" 등으로 다양하게 표현되고 있는데, 이는 여러 사료의 필사본에 서로 다르게 모음 표기가 되어 있기 때문이다. 이 글에서는 가장 일반적으로 알려진 "카르트"라는 명칭을 사용하고자 한다. 명칭에 대한 논의는 Potter(1992: 29-32) 참고

의 훌레구 울루스 사이에 위치하면서 상황에 따라 변화무쌍한 입장을 취하였다. 따라서 카르트 왕조를 통해 몽골 제국의 세계 지배 방식의 일면을 이해할 수 있는 한편, '하나의 전체'로서의 몽골과 '분열된 제국'으로서의 몽골을 모두 경험하면서 그러한 변화 속에서 생존하고자 노력한 한 속국의 시선을 엿볼 수 있다.

특히 말릭 샴스 앗 딘은 카르트 왕조의 실질적인 창건자이자 몽골 제국의 격변기를 직접 경험한 인물이었다. 그의 가문은 본래 아프가니스탄 중부의 고르(Ghor)/구르(Ghur) 지역을 중심으로 한 구르 왕조(Ghurid dynasty)에 예속되어 있었다가 중앙아시아의 호레즘 제국이 구르조를 멸망시킨 뒤에는 그들의 지배를 받았다.[3] 하이사르(Khaysār)라고[4] 하는 작은 성채를 동지하고 있던 말릭 샴스 앗 딘의 가문이 비록 속국이기는 하지만 독립적인 정권을 건립할 수 있었던 결정적인 계기는 그의 아버지인 루큰 앗 딘이[5] 몽골의 침입 때 빠르게 항복하여 칭기스 칸으로부터 통치권을 인정받은 사건이었다. 카르트조는 당시에는 비록 소규모 지방 정권에 불과했지만, 처음부터 몽골 제국의 세계

---

3 샴스 앗 딘과 그의 직계 조상들의 민족 출신에 대해서는 정확히 알 수 없다. 다만 『헤라트史記』에서는 항상 스스로를 '구르人'이라고 부르면서 아프간인이나 시스탄인 등과 구분하고 있다. 한 기록에 따르면 일부 역사가들은 그들의 혈통이 술탄 산자르에게 거슬러 올라간다고 하였다(Khwandamir/Thackston: 213). 한편 이 글에서는 실제 카르트朝에서 활동한 사이피가 서술한 『헤라트史記』와 『집사』 및 『와사프사』 등을 주로 참고하였다. 후대에도 여러 사료에서 카르트朝와 관련한 서술이 있지만, 『헤라트史記』의 내용을 대폭 인용한 것이 많다. 물론 사이피는 카르트 측에 유리하게 작성했을 가능성이 크다. 『헤라트史記』에 관한 설명은 Kempiners(1985: 6-12) 참고

4 하이사르(Khaysār 또는 Qaisār)는 헤라트의 동남쪽 약 200km 거리에 있는 곳으로서, 10세기 이슬람 지리학자들은 헤라트로부터 이틀거리로 기록하였다(Le Strange, 1905: 410; Bartol'd, 1984: 54). 하이사르에 대한 설명은 Potter(1992: 62-66) 참고

5 기록에 따라서는 루큰 앗 딘과 샴스 앗 딘이 부자 관계가 아니라 祖孫 관계로 묘사하기도 한다(혼데미르는 샴스 앗 딘이 루큰 앗 딘의 외손자라고 하였다(Khwandamir/Thackston: 213). 『헤라트史記』에서는 두 사람을 부자로 표현하였지만, 숙질 관계로 묘사된 곳도 있다(Sayfī/Majd: 190). 두 사람의 관계와는 별개로 루큰 앗 딘이 유언을 통해 샴스 앗 딘을 자신의 후계자로 임명한 것은 분명한 사실처럼 보인다(Sayfī/Majd: 187).

질서에 적극적으로 편입되면서 탄생할 수 있었던 것이다.

그러나 아버지의 자리를 이어받은 말릭 샴스 앗 딘은 결코 현상에 만족하지 않고 독자적인 세력을 확장하고자 하였다. 그리고 이는 필연적으로 몽골 諸 세력과의 충돌을 초래하였다. 이 위기를 극복하기 위해 말릭 샴스 앗 딘이 선택한 방법은 무엇이었을까? 특히 이후로 3대 대칸 구육의 사망과 뭉케의 집권, 훌레구의 서아시아 원정, 뭉케의 사망으로 인한 제국의 혼란, 차가타이 울루스의 칸 바락의 훌레구 울루스 침공 등 주요 사건의 현장에 있었던 샴스 앗 딘은 각각의 국면에서 어떠한 입장을 취하였을까? 카르트 왕조의 통치자들과 칭기스 칸·뭉케 등 대칸과의 관계는 훌레구·아바카 등 일 칸과의 관계로 그대로 전이되었는가, 아니면 그 성격상 근본적인 변화가 발생하였는가? 몽골 조정은 샴스 앗 딘에게 어떤 역할을 기대하였고, 과연 샴스 앗 딘은 그 의무를 성실하게 수행하였을까?

본 연구에서는 이와 같이 몽골 제국의 한 속국의 통치자였던 말릭 샴스 앗 딘의 시각에서 13세기 중·후반 몽골 제국의 세계 질서를 조망하고자 한다. 카르트 왕조에 관한 기존 연구는 몽골 제국 내 다른 속국들에 비해 매우 부족한 실정이다.[6] 대표적으로는 혼다 미노부(本田實信)가 말릭 샴스 앗 딘을 중심으로 카르트 정권의 성립 과정 및 몽골과의 관계 등을 세세히 살펴본 선구적인 연구가 있고(1991), 로렌스 고더드 포터(Lawrence Goddard Potter)는 카르트 왕조의 정치사와 종교적 특징 등을 종합적으로 규명하였다(1992).[7] 또 카르트 왕조와 밀접한 관련이 있는 소위 네구데르人에 관한 연구도 이루어졌다(北川誠一, 1979; 1983). 다만 기존에는 카르트 왕조의 개관이나 말릭 샴스 앗 딘의 정치적 활동 등 객관적인 사실 규명에 편중된 측면이 강하다. 또 몽골 정권과 말릭 샴스 앗 딘의 관계도 몽골의 무력 지배와 그에 대한 토착 정권의 대응

---

6 카르트 왕조에 대한 개관은 Browne(1956: 173-180), Lane(2003: 152-176) 참조.

7 그는 카르트 왕조의 정치사 부분을 통시적으로 다루었지만, 이 글의 핵심인 샴스 앗 딘에 대해서는 간략하게 서술하고 있다(40-43).

이라는 다소 도식적인 구조로 설명하고 있다(本田實信, 1991: 163). 그러나 말릭 샴스 앗 딘의 활동기는 몽골 제국의 기존 체제가 급격히 변화하는 시기였기 때문에, 단순히 지배자로서의 몽골과 토착 군주 간 대립이라는 이분법적 체계로 이해하기에는 한계가 있다.

　논의의 편의상 본문은 주요 국면을 위주로 하여 시대순으로 구성하고자 한다. 몽골 제국의 통합 시기와 울루스 간 대립 시기를 모두 경험한 말릭 샴스 앗 딘을 통해 그가 바라본 몽골 제국의 세계 질서는 어떠하였는지 엿볼 수 있을 것이다. 아울러 속국의 군주가 몽골의 지배에서 살아남기 위한 방법이 무엇이었는지 확인할 수 있을 것이다. 동시에 몽골인들의 복속 지역 지배 방식에 대한 이해도 심화시킬 수 있을 것이며, 똑같이 속국의 위치에 있었던 고려사 이해에도 어느 정도 도움을 제공할 수 있으리라 기대한다. 무엇보다 카르트 왕조는 극소수의 선행 연구를 제외하고는 아직 밝혀지지 않은 부분이 많다. 본 연구를 통해서 카르트 왕조의 역사 및 몽골과의 관계사 중 일면이나마 규명할 수 있기를 바란다.

II.　몽골 제국의 체제 속 샴스 앗 딘의 자리 찾기

샴스 앗 딘 가문과 몽골의 관계는 칭기스 칸의 서방 원정부터 시작되었다. 이 원정 도중 칭기스 칸의 본대는 아무다리야를 건너 남하하였고, 샴스 앗 딘의 부친 또는 외조부였던 루큰 앗 딘이 웅거하던 하이사르 역시 몽골의 목표가 되었다. 다만 험준한 지형 때문에 하이사르 성채는 접근하기가 쉽지 않았고, 칭기스 칸은 화가들로 하여금 그 일대를 그리도록 하고 직접 확인한 뒤 무력으로 정복하는 것보다는 회유하는 방법을 택하였다.[8]

　먼저 칭기스 칸은 루큰 앗 딘에게 서신 겸 칙령을 보내면서 그가 자신에

8　Sayfī/Majd: 183-184.

게 저항한 적이 없었다는 점을 지적하고, 통치자로서 뛰어난 덕목을 가지고 있다고 언급한 뒤, 구르 지역의 통치권을 수여하였다. 루큰 앗 딘으로서는 서방 원정에서 승승장구하고 있는 몽골과의 전면전 감행은 큰 모험이었고, 이미 전부터 칭기스 칸이 하이사르로 군대를 파견할까 두려워하고 있었기에 그 제의를 받아들였다.[9] 루큰 앗 딘이 칭기스 칸의 칙령을 받아들임으로써 그와 그 세력은 몽골 제국의 일원으로 편입되었다. 그리고 칭기스 칸의 칙령은 향후 루큰 앗 딘의 세력이 팽창 및 유지될 수 있는 핵심적인 근거가 되었다.[10] 이 칙령은 루큰 앗 딘이 입장을 바꿔 몽골에 저항하지 않는 한 칭기스 일족과 군사 지휘관 등으로부터 그의 지위를 보장해줄 것이었고, 그의 정복 활동은 몽골 제국의 그것과 연동하여 작동할 수 있었기 때문이다.

이처럼 카르트 왕조는 몽골 제국 초기부터 몽골의 세계 질서 속에 편입되었고, 이는 샴스 앗 딘 역시 마찬가지였다. 칭기스 칸의 뒤를 이어 2대 대칸으로 즉위한 우구데이는 구르 왕조의 마지막 수도이자 하이사르로부터 동쪽으로 약 400km 떨어진 가즈니로 다이르 바하두르와[11] 카라 노얀을 파견하였고, 루큰 앗 딘은 그들과 함께 군사 작전을 펼쳤다. 그리고 그는 그때마다 샴스 앗 딘을 대동하였다. 이로 인해 샴스 앗 딘은 현명함과 총명함, 그리고 "몽골의 요순, 야사, 관습과 방식의 지식" 때문에 다이르 바하두르와 카라 노얀의 총애를 받았다고 한다.[12] 사실 몽골어 '요순(yosūn)'은 페르시아어의 'rasm'과 거의 동일한 의미로 둘 다 '관습'을 의미하고, '야사'는 몽골어의 '자삭'으로서 '법'을

---

9   Sayfī/Majd: 185.

10   다만 칭기스 칸이 옛 구르 왕조를 부활시키려고 했다거나, 그 일대에서의 모든 작전을 루큰 앗 딘에게 위임했다고 보기는 어렵다.

11   『헤라트史記』에서는 '타히르(Ṭāhir)'로, 『집사』에서는 '다이르(Dāīr)'(Rashīd/Rawshan and Mūsavī, vol. 1: 168; 라시드 앗 딘, 2002[2005]: 282) 또는 '타이르(Ṭāīr)'(Rashīd/Rawshan and Mūsavī, vol. 1: 497; 라시드 앗 딘, 2003[2004]: 337)로 표기되었다. 여기에서는 '다이르'로 통일하고자 한다.

12   Sayfī/Majd: 186.

뜻한다. 즉 샴스 앗 딘은 아버지의 자리를 잇기 전부터 몽골인들과 함께 원정을 떠나고 생활하면서 몽골의 관습과 법 등을 익혔고, 몽골의 장수들은 그러한 모습에 만족하여 그를 총애한 것이다. 이와 같이 샴스 앗 딘은 일찍부터 몽골의 세계 질서를 체득하였고, 그 경험은 이후 그에게 중요한 자산이 되었다.

한편 『헤라트史記』의 기록에 따르면 루큰 앗 딘은 이슬람력 643년/1245 -46년에 사망하였다. 샴스 앗 딘이 40일간 장례를 치르자 다이르 바하두르는 이전에 루큰 앗 딘이 칭기스 칸의 칙명에 의해 이 '왕국(molk)'의 '왕(malik)'이자 이 '지역(dīyār)'의 '군주(shahrīyār)'가 되었음을 언급하면서 그의 자리를 이어받도록 명하였다. 그리고 다음 날 샴스 앗 딘은 그에 따라 즉위식을 개최하였다.[13] 본래 다이르 바하누르는 칭기스 칸이 우구데이에게 분봉한 4개 친호 중 하나를 담당한 인물로서,[14] 칭기스 칸의 서방 원정에도 참여하였다.[15] 이후 우구데이의 명령에 따라 후라산 일대의 총책임자로 임명되었으나 친 티무르의 반발로 무산되었고,[16] 아마도 이후에는 카시미르와 인도 경략을 위한 임무를 맡았던 것으로 보인다.[17] 다이르 바하두르에게 샴스 앗 딘의 즉위를 비준할 만한 권한이 있었는지는 불분명하지만, 그는 샴스 앗 딘의 근거지와 가까운 곳에 위치한 몽골군 책임자였고, 부친의 지위를 계승하는 것은 몽골에서도 마찬가지였기 때문에 샴스 앗 딘의 계위는 큰 문제 없이 이루어진 것으로 보인다. 또 다이르 바하두르와 샴스 앗 딘 사이의 우호적 관계도 영향을 미쳤을 것이다.

이처럼 샴스 앗 딘은 몽골 세계 질서 속에서 성장하고, 몽골의 지배를 적극적으로 인정하면서 말릭, 즉 소위 왕의 지위에 오를 수 있었다.[18] 그러나 엄

---

13 Sayfī/Majd: 190.

14 Rashīd/Rawshan and Mūsavī, vol. 1: 608; 라시드 앗 딘, 2003[2004]: 454.

15 Rashīd/Rawshan and Mūsavī, vol. 1: 497-498; 라시드 앗 딘, 2003[2004]: 337-338.

16 Rashīd/Rawshan and Mūsavī, vol. 1: 660-661; 라시드 앗 딘, 2005: 81-82.

17 Rashīd/Rawshan and Mūsavī, vol. 2: 975; 라시드 앗 딘, 2017: 38.

18 '말릭(malik)'은 본래 셈어로 통치자를 의미한다. 이 글에서는 사료상 표현대로 '말릭'이라는

격히 따지면 샴스 앗 딘의 권력은 아직 불안정한 것이었다. 루큰 앗 딘이 칭기스 칸으로부터 칙령을 받았다고 하지만 그 안에는 그의 일족이 대대로 계승하여 통치하도록 한다는 내용은 없었다. 또 몽골 제국에서는 일반적으로 속국의 군주가 새롭게 계승하는 경우에는 반드시 대칸을 방문하여 통치권을 인정받아야만 했고, 반대로 새로운 대칸이 즉위했을 때도 마찬가지였다.[19] 하지만 샴스 앗 딘이 즉위 이전 또는 직후에 몽골 조정을 방문했다는 기록은 확인할 수 없다.[20] 샴스 앗 딘은 분명히 계승의 권한이 있었고 다이르 바하두르의 후원을 받았지만, 당대 대칸으로부터의 인준과 그 증거로서의 칙령이 없는 한 그의 지위는 언제든 위협받을 수 있었다. 특히 몽골인이 아니라는 태생적인 한계는 해결할 수 없는 과제였다. 그의 첫 번째 위기는 이러한 배경 속에서 찾아왔다.

『헤라트史記』의 기록에 따르면 샴스 앗 딘은 즉위 후 살리 노얀이 이끄는 힌두스탄 원정에 참여하였다고 한다. 그 과정에서 몽골군은 먼저 지금의 파키스탄 펀잡주에 위치한 물탄이라는 도시를 포위하였다. 그러자 물탄의 통치자는 셰이흐 알 이슬람을 샴스 앗 딘에게 보내 재물을 줄 테니 군대를 철수시킬 것을 요청하였고, 샴스 앗 딘은 살리 노얀에게 가서 중재하였다. 결국 살리 노얀은 10만 디나르를 받고 철수하였고, 물탄의 통치자는 샴스 앗 딘에게 사례하였다. 이어서 몽골군은 물탄에서 동북쪽으로 300여 km 거리에 위치한 라호르로 진격하였고, 라호르의 통치자 역시 샴스 앗 딘을 통해 전쟁의 중단을 요청하였다. 이에 샴스 앗 딘은 살리 노얀에게 3만 디나르, 30 하르바르[21]의 비

용어를 사용하고자 한다.

19 특히 전대 대칸으로부터 통치권을 인정하는 칙령을 하사받았다고 하더라도, 새로운 대칸이 즉위한 경우에는 직접 몽골 조정을 방문하여 새로운 칙령을 받거나 기존 칙령의 유효성을 인정하는 서명을 받기도 하였다. 이에 대해서는 김석환(2019: 73-74) 참조.

20 물론 칭기스 칸이 사망한 뒤 우구데이가 즉위하였을 때 루큰 앗 딘이 그를 방문했다거나 새롭게 칙령을 하사받았다는 내용도 찾을 수 없다. 그러나 설사 이게 사실이라 하더라도 루큰 앗 딘을 계승한 샴스 앗 딘의 의무가 면제되는 것은 아니다.

21 '하르바르(kharvār)'는 한 마리의 나귀가 끌 수 있을 정도의 분량을 의미하며 대략 300kg 정

단, 100명의 노예를 받는 대신 라호르를 자신에게 달라고 하였고, 살리 노얀은 허락하였다.

이러자 원정에 참여한 다른 몽골인들은 격앙된 반응을 보였다. 그들은 말릭 샴스 앗 딘이 있는 한 자신들은 아무것도 얻을 수 없다고 생각하였고, 이에 샴스 앗 딘을 고발하였다. 즉 샴스 앗 딘이 그 지역 사람들과 한통속이고, 몽골과 전쟁하기 위해 델리로부터 군대가 도착하면 자신들에게 반란을 일으킬 것이며, 물탄과 라호르에서 5만 디나르의 뇌물을 받았다고 하였다.[22] 원정에 참여한 몽골 장수들로서는 전쟁 과정에서 약탈 또는 강화를 통해 자신들의 경제적 이익을 확보하기를 원했을 것이다. 그러나 그들은 결과적으로 샴스 앗 딘으로 인해 아무것도 얻을 수 없는 상황이 되었고, 몽골인도 아니고 그 지역에 대한 공식적인 권한을 몽골 중앙 조정으로부터 부여받은 적도 없던 샴스 앗 딘을 눈엣가시로 여겼을 것이다.

몽골 장수들의 고발처럼 샴스 앗 딘이 몽골에 적대하려는 의도가 있었는지는 알 수 없다. 샴스 앗 딘은 몽골의 작전 지역과 가까운 곳에 위치하였기 때문에 본인의 의사와는 별개로 원정군에 참여해야만 했다.[23] 그러나 샴스 앗 딘은 이 힌두스탄 원정을 통해 그 일대에서 자신의 세력을 수립할 기회를 얻었고 이를 적극적으로 활용하려고 한 것처럼 보인다. 특히 물탄과 라호르의 통치자들은 '이교도'인 몽골의 정복을 피하기 위해 같은 무슬림인 샴스 앗 딘에게 호소하였고 그 역시 거부하지 않았다. 샴스 앗 딘은 이슬람이라는 공통분모를 이용해 본인이 몽골을 대신하여 해당 지역을 통치할 계획을 가졌던 듯하고, 실제로 어느 정도 성공을 거두었다.

샴스 앗 딘의 계획은 원정군 지휘관인 살리 노얀으로부터 허락을 받았지만 그것만으로는 충분하지 않았다. 살리 노얀은 당장 샴스 앗 딘을 살해하겠

도에 달한다.

22 Sayfī/Majd: 193.

23 이것은 몽골 제국이 속국에게 요구한 의무 중의 하나인 '助軍'에 해당한다.

다는 몽골 장수들에게 자신이 이 일을 조사할 때까지 기다릴 것을 명하였다. 내심 살리 노얀의 보호를 기대했을 샴스 앗 딘으로서는 다소 중립적인 그의 태도에 위기를 느꼈을 것이다. 특히 비록 살리 노얀이 기다리라 하였지만 적대적인 몽골인들과의 공존은 자칫 위험할 수 있었다. 그렇다고 해서 몽골과의 전면전을 선택할 수도 없는 상황이었다. 이에 샴스 앗 딘은 몰래 그곳을 떠나 자신의 즉위에 결정적인 도움을 준 다이르 바하두르에게 가기로 결정하였다.

샴스 앗 딘은 다이르 바하두르에게 가는 도중에 테커네흐라는 곳에서 현지의 적대 세력에게 포획되는 등 또 다른 위기를 맞이하였지만, 다이르 바하두르는 샴스 앗 딘과 회견한 뒤 그의 지배권을 인정하는 명령을 내렸다.[24] 힌두스탄 원정군 내에서 발생한 사안이 어떻게 해결되었는지는 알 수 없지만, 다이르 바하두르의 강력한 지지와 보호가 있었기 때문에 反샴스 앗 딘 세력의 무고가 큰 힘을 발휘하지는 못했을 것으로 보인다.[25] 이리하여 샴스 앗 딘은 우여곡절 끝에 위기에서 벗어날 수 있었다. 하지만 비몽골인인 그가 다시 독자적인 세력을 구축하고자 노력한다면 몽골과의 이익 충돌이 재발할 수 있었다. 게다가 이번에는 강력한 몽골인 후원자가 적재적소에서 도와주었지만 항상 그렇게 되리라는 보장도 없었다. 실제로 샴스 앗 딘의 새로운 위기는 다이르 바하두르의 사망과 함께 찾아왔다.

이슬람력 645년/1247-48년 다이르 바하두르가 사망하자 그의 아들 훌레카투가 아버지의 자리를 대신하였다. 그리고 곧이어 훌레카투와 카라 노얀이 아프가니스탄 일대의 성채들을 공격하여 약 500마리의 낙타와 200명의 사람들을 포획하는 사건이 발생하였다. 이에 샴스 앗 딘은 다이르 바하두르 시절에는 이러한 일이 없었고, 무엇보다 이 지역 사람들은 복종하면서 정해진 물자를 납부하고 있기 때문에 해당 행위는 잘못된 것이라 비판하였다. 훌레카

---

24 Sayfi/Majd: 194-195.

25 샴스 앗 딘은 두 달 반 가량을 다이르 바하두르를 모셨고, 그 후 많은 전리품과 함께 힌두스탄으로부터 귀환하였다고 한다(Sayfi/Majd: 195).

투와 카라 노얀은 자신들이 지시한 일이 아니라고 변명하면서 낙타와 포로를 돌려주었지만 샴스 앗 딘과의 관계는 악화되었다. 그들은 샴스 앗 딘을 직접 처분하기에는 부담스러웠기 때문에 몽골 종왕의 권력을 빌리기로 하여 차가타이 울루스 측에 그를 무고하였고,[26] 차가타이 울루스에서는 사신을 파견해 샴스 앗 딘을 소환하였다.[27]

샴스 앗 딘은 이전과는 비교할 수 없는 큰 위기를 맞이하였다. 차가타이 울루스는 특별히 샴스 앗 딘에게 호의를 베풀 이유가 없었고, 후원자였던 다이르 바하두르는 사망하였다. 게다가 샴스 앗 딘이 아무리 스스로 변호한다고 하더라도 차가타이 울루스 측에서는 대를 이어 봉사한 훌레카투 등의 주장이 더 초소력을 가질 것이었다. 그러ᅡ 그렇다고 해서 샴스 앗 딘이 소환 명령에 불응하고 자신의 근거지에 머물 수는 없었다. 앞 장에서 살펴본 것처럼 몽골의 관습에 익숙한 샴스 앗 딘으로서는 그와 같은 행동이 결국 몽골에 불복종함을 의미하고, 필연적으로 전쟁으로 이어진다는 점을 잘 알았을 것이기 때문이다. 앞으로의 상황이 어떻게 되든 샴스 앗 딘은 차가타이 울루스 조정에 출석할 수밖에 없었다. 그리고 샴스 앗 딘이 도착하자 차가타이 울루스의 칸 이수 뭉케는 대질 후 재판하기 위해 그를 잠시 구금시켰다.

그 와중에 제국의 질서가 크게 요동치는 사건이 발생하였으니, 몽골 제국의 대칸이 구육에서 뭉케로 바뀐 것이었다. 구육은 두 번째 대칸이었던 우구데이의 아들로, 즉위 과정이 순탄하지만은 않았지만 계승의 자격을 갖춘 인물이었다.[28] 그에 반해 뭉케는 칭기스 칸과 부르테 사이에서 태어난 막내아들

---

26 훌레카투 등이 샴스 앗 딘을 몽골 중앙 조정이 아닌 차가타이 울루스에 무고한 이유는 부친이었던 다이르 바하두르 때부터 차가타이 울루스 측과 긴밀하게 연결되었기 때문이 아닐까 싶다. 게다가 아직 훌레구 울루스가 성립하기 이전이라 지리적으로도 가장 인접한 몽골 세력은 차가타이 울루스였다.

27 Sayfī/Majd: 196-197. 『헤라트史記』에는 諸王 차가타이에게 사람을 보내 무고하였다고 하지만 차가타이는 이미 1242년에 사망하였다. 1247/8년 당시 차가타이 울루스의 칸은 차가타이의 아들 이수 뭉케였다.

28 구육에 대한 종합적 재평가는 김호동(1998) 참고

인 톨루이의 아들로, 주치 가문의 수장인 바투의 비호를 통해 사실상 찬탈하였다(杉山正明, 1995: 116-117; 邱樹森, 1999: 129-133). 따라서 구육에서 뭉케로의 정권 교체기는 몽골 제국이 직면한 분열과 혼란의 시기였다. 이 시기 샴스 앗 딘의 행적에 대해 『헤라트史記』는 서로 다른 두 가지 이야기를 전하고 있다.[29]

우선 차가타이 울루스에 구금되어 있던 샴스 앗 딘은 구육과 다른 諸王들 간 분쟁이 발생하고 그 결과 뭉케가 집권하면서 이수 뭉케의 세력이 와해되자, 뭉케 측으로 향하여 그의 즉위식 날에 도착하였다고 한다.[30] 뭉케의 주변 인사들은 샴스 앗 딘을 뭉케에게 소개하였고, 뭉케는 대면한 뒤 그의 현명함과 언행 등을 칭찬하였고, 그가 자신의 즉위식에 온 것이 큰 행운이자 축복으로 여겼다고 한다. 한편 『헤라트史記』의 저자는 일부 사람들의 전언을 옮기면서, 구육과 뭉케 사이에 전투가 발생했을 때 샴스 앗 딘이 뭉케 편에 서서 20명의 군사와 함께 분전하였고, 그 모습을 뭉케가 직접 목격하였다고 하였다. 그리고 그 결과 샴스 앗 딘은 뭉케와 다른 諸王 및 장수들의 인정을 받았고 많은 은사가 수여되었다고 한다.[31]

---

29 Sayfī/Majd: 198-201.

30 『와사프사』에도 이와 동일한 서술을 하고 있다(Waṣṣāf/Bombay 石印本: 80-81). 이 기록에 따르면 샴스 앗 딘은 칭기스 칸이 발령한 칙령을 가지고 와 바치면서 앞으로도 충성할 것을 맹세하였다고 한다.

31 구육은 1248년에 사망하였고 뭉케는 1251년이 되어서야 즉위하였기 때문에 구육의 사망과 뭉케의 즉위를 연속적인 것으로 묘사하는 것은 역사적 사실에 부합하지 않는다. 게다가 뭉케는 구육과 직접적으로 적대하지도 않았다. 또 구육이 차가타이 울루스의 칸으로 임명한 이수 뭉케가 대칸 뭉케에 의해 물러난 것은 그의 즉위 이후의 일이었다(Rashīd/Rawshan and Mūsavī, vol. 1: 760; 라시드 앗 딘, 2005: 223-224). 이 사건과 관련된 『헤라트史記』의 서술은 연도적으로 다양한 오류를 보이고 있기 때문에 상세하게 규명할 필요가 있다. 특히 『세계정복자의 역사』에는 샴스 앗 딘이 아르군 아카를 필두로 후라산의 여러 군주들과 함께 찾아왔음을 암시하는 기록이 있다(Juvaynī/Qazvīnī, vol. 2: 255; Juvaynī/Boyle: 518-519; 本田實信, 1991: 134-135). 어쩌면 1248년 구육이 사망하고 대칸의 자리를 놓고 혼란이 발생하자 이를 이용해 샴스 앗 딘이 자신의 근거지로 귀환하였다가, 뭉케가 집권하자 그의 즉위식에 참석한 것인데, 샴스 앗 딘의 후손들이 그

샴스 앗 딘이 실제로 뭉케의 집권을 위해 군사적인 공을 세웠는지와는 별개로, 적어도 뭉케는 그가 즉위식에 참석한 것에 크게 만족하였다. 특히 제국의 수도인 카라코룸으로부터 매우 먼 곳에 근거지를 둔 샴스 앗 딘이 즉위식에 참석한 것은 뭉케의 부족한 정통성을 조금이나마 보완해줄 수 있었다.[32] 또 뭉케로서는 샴스 앗 딘의 충성을 확실히 확보한다면 향후 힌두스탄 원정에도 크게 도움을 받을 수 있었다.[33] 이에 뭉케는 샴스 앗 딘을 위한 칙령을 하사하였다.[34]

뭉케는 칙령을 통해 먼저 샴스 앗 딘의 지위와 그가 통치할 영역을 지정해주었다. 헤라트와 그 주변을 비롯하여 북으로는 아무다리야, 서쪽으로는 이스끼자르와 시스탄, 농쪽으로는 카불과 티라흐, 남쪽으로는 인도 경계까지 그가 통치한다고 공언하였다. 아울러 당시 후라산 총독이었던 아르군 아카와 후라산의 사힙 디반이 5 투만의 재물을 그에게 주도록 하였다. 샴스 앗 딘이 통치하게 된 지역은 지금의 아프가니스탄과 파키스탄의 상당 부분으로서 옛 구르 왕조의 영토에 해당한다(本田實信, 1991: 139).[35] 또 5 투만, 즉 5만 디나르의 재물은 샴스 앗 딘의 희생에 대한 금전적인 보상이자, 샴스 앗 딘 정권이 안정

의 위대함을 과장하기 위해 그가 뭉케의 집권에 큰 기여를 한 것처럼 서술한 것이 아닐까 싶다.

32　이는 마치 뭉케 사후 쿠빌라이가 대칸의 자리를 놓고 아릭 부케와 전쟁을 벌이던 도중 고려의 세자 王倎이 찾아오자 만 리 밖의 고려가 자신에게 찾아온 것은 하늘의 뜻이라고 한 것(『高麗史』卷25 元宗 元年 三月)과 동일한 맥락에서 이해할 수 있다.

33　혼다 미노부는 헤라트를 둘러싼 대칸과 바투 간의 경쟁이 하나의 원인이 되었을 것으로 보았다. 즉 뭉케는 헤라트에 대한 대칸의 이권을 되찾고, 카슈미르와 인도 방면의 정복을 계획하고 있었기 때문에 샴스 앗 딘을 중용한 것이라 하였다(本田實信, 1991: 143-145). 충분한 개연성이 있는 추측이지만, 이제 막 즉위한 뭉케가 자신의 즉위에 절대적 공신이라 할 수 있는 바투를 견제하려고 했는지는 생각해볼 문제이다.

34　Sayfī/Majd: 201-203.

35　한편 『와사프사』에는 칭기스 칸이 인정해주었던 하이사르와 구르 이외에 헤라트, 님루즈, 그 지방의 다른 몇몇 마을을 샴스 앗 딘의 영역으로 더해주었다고 기록하였다(Waṣṣāf/Bombay 石印本: 81).

적으로 정착할 수 있도록 돕는 일종의 '시드 머니'였다(Allsen, 1987: 71).

이로써 샴스 앗 딘은 뭉케에 대한 親朝와 칙령 획득으로 당면한 위기를 극복하고 자신의 세력을 확장할 수 있는 근거를 확보하였다. 전술하였듯이 샴스 앗 딘은 몽골 통치자의 비준 없이 아버지의 자리를 계승하였고, 독자적인 세력을 수립하는 과정에서 몽골 지휘관들과 지속적으로 충돌하였다. 다이르 바하두르 생전에는 그의 도움을 받아 위기를 극복하였지만 근본적인 해결책은 아니었다. 그러나 이제 샴스 앗 딘은 뭉케라는 몽골 제국 최고 권력자가 인정한 명실상부한 '말릭'이 되었다. 비록 그는 몽골인이 아니었지만 이제 어떠한 몽골 장수도 그에게 정면으로 대척하거나 무고할 수 없었다. 그에게는 뭉케라는 새로운 보호자가 생겼고, 그의 정권은 대칸의 명령에 의해 인준된 공식적인 것이었기 때문이다. 샴스 앗 딘이 뭉케 정권 수립에 직접적인 공로가 있는지는 알 수 없지만, 그는 새로운 몽골 제국 질서 속에서 적극적으로 자신의 위치를 확보하였다. 이로써 샴스 앗 딘과 그의 정권은 새로운 국면을 맞이하게 되었다.

III. 독립적 지배권의 확립과 충돌

뭉케의 칙령을 통해 제국 내 지위와 권력을 공인 받은 샴스 앗 딘은 말 그대로 금의환향하였다. 그는 먼저 후라산 총독 아르군 아카에게로 향하였고, 그에게 뭉케의 칙령을 보여주었다. 샴스 앗 딘은 자신의 향후 행동이 대칸 뭉케의 명령에 따른 것임을 후라산 전 지역의 책임자인 아르군 아카에게 확인시킨 것이었다. 아르군 아카는 그를 후대하였고 뭉케가 지시한 5 투만을 주었다. 이후 샴스 앗 딘은 헤라트로 향하였다. 헤라트는 한때 구르 왕조의 수도로서 후라산의 핵심 도시 중 하나였다.[36] 샴스 앗 딘은 뭉케의 칙령을 근거로 헤라트를

---

36   헤라트의 중요성에 대해서는 Potter(1992: 12-16) 참고

직접 통치하기 위해 입성하였다. 그는 먼저 사람을 보내 기존에 헤라트의 행정을 담당하던 샤라프 앗 딘 비틱치라는 인물을 제거하였다.[37] 동시에 뭉케의 칙령을 낭독하면서 자신의 권력이 뭉케로부터 비롯되었음을 공개적으로 천명하였다.[38]

헤라트 내에서도 당연히 샴스 앗 딘의 등장에 반발하는 세력이 있었다. 우선 헤라트에 샤흐나, 즉 다루가치로 재직 중이던 카를룩은 샴스 앗 딘이 샤라프 앗 딘 비틱치를 살해한 것을 보고 두려워하였다. 카를룩은 아마도 샴스 앗 딘이 자신도 죽이지 않을까 고민했던 것으로 보인다. 다만 그는 실력과 명분을 모두 갖춘 샴스 앗 딘에게 직접 대항할 수는 없었기에 다른 대안을 찾았다. 즉 샴스 앗 딘의 명령과 행동을 모두 적어놓았다가 나른 몽골 아미르들이 헤라트에 들렀을 때 그의 잘못을 아뢰어 대신 처벌케 하는 것이었다.[39] 그러나 샴스 앗 딘은 그의 모의를 사전에 파악하였고, 카를룩에게 그 계획을 제안한 사람을 처벌하는 것으로 일단락하였다. 카를룩에 대한 처분이 이루어지지 않은 점은 다소 이상하다. 그는 대칸 우구데이가 직접 임명하여 파견한 다루가치였고,[40] 직접적으로 잘못을 범하지는 않았기 때문에 샴스 앗 딘으로서도 섣불리 움직일 수는 없지 않았을까 싶다.

그리고 그로부터 10일 후 다시 샴스 앗 딘과 카를룩이 충돌하는 사건이 발생하였다.[41] 당시 헤라트에는 어떠한 세금도 내지 않는 등 특별 대우를 받는 이들이 있었는데 샴스 앗 딘이 이들에게 2천 디나르를 할당한 것이었다. 카를룩은 다시 샴스 앗 딘에게 강력하게 반대하였지만, 뭉케의 측근으로서 샴스

---

37 Sayfī/Majd: 211. 표면적인 이유는 그가 헤라트와 구르 일대의 사람들에게 학정을 펼쳤다는 것이지만 실제로는 샴스 앗 딘이 헤라트의 행정을 장악하기 위한 조치라고 할 수 있다.

38 이와 같은 행위를 '開讀'이라 한다. '開讀'에 대해서는 舩田善之(2005) 참고

39 Sayfī/Majd: 214.

40 Sayfī/Majd: 152.

41 Sayfī/Majd: 214-216.

앗 딘과 함께 헤라트에 왔던 자후라는 인물은 뭉케의 칙령을 언급하면서 어떠
한 말릭과 아미르도 샴스 앗 딘에게 간섭할 수 없음을 상기시켰다.

이번에도 샴스 앗 딘은 카를룩을 직접 제어할 수는 없었지만, 자신의 정
책에 지속적으로 반대하는 그를 그대로 둘 수도 없었다. 이에 다음 날 샴스 앗
딘은 뭉케의 어전으로 사신을 보내 카를룩은 늙었고, 아미르 및 사신들과 대
화도 되지 않으며, 밤낮으로 술을 마시고 있으니 다른 샤흐나, 즉 다루가치를
보내달라고 요청하였다. 몽골은 제국 초기부터 주요 도시에 다루가치를 파견
하여 감시하고 그를 통해 통제력을 유지하였다. 몽골의 통치 방식에 익숙하였
던 샴스 앗 딘은 현 다루가치를 제거하거나 임의로 교체하는 것은 불가능하다
는 점을 잘 알고 있었다. 그렇기 때문에 자신의 이익을 대변하거나, 적어도 방
해하지는 않을 다루가치로 교체해줄 것을 희망했던 것이다.[42]

헤라트를 장악한 샴스 앗 딘은 뭉케의 칙령에 보장된 자신의 통치권을
실현하기 위한 노력에 착수하였다.[43] 우선 샴스 앗 딘은 각지로 사람을 보내
자신에게 찾아와 복속할 것을 요구하였다. 그리고 그에 응하여 여러 지역 및
도시의 통치자들이 샴스 앗 딘을 찾아왔다. 그러나 가르지스탄의[44] 말릭 사이
프 앗 딘은 자신도 샴스 앗 딘과 똑같은 말릭이고, 자신 역시 칭기스 칸 가문
의 제왕들이 하사한 칙령을 가지고 있음을 언급하면서 샴스 앗 딘에게 복속하
기를 거부하였다. 샴스 앗 딘은 무력으로 해결하기 위해 군사를 파견하였고, 사
이프 앗 딘은 아마도 중재를 위해 후라산 총독 아르군 아카에게 가서 고발하였
다. 샴스 앗 딘 역시 사람을 파견해 자신의 입장을 아르군 아카에게 전하였다.

아르군 아카는 샴스 앗 딘의 손을 들어주면서, "헤라트의 7 투만에 있는

---

42 흥미로운 점은 샴스 앗 딘의 이러한 간청에도 불구하고 카를룩은 교체되지 않았고 여전히 헤
라트의 다루가치로 재직하였다는 점이다. 어쩌면 뭉케는 샴스 앗 딘을 신뢰하고 막대한 권력을 부
여하였음에도 불구하고 여전히 누군가를 통해 그를 통제할 필요성은 느끼고 있었던 것이 아닐까
싶다.

43 Sayfī/Majd: 219.

44 가르지스탄은 무르갑 강 상류 지역을 가리킨다.

말릭과 아미르는 누구도 말릭 샴스 앗 딘의 명령에 반대하지 말라"는 내용의 알 탐가를 하사하였다.[45] 비록 사이프 앗 딘도 자신이 하사 받은 칙령에 근거하여 독립적인 통치권을 주장하고 있기는 하지만, 당대 최고 권력자인 대칸 뭉케가 샴스 앗 딘의 손을 들어주었기 때문에 아르군 아카로서도 그의 뜻을 그대로 따를 수밖에 없었다. 그는 사이프 앗 딘을 샴스 앗 딘 측에 건네주었고 샴스 앗 딘은 그를 처형시켰다. 이제 적어도 헤라트 인근 지역에서의 샴스 앗 딘의 권위는 몽골에 의해 공식적으로 인정되고 수립되었음이 분명해졌다. 뭉케의 칙령과 더불어 후라산 일대 담당자인 아르군 아카의 알 탐가는 샴스 앗 딘의 지위를 더욱 확고하게 만들었다.[46]

샴스 잇 딘은 뭉케의 칙령과 아르군 아카의 일 딤가를 근거로 헤라드와 하이사르를 중심으로 세력권을 확보한 뒤 본격적으로 팽창하기 시작하였다. 이제 그는 더 이상 특정 몽골 지휘관의 총애와 같은 일시적이고 임시적인 지지 기반에 기대는 속국의 지배자가 아니었다. 그의 지위가 달라졌음을 보여주는 흥미로운 일화가 있다. 샴스 앗 딘이 헤라트를 떠나 테키나바드 일대로 이동할 무렵 그 지역의 몽골군 우두머리는 그에게 큰 위기를 가져다 준 홀레카투와 콩코르다이 노얀이었다. 샴스 앗 딘이 홀레카투 노얀 측으로 가는 도중에 콩코르다이 노얀의 아들 아바치가 샴스 앗 딘의 궁정과 주둔지를 보고 누구의 것인지 확인하기 위해 왔는데, 그 과정에서 말에 탄 채로 "멈춰야 할 곳과 허락받아야 할 곳"을 지나쳤다. 이에 샴스 앗 딘은 "제왕 칭기스 칸의 유순과 야사"를 언급하면서 몽골의 관습에 따라 18대를 때렸다. 이 일로 콩코르다이는 격분했지만 오히려 샴스 앗 딘에게 말 한 마리, 양 10마리, 그리고 빵과 쿠미즈를 보내며 감사를 표시하였다. 이어서 도착한 홀레카투 역시 샴스 앗 딘

---

45   Sayfī/Majd: 221.

46   '알 탐가'는 본래 '朱印'을 가리키지만 그 인장이 찍힌 문서를 의미하기도 한다. 위 사례에서도 알 수 있듯이 알 탐가는 최고 통치자 이외에 지방 총독 및 군사 책임자 등도 소유할 수 있었다. 김석환(2021) 참조

을 매우 환대하면서 함께 협력하여 인더스 강, 더 나아가 인도 중심에 이르기까지 정복하자고 하였다.[47]

비록 샴스 앗 딘이 칭기스 칸의 "유순과 야사"를 근거로 하여 아바치를 처벌했다고는 하지만, 모든 사람이 그러한 처벌을 행할 수 있는 것은 아니었다. 아바치가 결례를 범했다고 하더라도 샴스 앗 딘의 입장에서는 그의 정체가 누군지 안 이상 묵과할 수도 있는 일이었다. 게다가 향후 원정 과정에서 몽골 지휘관들과의 공조가 절대적으로 필요하다는 점을 감안하면 더욱 그러하였다. 그러나 샴스 앗 딘은 아바치를 처벌하였고 두 몽골 지휘관은 그에게 어떠한 보복도 하지 못하였다. 이것은 당시 샴스 앗 딘의 달라진 위상을 여실히 보여주는 사건이었다.[48]

이어서 샴스 앗 딘은 아프가니스탄 각지로 사람을 파견하여 뭉케의 칙령과 아르군 아카의 알 탐가, 그리고 자신의 명령문을 전달하였다. 그는 현재 자신이 통치하는 지역은 원래 조상들의 것이었다가 본인이 세습하였고, 뭉케가 헤라트와 인도 경계에 이르는 영역에 대한 통치권을 인정하였으니 자신에게 복종하라고 하였다.[49] 그리고 일부 지역이 복속을 거부하자 샴스 앗 딘은 홀레카투 노얀과 함께 군사를 파견하여 무력으로 진압하였다. 그 과정에서 아프가니스탄 일대의 마스퉁·티리·카히라·두키·사지 등을 정복하였다.[50] 샴스 앗 딘은 뭉케가 보장한 인도 경계까지는 진출하지 못하였지만 하이사르 남쪽에 위치한 아프간인들의 주요 도시들을 복속시키는 데는 성공한 것이다.

샴스 앗 딘이 이처럼 몽골 제국 최고 권력자인 뭉케의 지원을 통해 몽골

---

47 Sayfī/Majd: 225-228.

48 한 연구에서는 이 사건이 샴스 앗 딘과 몽골 지휘관 사이의 우호적 관계, 상호 존중과 화목을 보여준다고 하였다(Kempiners, 1985: 52). 그러나 샴스 앗 딘에게 뭉케의 칙령이 없었다면 홀레카투 등 몽골 지휘관의 이러한 입장 변화가 발생하지는 않았을 것이다.

49 Sayfī/Majd: 229-230.

50 『헤라트史記』에는 각 도시의 정복 과정이 상세하게 묘사되어 있다. 다만 본고에서는 지면의 제한으로 인해 자세한 서술은 피하고자 한다.

제국 내에서 독자적인 세력을 수립해가고 있었지만 그 와중에 아무런 충돌이나 문제가 없지는 않았다. 앞서 헤라트의 다루가치였던 카를룩과의 분쟁에 대해 언급한 바 있지만, 그보다 더 큰 위협이 있었으니 그것은 다름 아닌 몽골 종왕들과의 관계였다. 다루가치는 그를 파견한 인물의 이익과 권위를 대신하기는 하지만, 본인의 신분 자체가 고귀한 것은 아니었기 때문에 카를룩의 사례에서 알 수 있듯이 속국 지배자의 요청에 의한 교체의 위협에 노출되기도 하였다. 그러나 몽골 종왕들은 칭기스 칸의 후손, 즉 황금씨족으로서 샴스 앗 딘과 같은 속국의 통치자에게 절대적인 우위에 있었다. 물론 그들도 뭉케의 칙령이 보장하는 샴스 앗 딘의 지위와 권리를 부정할 수는 없었지만, 반대로 샴스 앗 딘이 자신들의 권한을 침범하는 경우는 이를 명분으로 하여 그를 강력하게 제어할 수 있었다.

샴스 앗 딘이 아프가니스탄 원정을 마치고 헤라트에 머물렀던 이슬람력 656년/1258-59년에 그러한 문제가 발생하였다.[51] 헤라트에서 동북쪽으로 160-70km 거리에 바드기스라는 곳이 있는데, 당시 이곳에는 불가와 투타르라는 인물들이 병영을 세우고 있었다. 불가는 사료에 따라 발라칸/발라가이로도 표현되는데[52] 주치의 아들인 시반의 아들이었고, 투타르는 주치의 아들인 보알의 아들인 밍카다르의 아들이었다.[53] 즉 이들은 본래 주치 울루스 측 인물들로서 뭉케의 명령에 따라 훌레구의 서방 원정에 참여하였다가[54] 이곳에 주둔하게 된 것으로 보인다. 처음에는 샴스 앗 딘과 두 왕자 간의 관계가 우호적이었지만 한 사건을 계기로 급속도로 악화되었다. 즉 원래 바드기스에는 바투가 임명한 한 아미르가 주둔하면서 일 년에 두 차례 자신이 확보한 가축을 바투에게 보냈는데, 그 때마다 헤라트에 역마와 천막을 요구하였다. 그러나 샴

---

51   Sayfī/Majd: 260-272.

52   Rashīd/Rawshan and Mūsavī, vol. 1: 724; 라시드 앗 딘, 2005: 171).

53   Rashīd/Rawshan and Mūsavī, vol. 1: 727; 라시드 앗 딘, 2005: 173).

54   Juvaynī/Qazvīnī, vol. 3: 91; Juvaynī/Boyle: 607-608.

스 앗 딘이 헤라트에 머물고 있던 이슬람력 656년/1258-59년에 그는 해당 요구를 단번에 거절하였던 것이다. 주치 울루스 측에서는 이 일로 인해 격분하였고, 당시 주치 울루스의 칸이었던 베르케는[55] 불가에게 사신을 파견해 샴스 앗 딘을 포획해 자신에게 보낼 것을 명하였다.

샴스 앗 딘이 왜 주치 울루스 측의 요구에 반발하여 수용하지 않았는지는 불분명하다. 다만 예전부터 주치 울루스는 헤라트에 대한 일종의 권한을 보유하고 있었고(Lane, 2003: 153-154), 따라서 역마와 천막을 요구한 것은 적어도 그들에게는 정당한 행위였다. 이에 반해 샴스 앗 딘은 자신의 인준 없이 이루어지는 기존의 관행을 전면 부정한 것이다. 이러한 그의 행동 이면에 뭉케의 칙령과 그에 근거한 독자적 세력의 수립이 배경이 되었을 것이다. 샴스 앗 딘이 스스로를 베르케와 대등한 존재로 여겼다거나, 베르케를 비롯한 몽골 종왕과 전면 대립하려는 의도를 가졌다고 볼 수는 없다. 그보다 샴스 앗 딘은 대칸이 아닌 몽골 종왕에 의해 이루어지는 임의적 물자 요구를 자신의 이익 침탈로 보아 거부한 것이며, 사실 이는 뭉케의 의도와도 부합하는 측면이 있었다.

여하튼 샴스 앗 딘은 다시 한 번 큰 위기에 봉착하였다. 속국의 왕인 그가 황금씨족의 일원이자 주치 울루스의 대표격인 베르케와 충돌한다면 이는 곧 몽골 제국으로부터의 이반으로 치부될 것이었다. 물론 샴스 앗 딘에게는 최고 후원자인 대칸 뭉케와 그에게서 받은 칙령이 있었다. 제국의 수도 카라코룸이 멀기는 하지만 예전에 그랬듯이 대칸 뭉케에게 당도하여 호소한다면 문제를 해결할 수 있을 것이었다. 그러나 현재 주치 울루스의 사신들이 당도하여 출석을 요구하고, 무력으로 압송을 시도하며, 바드기스에 주치 울루스 왕자들이 주둔하고 있는 상황에서 카라코룸에 도달할 수 있을 것인지, 또 설사 그가 무사히 카라코룸으로 향한다고 하더라도 그동안 헤라트와 하이사르 등이 파괴

---

[55] 『헤라트史記』에서는 바투라고 하였지만 당시 바투는 이미 사망하였고 베르케가 계위한 상황이었기 때문에 撰者의 오류로 보아야 한다.

되지 않을 것인지 매우 불확실한 상황이었다.

이러한 진퇴양난의 위기 속에 샴스 앗 딘은 나름 묘수를 생각해냈는데, 그것은 베르케의 명령과 권위를 부정하는 것이 아니라 그의 사신들이 거짓을 말하고 있다고 치부하는 것이었다. 즉 샴스 앗 딘은 사신들이 베르케의 칙령을 전한다고 하는데, 그것이 만약 사실이라면 직접 자신에게 가지고 와 보여 달라고 하였다.[56] 그리고 그의 입장에서는 다행스럽게도 베르케의 사신들은 문서화된 칙령을 소지하지 않았던 것처럼 보인다.[57] 결국 양측 사이에 무력 충돌이 발생하였고 샴스 앗 딘이 승리하면서 당면한 위기를 극복하는 데는 성공하였다. 그러나 일개 속국의 군주가 몽골 종왕, 특히 한 울루스의 칸의 명령을 위반한 것은 더욱 큰 위기를 불러올 것이었다. 샴스 앗 딘의 행위는 몽골 제국의 질서를 뒤흔드는 것이었기 때문이다.

앞에서 설명한 것처럼 샴스 앗 딘은 어렸을 때부터 빈번하게 몽골 조정을 방문하고 몽골 지휘관들과 함께 군사 작전을 벌이면서 몽골의 관습과 법 등에 익숙하였다. 게다가 그는 몽골 지배층과 이익 충돌이 발생하였을 때 그 문제를 해결할 수 있는 방법이 무엇인지 스스로의 경험을 통해 잘 알고 있었다. 샴스 앗 딘이 몽골 제국의 기존 질서를 부정하고 독자적인 세력을 수립하거나 反몽골 연대를 구축하지 않는 한[58] 그는 주치 울루스로부터 자신을 보호해줄 수 있는 또 다른 보호자를 찾아야만 하였다.

---

56 Sayfī/Majd: 266.

57 이것만을 놓고 샴스 앗 딘의 주장대로 베르케의 사신들이 거짓을 말했다고 보기는 어렵다. 베르케의 입장에서는 반드시 문서로 명령문을 작성해서 보내야 할 필요성 자체를 느끼지 못했을 수도 있다.

58 반몽골 연합의 구축은 현실적으로 가능성이 높지는 않았지만 전혀 불가능한 것은 아니었다. 특히 훌레구가 이슬람 세계의 영적 중추였던 압바스조를 무너뜨리고 칼리프를 살해하였기 때문에 이슬람을 중심으로 한 연대가 이루어질 수 있었다. 실제로 샴스 앗 딘이 하이사르 이남 지역으로 진출할 때 그 지역의 통치자들은 이교도인 몽골이 아니라 무슬림인 그에게 복속한다고 하였다 (Sayfī/Majd: 231).

IV. 제국의 동요 속 샴스 앗 딘의 운명

한 울루스의 칸인 베르케와 전면 충돌한 샴스 앗 딘을 위기에서 벗어날 수 있게 도와줄 수 있는, 특히 가까운 곳에 위치한 존재는 많지 않았다. 아니 사실 거의 유일하다고 해도 무방하였는데, 그는 다름 아니라 이미 뭉케의 명령에 따라 서아시아 원정을 실시하였고, 그 결과 새로운 실력자로 급부상하고 있던 훌레구였다. 샴스 앗 딘은 훌레구가 서방 원정을 위해 이동하는 도중 사마르칸드에 숙영하고 있을 때 이란의 통치자 중 가장 먼저 알현하였고,[59] 그로부터 "헤라트와 사브자바르와 구르와 가르차의 말릭으로 임명"된 바 있다.[60] 훌레구는 아마도 이때부터 샴스 앗 딘에 대한 호의 및 신뢰가 있었을 것이며, 이번에도 주치 울루스 측 사신들을 처벌하고 샴스 앗 딘에게 칙령과 황금 패자(牌子) 牌子를 주면서 그의 지위를 인정하고 보호자를 자처하였다.[61]

좁게는 몽골 종왕, 넓게는 한 울루스와 황금 씨족을 대리하는 주치 울루스의 사신들을 처벌하고 속국의 군주이자 비몽골인인 샴스 앗 딘의 손을 들어준 훌레구의 행동은 쉽게 납득하기 어렵다. 다만 그 후 몽골 제국의 정치적 추이를 감안한다면 이해의 실마리를 찾을 수 있다. 『헤라트史記』에 따르면 샴스 앗 딘이 주치 울루스 측과 충돌하고 훌레구의 조정을 방문한 뒤 헤라트로 돌아온 것이 1258년 9월 21일이라고 하였다.[62] 그리고 다음 해인 1259년 대칸 뭉케가 사망하였고, 이후 제국은 곳곳에서 동요하기 시작하였다. 그중 제국의 서쪽에서는 훌레구와 베르케가 전면 충돌을 시작하였다. 훌레구는 서아시아 원정의 결과물을 차지하여 독자적인 울루스를 수립하고자 했던 반면, 베르케

---

[59]   Juvaynī/Qazvīnī, vol. 3: 98-99; Juvaynī/Boyle: 612-613; Rashīd/Rawshan and Mūsavī, vol. 2: 978-979; 라시드 앗 딘, 2017: 44-45.

[60]   Rashīd/Rawshan and Mūsavī, vol. 2: 1105; 라시드 앗 딘, 2017: 215.

[61]   Sayfī/Majd: 275-276.

[62]   Sayfī/Majd: 276.

는 원정에 참여한 주치 울루스의 권리를 빼앗기고 싶지 않았고, 더구나 자신의 영역 남쪽에 강력한 세력이 만들어지는 것도 원하지 않았기 때문이다.[63] 양측의 분쟁은 서방 원정에 참여했던 투타르와 불가 등 주치계 왕자들이 연이어 사망하면서 본격화되었고,[64] 1262년 데르벤드 일대에서 전면전을 펼치면서 정점에 달하였다. 이후 주치 울루스와 훌레구 울루스는 지속적으로 충돌하였고, 심지어 주치 울루스는 일종의 '외적'인 맘룩과 연합을 시도하는 등 몽골 제국의 내분은 격화되었다.

물론 사료에 따르면 주치 울루스와 샴스 앗 딘의 충돌은 뭉케의 사망 이전의 일이기 때문에 그 이후의 변화와는 직접적인 관계가 없을 수도 있다.[65] 그러나 뭉케이 즉위에 공헌하였고 그로 인해 높은 지위를 누렸던 베르케의 지속적인 지시에 훌레구는 평소 불만을 가지고 있었기 때문에[66] 샴스 앗 딘이 주치 울루스와 충돌했을 때 그의 편을 들었을 가능성도 배제할 수는 없다. 특히 훌레구가 1255년 사마르칸드에서 샴스 앗 딘을 만나 헤라트 등지의 '말릭'으로 임명한 것은 아무다리야 이서 지역에서 자신의 종주권을 수립하고자 하는 계획을 일찍부터 가지고 있었을 가능성을 보여준다. 또 이 시점까지 훌레구와 주치 울루스 사이에 아무런 문제가 없었다고 할지라도 훌레구는 헤라트를 위시한 후라산, 더 나아가 서아시아 일대에서 확고한 지위를 점하는 데 이 사건을 기회로 이용하고자 했을 수도 있다.

---

63   특히 독실한 무슬림이었던 베르케는 훌레구가 무슬림 도시를 파괴하고 이슬람 세계의 상징적 중심인 압바스조 칼리프를 살해한 것에 대해 불만을 가지고 있었다(Rashīd/Rawshan and Mūsavī, vol. 2: 1044; 라시드 앗 딘, 2017: 134).

64   Rashīd/Rawshan and Mūsavī, vol. 1: 738; 라시드 앗 딘, 2005: 194-195.

65   『集史』의 다른 부분에서는 불가가 훌레구에게 반역을 일으켜 처형당한 것이 이슬람력 654년/1256.2.5.-1257.1.24.의 일이라고 하였다(Rashīd/Rawshan and Mūsavī, vol. 1: 738; 라시드 앗 딘, 2005: 195). 다만 앞에서 살펴본 것처럼 『헤라트史記』에는 1258년 무렵 투타르와 불가가 보낸 사신들이 말릭 샴스 앗 딘을 데려가려고 했기 때문에 두 사료의 시간 서술이 다소 어긋나고 있다.

66   Rashīd/Rawshan and Mūsavī, vol. 2: 1044; 라시드 앗 딘, 2017: 133-134.

홀레구로서도 이와 같은 결정을 내리는 데는 많은 부담이 있었을 것이다. 엄밀히 말하면 거듭된 주치 울루스 측의 소환 지시를 어기고 그들의 사신을 구타한 샴스 앗 딘의 행위는 용납하기 어려웠다. 그럼에도 불구하고 홀레구가 샴스 앗 딘의 편을 든 것은 주치 울루스 측과의 충돌을 무릅쓰더라도 독자적인 세력을 수립하고자 하는 의지가 반영된 것은 아닐까 싶다. 아울러 후라산 일대에서 자신의 입지를 강화하기 위해서는 샴스 앗 딘과 같은 현지 세력의 도움이 필요로 하였을 것이다. 즉, 샴스 앗 딘과 홀레구의 결합은 서로의 이익을 위해 일치된 방향으로 나아간 결과라 할 수 있다.

샴스 앗 딘은 홀레구라는 새로운 보호자를 찾았고 그로부터 다시 칙령을 받음으로써 새로운 몽골의 질서 속에서 자신의 통치권을 확립할 수 있었다.[67] 그러나 샴스 앗 딘과 홀레구 사이의 관계가 아무런 문제 없이 순탄하게 흘러간 것만은 아니었다. 『와사프사』에 따르면 658년/1259.12.24.-1260.12.11. 에 샴스 앗 딘이 반란을 일으켰고, 홀레구는 테구르가 이끄는 군사를 파견했지만 그는 시스탄 경계에서 벌어진 전투에서 패배한 뒤 살해당했다.[68]

짧은 시간 안에 이렇게 급격한 관계 변화가 생긴 이유를 알 수는 없지만, 아마도 샴스 앗 딘이 홀레구로부터 칙령을 받고 귀환한 뒤의 행보와 관련이 있지 않을까 싶다. 즉 그는 헤라트로 돌아온 뒤 다루가치 카를룩을 내쫓고 뭉케에게 새로운 다루가치를 보내줄 것을 요청하였다. 이에 뭉케는 메르키타이라는 인물을 보냈는데, 그는 샴스 앗 딘의 명령과 금기를 어기는 것을 죄로 여길 만큼 그의 통제 아래에 있었다.[69] 이처럼 샴스 앗 딘이 후라산 동부 일대에서 대칸 뭉케의 권위를 기반으로 하여 세력을 공고하게 수립해나가자, 독자적

---

67 아쉽게도 이 당시 홀레구가 샴스 앗 딘에게 수여한 칙령의 구체적 내용은 알 수 없다. 다만 주치 울루스와의 분쟁 이후에 부여된 정황을 감안했을 때 샴스 앗 딘의 권한을 인정하는 내용일 것으로 보는 것이 타당하다. 칙령뿐만 아니라 패자까지 함께 수여된 점도 이러한 추정을 뒷받침한다.

68 Waṣṣāf/Bombay 石印本: 81; Waṣṣāf/Ayātī: 48.

69 Sayfī/Majd: 277-279.

인 울루스 수립을 목표로 한 훌레구는 그를 견제할 필요성을 느꼈을 것으로 생각된다. 이를 반영하듯 훌레구는 샴스 앗 딘의 세력을 견제하기 위해 새로 시스탄의 말릭을 임명하였다. 일전에 샴스 앗 딘은 주치 울루스와 결탁하여 자신을 제거하려 한 시스탄의 말릭 알리 마수드를 살해한 적이 있었는데, 그의 조카인 나시르 앗 딘이 복수를 하고자 훌레구로부터 사신을 데려와 시스탄을 다시 빼앗았던 것이다.[70]

그러나 얼마 후 다시 헤라트 변경 샬빈 초원에서 샴스 앗 딘과 일 칸의 군대가 대적하였는데, 이번에는 사신을 교환한 후 샴스 앗 딘이 복종하였고 훌레구는 그에게 많은 은사를 베풀었다.[71] 사료에 기록된 일시를 그대로 믿는다면 658년 무렵은 이미 대칸 뭉케가 사망한 시점으로서, 샴스 앗 딘은 자신의 세력을 위협한 훌레구에게 적극적으로 대응하기는 했지만 후원자인 뭉케가 사라진 이상 적대적인 입장을 계속 유지할 수는 없었을 것이다. 새로운 대칸이 빠른 시일 내에 즉위한다면 親朝를 통해 자신의 지위와 신분을 다시 인정받을 수 있었겠지만, 당시는 대칸의 자리를 놓고 쿠빌라이와 아릭 부케가 계승 분쟁을 벌이던 중이었다. 따라서 이러한 불확실한 상황 속에서 샴스 앗 딘은 훌레구와의 관계를 재정립할 필요를 강하게 느꼈을 것이다. 그리고 자신의 충성심을 증명이라도 하듯 그는 훌레구와 베르케 간 전투에서 헌신적으로 임

---

70 Rashīd/Rawshan and Mūsavī, vol. 2: 937; 라시드 앗 딘, 2005: 454-455. 『시스탄사』에서는 말릭 나시르 앗 딘이 시스탄 통치를 위한 칙령을 가지고 돌아와 시스탄 왕국을 차지한 것이 659년/1260.12.12.-1261.12.1.의 일이라고 하였다(Tārīkh-i Sīstān/Bahār: 369). 한편 나시르 앗 딘은 이전에도 훌레구의 어전으로 가서 칙령을 받아 귀환했었지만, 샴스 앗 딘이 재차 시스탄으로 왔고, 이에 나시르 앗 딘은 다시 훌레구의 어전으로 갔다고 한다(Tārīkh-i Sīstān/Bahār: 369). 『시스탄사』의 저자는 이 일을 657년/1259.1.4.-12.23.의 일로 기록하고 있는데, 그렇다면 훌레구와 샴스 앗 딘의 관계가 경색된 것은 시스탄의 통치가 주요 원인이었을 가능성도 있다. 어쩌면 샴스 앗 딘이 말릭 알리 마수드를 살해한 것이 그와 훌레구 사이의 관계를 악화시킨 직접적인 원인일 수도 있지만(Lane, 2003: 163) 『헤라트史記』에는 샴스 앗 딘이 그 사건 이후 훌레구에게 가서 칙령과 패자를 받았다는 기록이 있기 때문에 단언하기는 어렵다.

71 Waṣṣāf/Bombay 石印本: 81; Waṣṣāf/Āyātī: 48.

하였고, 훌레구는 그 모습에 만족하였다.[72]

샴스 앗 딘은 훌레구의 사망 이후 1265년 새로운 일 칸으로 즉위한 아바카와도 우호적인 관계를 유지하였다.[73] 아바카는 즉위식 후 국사를 정비하는 과정에서 "님루즈 왕국"을 샴스 앗 딘에게 맡겼던 것이다.[74] 그리고 아바카가 헤라트에 왔을 때 두 사람은 대면하였고 아바카는 그를 매우 총애하였으며 칙령을 하사하였다.[75] 샴스 앗 딘은 안정적인 통치를 위해 새로운 일 칸으로부터 자신의 통치권을 인정받아야 했고, 아바카 또한 선대부터 자신들에게 충성하고 있는 그의 지위를 보장하여 울루스의 동쪽 일대를 안정시킬 필요가 있었다. 샴스 앗 딘과 아바카 간의 우호 관계는 아바카와 베르케 사이에 벌어진 전투에 샴스 앗 딘이 적극적으로 참여하면서 절정에 이르렀다. 1265/66년 베르케가 데르벤드를 남하하여 훌레구 울루스를 침략하자 당시 아바카의 궁정에 있던 샴스 앗 딘은 전투에 참여하였다. 그는 무려 아홉 곳에 상처를 입으면서도 훌레구 울루스를 위해 분전하였고, 아바카는 그 모습에 감동하여 5명의 의사를 보내 치료하고 칙령과 패자, 북, 깃발 등 많은 은사를 내렸던 것이다.[76]

이처럼 샴스 앗 딘은 주치 울루스와 훌레구 울루스 간의 분쟁에서 항상 후자의 편을 들면서 새로운 보호자인 일 칸들의 호의를 샀고 자신의 정권을 유지할 수 있었다. 뭉케 사후 대칸의 권위에 직접 의지하는 것이 불가능해지

---

72 Waṣṣāf/Bombay 石印本: 81; Waṣṣāf/Ayātī: 48. 이상의 과정을 고려할 때 한 연구에서 뭉케에 의해 임명된 샴스 앗 딘이 같은 톨루이계이자 뭉케의 동생인 훌레구를 지지하는 것은 자연스러운 것이었다고 한 평가는 동의하기 어렵다(Kempiners, 1985: 53).

73 『와사프사』에 따르면 샴스 앗 딘은 처음에는 아바카에 복속하기를 주저했다고 한다(Waṣṣāf/Bombay 石印本: 81). 그러나 훌레구가 사망한 상황에 샴스 앗 딘은 새로운 일 칸과의 관계를 정립해야 할 필요가 있었다.

74 Rashīd/Rawshan and Mūsavī, vol. 2: 1061; 라시드 앗 딘, 2017: 156. "님루즈 왕국"은 곧 시스탄 일대를 가리키는 말로서 후라산의 남쪽에 위치하였다(Le Strange, 1905: 334).

75 Sayfī/Majd: 315.

76 Sayfī/Majd: 316-324.

고 주치 울루스와의 분쟁은 계속되는 상황에서 샴스 앗 딘이 생존할 수 있는 최선의 선택은 신생 훌레구 울루스와의 긴밀한 관계를 지속적으로 유지하는 것이었다. 그리고 샴스 앗 딘은 자신의 안위를 내걸면서까지 적극적으로 이 관계를 지키려 하였고 큰 성공을 거두었다.

그러나 차가타이 울루스의 칸 바락이 후라산을 침공하면서 상황이 급격하게 변화하였다. 뭉케 사후 발생한 제국의 혼란 속에서 바락은 우구데이 울루스의 카이두와 주치 울루스의 뭉케 테무르에 의해 입은 손해를 복구하고자 아무다리야를 건너 후라산으로 침입하였다.[77] 훌레구 울루스는 주치 울루스와의 분쟁에 이어 동북쪽에서 다시 한 번 다른 울루스와 내전을 치러야만 했다. 샴스 앗 딘의 입장에서 이번 전쟁은 자신이 세력권 내에서 이뤄진다는 점, 그리고 이웃하고 있는 또 다른 몽골 울루스와의 전쟁이라는 점, 바락이 대규모 병력을 이끌고 왔다는 점에서 이전과는 달랐다.[78] 게다가 바락은 샴스 앗 딘에게 무조건적인 항복을 요구하기보다는 "아무다리야로부터 마잔다란 경계까지"를 주겠다고 약속하면서 적극 회유하였다.[79] 샴스 앗 딘은 어느 편에 설 것인지 선택해야 했다.

당시 샴스 앗 딘이 어떠한 생각을 가지고 있었는지 명시적으로 보여주는 사료는 없다. 다만 그는 이틀간 자신의 아미르 및 바지르와 상의한 뒤 바락에게 향하였다. 바락은 샴스 앗 딘에게 전쟁에서의 방책을 물었고, 그는 바락의 군대가 전리품을 거두는 데 만족할 뿐 전투를 벌이지 않고 있음을 지적하였다.

---

77 바락이 후라산으로 남진하여 헤라트 일대에서 훌레구 울루스군과 벌인 소위 '헤라트 전투'에 대해서는 Biran(2002) 참고

78 바락은 스스로 15만의 군사를 이끌고 왔다고 자랑하며 아바카가 군대를 총동원하더라도 8만에 이르지 않을 것이라 여겼다(Sayfī/Majd: 336).

79 Sayfī/Majd: 335. 바락 측의 한 아미르는 말릭 샴스 앗 딘의 복속 여부가 후라산의 말릭 및 아미르들의 향배에 결정적인 영향을 미친다는 점을 근거로 그를 자신들의 편으로 만들 것을 주장하였다. 이 시기 후라산에서 샴스 앗 딘이 차지하는 정치적 비중을 가늠할 수 있다. 한편 『集史』에서는 바락이 샴스 앗 딘에게 '후라산의 왕국'과 '이후 정복하는 곳'을 주겠다고 약속하였다고 한다 (Rashīd/Rawshan and Mūsavī, vol. 2: 1078; 라시드 앗 딘, 2017: 178).

그러나 바락은 자신의 군대가 더 많다며 자신감을 보였고, 샴스 앗 딘은 바락이 항구적인 지배를 위해 후라산을 침략한 것이 아니라 약탈하고 돌아갈 계획을 가졌다고 이해하고 바락에게 합류한 것을 후회하였다.[80] 즉 그는 차가타이 울루스와 홀레구 울루스의 전쟁에서 전자가 승리를 거두고 바락이 후라산의 군주가 될 것이라 생각하여 미리 새로운 보호자를 얻고자 했으나, 바락 측의 방만한 태도, 그리고 후라산을 차지할 생각이 없음을 확인하고 헤라트로 돌아간 것이다.

이후 샴스 앗 딘은 바락과 홀레구 사이의 전쟁에서 중립적인 태도를 취하였다. 그러나 이미 아바카는 샴스 앗 딘에게 극도로 분노한 상태였다. 우여곡절 끝에 전쟁에서 승리를 거둔 아바카는 헤라트에 새로운 말릭과 다루가치를 파견하였다.[81] 샴스 앗 딘의 입장에서는 인접한 홀레구 울루스와의 관계가 경색되는 것은 위험하였기 때문에 자신의 아들 말릭 투르크를 튭신 오굴에게 보내 관계를 회복하려고 노력하였다.[82] 튭신 오굴은 말릭 투르크에게 헤라트의 통치권을 부여하였지만,[83] 다음 해 아바카는 다시 새로운 말릭을 파견하였다. 아마도 샴스 앗 딘의 처분을 놓고 아바카와 튭신 오굴 사이에 이견이 있었던 것으로 보이나, 최고 권력자인 일 칸 아바카는 계속 강경한 입장을 취하였다.

아바카 역시 샴스 앗 딘을 그대로 방치하기에는 부담스러웠을 것이다. 다만 하이사르에 웅거하고 있는 샴스 앗 딘을 무력으로 제거하려면 큰 출혈이 불가피했기 때문에 다른 계책을 사용하였다. 아바카는 먼저 샴스 앗 딘 측에 사신을 보내 칙령을 전달하면서 헤라트로 내려와서 "아프가니스탄의 끝과 샤부르간 및 아무다리야 경계까지의 변경"을 다스리라고 하였다. 아울러 자신

---

80   Sayfī/Majd: 336.

81   Sayfī/Majd: 354–355.

82   튭신 오굴은 아바카의 동생으로, 아바카는 즉위 이후 튭신 오굴에게 후라산과 마잔다란 방면에서 아무다리야 강변에 이르는 지역을 관할하도록 명하였다(Rashīd/Rawshan and Mūsavī, vol. 2: 1060; 라시드 앗 딘, 2017: 155).

83   Sayfī/Majd: 356–358.

은 절대 그에게 해를 가하지 않을 것을 맹세하였다.[84] 샴스 앗 딘이 아바카의 제의를 그대로 믿었는지는 알 수 없지만 줄곧 관계 개선을 도모하였기에 좋은 기회라고 생각한 듯하다. 그는 아바카의 유화적 태도에 호응하여 사신을 보냈고 자신은 헤라트로 내려왔다.

하지만 여전히 불안한 아바카는 군사 1만을 파견하여 샴스 앗 딘을 제거하고자 하였다. 그러자 사힙 디반 호자 샴스 앗 딘은 군대의 파견으로 인해 후라산 일대가 큰 피해를 볼 것을 걱정하며 자신의 아들을 보내 샴스 앗 딘을 데려오겠다고 하였다. 결국 이들의 설득에 따라 그는 아바카에게로 향하였다. 물론 샴스 앗 딘이 순수하게 설득 때문에 헤라트를 떠나지는 않았을 것이다. 몽골의 관습과 법에 익숙한 그로서는 어떻게든 가장 인접한 최고 권력자와 우호적인 관계를 맺어야 할 필요성을 절감했으리라 생각한다. 아바카군의 항상적 침략 위기는 분명 샴스 앗 딘에게 큰 위협이었을 것이기 때문이다.

그러나 샴스 앗 딘의 전향적 자세와 친조, 그리고 궁정 내 여러 인물들의 청원에도 불구하고 아바카는 끝내 그를 용서하지 않았다. 심지어 아바카는 "그에 대한 믿음이 없다"면서 그를 만나지도 않았고 돌려보내지도 않았다.[85] 그렇게 샴스 앗 딘은 몇 달 동안 타브리즈에 머물다가 독살 또는 자결하였다.[86] 아바카는 교활한 샴스 앗 딘이 꾀를 내어 사망을 한 것처럼 위장했을 것이라 의심하면서 철저히 조사하도록 하였고, 결국 샴스 앗 딘의 관을 쇠사슬로 결박하여 매장하였다.[87]

---

84   Sayfī/Majd: 362-363.

85   Sayfī/Majd: 373.

86   그의 사망에 대해서는 여러 가지 설이 있는데 하나는 아바카가 약을 주었다고 하고(Sayfī/Majd: 378), 반지 안의 독을 먹고 자결했다는 이야기도 있다(Rashīd/Rawshan and Mūsavī, vol. 2: 1107; 라시드 앗 딘, 2017: 217).

87   Sayfī/Majd: 381; Rashīd/Rawshan and Mūsavī, vol. 2: 1107; 라시드 앗 딘, 2017: 217-218.

V. 맺음말

13세기 초 북아시아 초원에서 건립된 몽골 제국은 이후 급속도로 팽창하면서 유라시아 대륙의 상당 부분을 차지하였다. 그러나 1259년 뭉케의 사망 이후 카안의 자리를 둘러싼 계승 분쟁과 여러 울루스 간의 전쟁으로 제국의 일체성에 균열이 발생하기 시작하였다. 당시 세계는 몽골의 직접 지배 여부와는 별개로 그들이 수립한 질서에 어떤 식으로든 연결되어 있었지만, 칭기스 칸 시기부터 몽골과 관계를 맺었고 그 지정학적 위치로 인해 여러 세력의 각축장이 되었던 카르트 왕조는 몽골의 세계 질서가 어떻게 변화하였는지를 잘 보여주는 거울 중 하나였다.[88] 그러한 측면에서 봤을 때 비몽골인 속국 지배자로서 13세기 초·중반 몽골 제국의 격동기를 살았던 인물인 샴스 앗 딘은 당대 세계 질서를 가늠할 수 있게 하는 가장 적합한 사례라 할 수 있다.

카르트 왕조는 루큰 앗 딘이 칭기스 칸에 복속하면서 몽골과의 관계를 시작하였다. 샴스 앗 딘은 몽골의 지휘관 다이르 바하두르의 도움으로 루큰 앗 딘의 자리를 이어받았으나, 다른 몽골 장수들과의 충돌로 위기에 봉착하자 대칸 뭉케에게 친조하여 칙령을 획득함으로써 자신의 통치권을 인정받았다. 이후 그는 뭉케의 칙령을 근거로 하여 독립적 지배권을 확립하기 시작하였는데, 그 과정에서 헤라트 일대에 대한 이권을 도모하던 주치 울루스와 충돌하였다. 샴스 앗 딘은 몽골과의 전면 충돌을 감당할 수 없었고, 뭉케의 즉각적인 지원을 기대할 수도 없었기 때문에 인접한 신생 울루스의 주인인 훌레구의 보호를 청하였다. 그리고 훌레구 울루스와 주치 울루스 사이에서 분쟁이 발생한 때에는 직접 전면에 나서 전자를 도움으로써 우호적인 관계를 계속 유지하려 노력하였다. 그러나 차가타이 울루스의 바락이 후라산을 침공하자 샴스 앗 딘

---

[88] 차가타이·우구데이 울루스와 카안 울루스의 접경 지역이었던 위구리스탄, 그리고 카안 울루스와 동방삼왕가에 각각 연결되어 있었던 고려 등도 유사한 사례라 할 수 있다. 다만 카르트 왕조는 카안을 비롯하여 주치·차가타이·훌레구 울루스 등 더욱 많은 세력과 얽혀 있었다.

은 그가 서아시아의 새로운 주인이 될 것이라 생각하여 협력하였고, 결과적으로 그의 선택은 실패로 돌아갔다. 결국 샴스 앗 딘은 자신의 보호자였던 일 칸 아바카와의 관계를 회복하지 못하고 그에 의해 사실상 처형되었다.

유년 시절부터 몽골인과 함께 한 경험 덕분에 몽골의 관습과 법에 익숙했던 샴스 앗 딘은 몽골의 종주권을 적극적으로 인정하고 몽골과 우호적인 관계를 수립함으로써 자신의 정권을 유지하였고 세력을 확장해 나갈 수 있었다. 샴스 앗 딘의 정권이 몽골에 의해 탄생되었고, 몽골은 비록 내분을 겪기는 했어도 여전히 강력한 힘을 유지하고 있었음을 감안한다면 그의 선택은 충분히 납득할 수 있다. 그러나 그렇다고 해서 그가 항상 몽골에 순응하기만 했던 것은 아니다. 자신의 이익을 위해서는 몽골과의 충돌도 불사하였고, 몽골의 내전 시기에는 특정 세력을 지지하기도 했던 것이다. 그의 생애와 중요 국면에서의 선택은 13세기 초·중반 몽골 제국의 변화상을 엿볼 수 있게 한다.

다만 샴스 앗 딘은 결코 몽골이라는 세계 질서 자체를 부정하지는 않았다. 다시 말해 몽골로부터 벗어나 완전히 독립적인 국가로 변모하고자 시도하지는 않았던 것이다. 뭉케의 사망 이후 제국이 소위 '분열'되었을 때에도 샴스 앗 딘은 자신의 이익을 보장할 수 있는 몽골 후원자를 선택하였다. 비록 실패로 끝난 마지막 선택으로 인해 목숨을 잃었지만, 그가 바라본 몽골은 극복의 대상이 아니라 인정하고 공존해야만 하는 존재였다. 또 그의 눈에 비친 세계 질서는 분명히 이전과는 달라졌다고 하나 표면적으로는 여전히 기존 형태를 유지하고 있었다.[89] 샴스 앗 딘에게 몽골은 안전과 상대적인 예측 가능성, 무역을 통한 번영의 가능성을 의미하였으나(Lane, 2003: 176), 그 전제는 몽골의 세계 질서가 여전히 작동하고 있었다는 것이다.

한편 몽골은 후라산 동쪽 일대를 안정적으로 통치하고, 더 나아가 인도

---

[89] 샴스 앗 딘이 훌레구 울루스와 함께 주치 울루스에 대항하며 몽골 제국이 와해되어 가는 현장을 직접 목도했다고 하더라도, 카르트 왕조에 대한 훌레구 울루스의 지배가 계속되는 한 '몽골'의 세계 질서가 달라지는 것은 아니었다.

일대로 진출하기 위해 샴스 앗 딘의 통치권을 인정하였다. 그리고 이것은 몽골이 그 일대를 점령 및 통치할 수 있는 힘이 없었기에 현지 세력의 도움을 빌렸다기보다는, 몽골이 속국을 통치하고 활용하는 방식이었다. 샴스 앗 딘은 속국의 군주로서 몽골이 기대하는 역할을 충실히 수행하였고,[90] 그렇기 때문에 제국이 와해되고 충돌하는 과정에서도 그 지위를 유지할 수 있었던 것이다. 다만 아바카와 바락 간 전쟁이 전자의 승리로 끝나고, 그 결과 훌레구 울루스가 헤라트를 포함한 후라산 동쪽 일대에 종주권을 확립하게 되자, 아바카와 훌레구 울루스에 반기를 들었던 샴스 앗 딘이 몽골의 세계 질서 속에 설 자리는 더 이상 존재하지 않았다. 그러나 충성심이 보장되는 한 속국으로서 카르트 왕조가 지닌 효용성은 여전히 있었기에 14세기 후반 티무르에 의해 멸망될 때까지 카르트 왕조는 존속할 수 있었다.[91]

90　일반적으로 몽골이 속국에 요구한 소위 '六事'의 요구가 샴스 앗 딘과 카르트 왕조에게는 어떻게 적용되고 실현되었는지에 대해서는 추후에 보다 상세한 연구가 필요하다.

91　실제로 아바카는 샴스 앗 딘 사후 헤라트 일대에 대한 통치를 맡을 적임자가 없었기 때문에 샴스 앗 딘의 아들 루큰 앗 딘을 후계자로 임명하였고, 그의 이름을 "작은 말릭 샴스 앗 딘"으로 불렀다고 한다.

참고문헌

사료

『高麗史』

라시드 앗 딘 저. 김호동 역. 2002[2005]. 『부족지』. 파주: 사계절.

———————————. 2003[2004]. 『칭기스칸기』. 파주: 사계절.

———————————. 2005. 『칸의 후예들』. 파주: 사계절.

———————————. 2017. 『일 칸들의 역사』. 파주: 사계절.

'Abd Allāh ibn Fazl Allāh. 1269(1853). *Kitāb-i Wassāf al-Hadrāt*. Bombay lithography edition, bi-ihtimām-i Muhammad Mahdī Isfahānī [Waṣṣāf/Bombay 石印本]

Āyatī, 'Abd al-Muhammad. 1346(1967). *Tahrir-i Tarikh-i Vassaf*, Tihrān: Bonyad-i Farhang-i Iran. [Waṣṣāf/Āyātī]

Bahār, Muhammad Taqī. 1381(2002). *Tārīkh-i Sīstān*. Tihrān: Mo'in. [Tārīkh-i Sīstān/Bahār]

Majd, Ghulām Riza Tabātabā'ī. 1383[1385(2006/2007)]. *Ta'rīkhnāmah-i Harāt*. Tihrān: Intishārāt-i Asātīr. [Sayfī/Majd]

Qazvīnī, Muhammad. 1912-1958. *Tārīkh-i Jahān-gushāī*, 3 vols. Leyden: E. J. Brill. [Juvaynī/Qazvīnī]

Rawshan, Muhammad and Mustafī Mūsavī. 1373(1994). *Jāmi' al-Tavārīkh*. Tihrān: Nashr Alborz. [Rashīd/Rawshan and Mūsavī]

Boyle, J. A. 1997. *Genghis Khan: The History of the World Conqueror*. Manchester: Manchester University Press. [Juvaynī/Boyle]

Thackston, W. M. 1994. *Habibu's-siyar, Tome three, Part One*. Cambridge, Mass.: Dept. of Near Eastern Languages and Civilizations, Harvard University. [Khwandamir/Thackston]

연구서 및 연구논문

김석환. 2019. "몽골제국 초기 勅令制度의 형성과 그 특징." 『中央아시아研究』 24(2),

59-81.

_____. 2021. "알 탐가와 알툰 탐가를 통해 본 훌레구 울루스의 印章制度." 『역사문화
연구』 79, 285-323.

김호동. 1998. "구육(定宗)과 그의 時代." 서울大學校東洋史學硏究室 編. 『近世 東아시
아의 國家와 社會』, 87-132. 서울: 지식산업사.

_____. 2007. 『몽골제국과 고려 : 쿠빌라이 정권의 탄생과 고려의 정치적 위상』. 서
울: 서울대학교 출판부.

邱樹森. 1999. 『元朝簡史』. 福州: 福建人民出版社.

本田實信. 1991. "8. ヘラートのクルト政權." 『モンゴル時代史研究』, 127-163. 東京:
東京大學出版會.

北川誠一. 1979. "ニクーダリーヤーンの成立." 『オリエント』 22(2), 39-55.

_____. 1983. "クルト朝とニクーダリーヤーン." 護雅夫 編. 『內陸アジア・西アジア
の社會と文化』, 647-665. 東京: 山川出版社.

杉山正明. 1995. 『クビライの挑戰』. 東京: 朝日新聞社.

舩田善之. 2005. "元代の命令文書の開讀について." 『東洋史研究』 63, 650-681.

Allsen, Thomas T. 1987. *Mongol Imperialism*: *The Policies of the Grand Qan
Möngke in China, Russia, and the Islamic Lands, 1251-1259*,
Berkeley: University of California Press.

_____. 2001. *Culture and Conquest in Mongol Eurasia*, Cam-
bridge, UK: New York, NY, USA: Cambridge University Press.

Bartol'd, V. V. 1984. *An historical Geography of Iran*, trans. Svat Soucek, Princ-
eton, N.J.: Princeton University Press.

Biran, Michal. 2002. "The Battle of Herat (1270): A Case of Inter-Mongol
Warfare." in Nicola Di Cosmo ed. *Warfare in Inner Asian History*:
500-1800, 175-219. Leiden: Brill.

Browne, Edward Granville. 1956. *A Literary History of Persia, Vol. 3*: *The Tar-
tar Dominion (1265-1502)*, Cambridge: The University Press.

Jackson, Peter. 1978. "The Dissolution of the Mongol Empire." *Central Asiatic
Journal* 22(3/4), 186-244.

Kempiners, Russell G. 1985. "The Struggle for Khurasan: Aspects of Political,

Military, and Socio-Economic Interaction in the Early 8th/14th Century." Ph. D. Diss., The University of Chicago.

Lane, George. 2003. "5. The provinces: Herat." *Early Mongol Rule in Thirteenth Century Iran : a Persian Renaissance*, 152–176. New York: RoutledgeCurzon.

Potter, Lawrence Goddard. 1992. "The Kart Dynasty of Herat: Religion and Politics in Medieval Iran." Ph. D. Diss., Columbia University.

Le Strange, Guy. 1905. *The lands of the Eastern Caliphate*, Cambridge: Cambridge University Press.

• • • •

제8장

오스만 제국 전반기(1299-1600년) 술탄이 지닌 아이덴티티의 변용

오가사와라 히로유키(小笠原弘幸, 규슈대학 대학원 인문과학연구원)

I. 머리말

오스만 제국은 1299년경에 등장하여 1922년에 멸망하였다. 600년간 이어진 이 제국은 아시아·아프리카·유럽 세 대륙에 걸친 영토를 지배하며 순나파 이슬람 세계의 맹주로서 군림하였다.

방금 필자는 "순나파 이슬람 세계의 맹주"라고 기술하였다. 그러나 오스만 제국의 술탄(Sultân, 군주)은 애초부터 이 아이덴티티를 자임하고 있던 것은 아니었다. 본래 가문의 내력을 알 수 없는 출신이었던 오스만 왕가는 제국이 발전함에 따라 다양한 아이덴티티를 몸에 걸치거나 벗어 던짐으로써 지배의 정통성을 주장해 온 것이다.

본 장의 목적은 오스만 제국 군주인 술탄이 자신을 어떤 존재로 인식하고 있었는지, 그 아이덴티티와 변천을 규명하는 것이다. 여섯 세기에 달하는 제국의 모든 시대에 대해서 논하기란 어렵기 때문에 제국의 전반기, 즉 고전기라고 불리는 1600년까지를 대상으로 삼고자 한다.[1] 이 시기까지 오스만 제

---

1   이 시대를 고전기로 규정한 대표적 연구로는 İnalcık(1973)이 있다.

국의 체제는 일단 완성되고, 상술한 "순나파 이슬람 세계의 맹주"로서의 아이덴티티가 확립되기 때문이다.

왕가의 아이덴티티를 검토할 때에는 네 가지 요소에 초점을 맞출 것이다. 첫 번째로 오스만 제국의 가장 이른 시기부터 말기까지 일관되게 주장되었던 '가지(신앙 전사, gâzî)' 의식이다. 두 번째로 고귀한 투르크계의 혈통인 '카이으 씨족' 의식을 거론한다. 세 번째로는 특수한 카리스마를 지닌 '성스러운 제왕'이라고 하는 의식, 네 번째로 전통적인 순나파 이슬람 정치이론에 따른 무슬림의 지도자인 '칼리프(halîfe)' 의식이다.

오스만 제국의 술탄은 이러한 요소들을 어떻게 자신의 아이덴티티로 받아들였던 것일까. 이상의 분석에 의하여 오스만 제국 술탄이 지닌 기본적인 아이덴티티가 분명해질 것이라고 생각한다. 또한 보충적인 요소로서 '몽골'과 '로마'에 대해서도 다루고자 한다.

II. '가지(신앙 전사)'의 우두머리: 14세기

1. 오스만 제국 등장 전의 아나톨리아

오스만 제국을 만들어 낸 집단이 그 활동을 개시한 곳은 서북아나톨리아이다. 아나톨라아는 오랫동안 비잔틴 제국(동로마 제국, 395-1453년)의 영토였다. 예언자 무함마드가 이끄는 무슬림 세력이 7세기에 성립한 뒤로는 우마이야조(661-750년)나 압바스조(750-1258년)를 비롯한 무슬림군이 몇 차례나 침공하였으나, 아나톨리아에 항구적인 지배를 확립하는 데는 이르지 못했다. 그 상황이 크게 바뀐 것은 11세기이다.

당시 이슬람 세계에서 패권을 장악하고 있던 것은 투르크계 오구즈족(이슬람 세계에 유입된 투르크계 사람들의 대부분은 오구즈족이라고 불리는 집단에 속해 있었다)의 셀주크조(1038-1157년)였다. 그 셀주크조의 군단이 동아나톨리아에서 벌어진 말라즈기르트 전투(1071년)에서 비잔틴 제국군을 쳐부수었다. 이 전투의 결과, 투르크계 무슬림의 아나톨리아 유입이 활발해진 것이다. 1075년에는 셀주크조의 분가인 룸 셀주크조(1077-1308년)가 아나톨리아에 성립하였다. 이리하여 아나톨리아의 대부분은 투르크계의 무슬림 왕조가 지배하는 땅이 되었다.

13세기에는 이슬람 세계에 동쪽으로부터 몽골 제국이 침공하였다. 칭기스 칸의 손자 훌레구가 이끄는 몽골군은 1258년에 바그다드를 함락시키고 압바스조를 멸망시켰다. 훌레구가 건국한 일 칸조(1258-1353년)는 머지않아 이슬람으로 개종하기는 했지만, 이슬람 세계는 대변동에 휩쓸렸다. 한편 아나톨리아에서는 몽골의 한 군단이 침공하여 룸 셀주크조 군을 격파하여, 룸 셀주크조는 몽골에 신종(臣從)하게 되었다. 이리하여 룸 셀주크조의 아나톨리아 지배가 약체화한 결과, 아나톨리아는 투르크계 유목민이 건국한 작은 후국(侯國, 베일릭, beylik)이 난립하는 군웅할거 시대를 맞이하였다. 그러는 사이에 오스만이 이끄는 집단이 서북아나톨리아에서 서서히 두각을 나타내기 시작한 것이다.

2. 오스만 집단의 등장

오스만 제국의 기원은 아나톨리아 서북부에서 활동한 오스만 1세(재위 1299년경-1323년경)를 지도자로 삼은 소집단에서 찾을 수 있다. 투르크계 유목민을 핵심으로 하고 있었다고 생각되는 그들은 이슬람 신비주의 교단이나 기독교도 전사 집단도 끌어들여 서서히 큰 세력이 되었다.

1323년경에 오스만 1세의 뒤를 이은 오르한은 비잔틴 제국의 도시 부르사를 공략하는 데 성공하고 이곳을 수도로 정하였다. 당시 비잔틴 제국은 크게 쇠퇴하여 콘스탄티노플과 그 주변만이 그 세력하에 있었다. 오르한은 비잔틴 제국의 황위 계승자 분쟁을 이용해서 발칸 반도로 진출하여 세력을 확대한다. 제3대 술탄인 무라드 1세(재위 1362-89년)는 1370년대에 발칸의 중요 도시 에디르네를 정복하였다. 에디르네는 나중에 오스만 제국의 제2의 수도가 된다. 무라드 1세는 1389년, 세르비아를 중심으로 한 기독교 제국(諸國) 연합군과의 전투(코소보 전투)에서 전사하였으나, 전쟁에는 승리하여 이후 오스만 제국의 발칸 반도 지배가 확립되었다.

3. 유서 없는 출신

오스만 1세와 그의 무리들은 어디서 온 것일까. 그들이 본래 투르크계 출신이었던 것은 확실하다. 그러나 오스만 1세의 혈통은 분명하지 않다. 오스만 1세의 부친이 에르투룰이라고 하는 인물이었던 것은 제국의 가장 이른 시기 화폐에 "에르투룰의 아들 오스만"이라고 새겨져 있는 것으로부터 확실하다. 오스만 제국에서 연대기가 쓰이게 된 것은 15세기가 되고부터인데, 이러한 초기의 여러 연대기도 에르투룰이 오스만 1세의 부친이라고 하는 점에 대해서는 일치하고 있다.

그러나 오스만 제국 초기에 쓰인 몇 가지 연대기의 기술은 오스만 1세의 조부가 누구인지에 대해 엇갈리는 점이 있다. 성립 연대는 1480년으로 다소 늦지만, 오래된 정보원이 이용되었다고 생각되는 카라마니의 『오스만 왕가의 역사』는 오스만의 조부를 '귄뒤즈 알프'라고 하는 인물로 삼는다. 한편, 15세기 말에 성립한 아시윽파샤자데의 『오스만 왕가 제사(諸史)』나 네쉬리의 『세계의 거울』은 오스만의 조부를 '쉴레이만 샤'라고 한다. 시대가 내려가면 대부분의 연대기는 후자의 절을 채용하게 된다(小笠原弘幸, 2014).

이에 대해서는 연구자 이난츠가 검토를 한 바 있다(Yinanç, 1948). 그에 따르면 룸 셀주크조의 왕에게 쉴레이만이라고 하는 인물이 있었는데, 그의 전승이 오스만 왕가의 계보 전승에 섞여들어, 오스만의 조부로 여겨지게 되었다고 한다. 귄뒤즈 알프가 투르크계 이름이고, 쉴레이만이 이슬람적인 이름(『구약성서』의 솔로몬에서 유래한다)인 것으로 보아, 본래 오스만 1세의 조부는 귄뒤즈 알프라는 이름이었을 것으로 생각된다.

이로부터 알 수 있는 것은 오스만 1세의 출신은 그 조부의 단계부터 이미 애매하며, 가문의 내력이 분명하지 않고, 고귀한 혈통이라고는 할 수 없다고 하는 점이다.

4. 가지라고 하는 아이덴티티

"태생을 알 수 없는 난폭한 자들의 두목"에 지나지 않았던 오스만 1세는 어떻게 자신의 아이덴티티를 확립하고, 지배자로서의 정통성을 어필하였던 것일까. 오스만 1세나 그의 뒤를 이은 제2대 술탄 오르한(재위 1323년경-62년) 등, 오스만 제국의 가장 이른 시기 지도자들이 지닌 아이덴티티는 이슬람의 신앙을 위해 싸우는 '가지(신앙 전사)'라고 하는 것이었다.

가지란 예언자 무함마드가 종종 행한 '가즈베(gazve, 신앙을 위한 전투, 성전(聖戰))'에서 유래한 말이다.[2] 기독교 세계와 이슬람 세계의 틈새에 있었던 아나톨리아의 투르크계 전사들은 종종 이 '가지'라고 하는 칭호를 외치며 성전—이라고 히더러도 실제는 단순힌 약탈과 그다지 디르지 않았다고 생각된다 에 종사히였다. 오스만 1세와 오르한도 예외가 아니어서 그들은 '오스만 가지'나 '오르한 가지'라고 하는 형태로 이 칭호를 그 명칭으로 지녔다.

이러한 초기 오스만 집단이 신앙한 이슬람은 정통적인 순나파의 교의를 엄밀히 이해한 후의 이슬람이 아니라, 보다 유연한 수피즘에 기반한 이슬람이었다. 수피즘이란 일반적으로 이슬람 신비주의로 번역되며, 이슬람에서 내면을 중시하는 사상·운동으로, 이를 실천하는 자를 수피라고 부른다. 수피즘은 9세기경 신앙의 형해화나 교조화를 비판하고 수행 등에 의해 내면의 충족을 구하며 등장하였다. 수피들은 12세기에는 교단(타리카)이라고 하는 형태를 취하게 되고, 많은 지지자를 모았다. 특히 투르크인에게는 '정통적인 이슬람'인 신학이나 법학보다도 수피즘 쪽이 매력적이었고, 아나톨리아에서도 수피즘은 널리 받아들여져 다양한 교단이 활동하였다. 교단 중에는 세속과의 인연을 끊고 평온하게 수행에 몰두하는 것이 아니라, 적극적으로 전투에 투신하는 전사

---

2 마찬가지로 '성전'이라고 하는 의미를 지닌 단어로 지하드(cihâd, 지하드를 위해 싸우는 전사는 '무자히드'라고 불린다)가 있다. 지하드와 가자는 오스만 제국 시대에는 거의 동의어로 쓰이며, 구별되어 사용되지 않았다고 여겨진다(Özcan, 1996: 44-45).

들로 이루어진 것도 있었다.[3]

　오스만 제국은 그 초기부터 다양한 교단과 관계를 맺어 왔다. 14세기 말에 바예지드 1세는 카자루니 교단을 위해 시설을 세우고, 15세기 후반 메흐메드 2세의 시대에는 콘스탄티노플 공략에 다수의 이스하키야 교단원이 참가하였다. 오스만 제국군을 상징하는 예니체리 군단은 벡타시 교단의 영향을 강하게 받고 있었다. 전사 집단이었던 초기의 오스만 제국은 역시 다수의 전사를 거느리고 있던 수피 교단과 강한 친연성이 있었다고 할 수 있을 것이다.

　이처럼 초기의 오스만 집단에는 수피 교단의 전사들이 체현할 만한 성전을 숭상하는 분위기가 충만해 있었다. 이러한 가운데 술탄들은 '가지'의 칭호를 내세웠던 것이다.[4]

　제국 말기에 이르기까지 친정(親征)했던 술탄은 가지 칭호를 내세웠다. 그러나 16세기 후반부터 친정하는 술탄은 감소하기 때문에 이 칭호의 중요성도 상대적으로 희미해져 갔다(Imber, 2005: 101).[5]

3　오스만 1세와 이슬람 신비주의의 관련을 보이는 전승 가운데 가장 유명한 것은 그의 결혼에 얽힌 전설일 것이다. 어느 날, 오스만 1세는 빌레지크의 도시 명사(名士)이자 수피인 에데 발리를 방문하여 환담하였다. 그날 밤, 에데 발리의 객사에 묵었던 오스만 1세는 자기 가슴으로 달이 파고들어, 거기서 큰 나무가 자라 그 가지가 세계를 뒤덮는다고 하는 꿈을 꾸었다. 이 꿈의 내용을 들은 에데 발리는 오스만 1세가 세계를 정복할 징조라고 해석하고, 딸을 그에게 주었던 것이다. 물론 이것은 전설이며, 사실(史實)이라고는 할 수 없다. 동시대 자료에 의하면 제2대 술탄이 된 오르한의 모친은 에데 발리의 딸은 아닌 듯하다. 그러나 사실이 아니라고 하더라도, 오스만 1세와 수피의 강한 유대를 나타내는 일화라고 할 수 있을 것이다.

4　다만 실태로서는 오스만 1세 등은 이슬람의 엄밀한 교의에 따라 이교도에게 지하드를 거듭할 정도로 종교에 사로잡힌 사람들은 아니었다. 실제, 오스만 1세의 맹우인 쾨세 미할은 기독교도 전사였기 때문에 초기 오스만 집단의 실태는 무슬림도 기독교도도 받아들인, 실로 유연한 것이었다고 할 수 있다.

5　실제로 친정하지 않고 신하가 지휘한 원정이라도, 승리하면 가지를 칭하는 술탄도 있었다. 예컨대 마흐무드 1세(1732년에 타브리즈를 정복), 무스타파 3세(1769년에 호틴을 정복) 등이 있다(Özcan, 1996: 444).

III. 오구즈족의 제왕—카이으 씨족이라고 하는 고귀한 출신: 15세기-16세기 초

1. 티무르의 충격

무라드 1세의 뒤를 이은 바예지드 1세(재위 1389-1402년)도 뛰어난 술탄이었다. 바예지드 1세는 우선 아나톨리아 방면으로 눈을 돌렸다. 아나톨리아에 할거하는 정예 투르크계의 후국들은 군사적으로 만만찮은 적수였고, 무라드 1세의 시대까지는 정략결혼과 회유를 통해 그들과 관계를 맺고 있었다. 그러나 발칸 방면의 지배가 확립되자, 바예지드 1세는 아나톨리아로 진군하여 순식간에 작은 후국을 병합해 나갔다. 1390년에는 최대의 라이벌이었던 카라만 후국을 쳐부수고, 최종적으로 병합하였다. 1396년에는 헝가리가 중심이 되어 편성된 니코폴리스 십자군이 침공하였으나, 바예지드 1세는 이들도 격파하였다. 이리하여 바예지드 1세는 아나톨리아와 발칸에서 그 지배를 확립한 것이다.

바예지드 1세는 1402년 동쪽으로부터 침공해 온 티무르의 군단과 앙카라 전투에서 격돌한다. 티무르는 몽골 제국의 계승국가의 하나인 차가타이 칸국의 장군이었다. 군사적 재능과 카리스마를 지닌 그는 차가타이 칸국의 실권을 장악하고 동서로 영토를 넓혔다. 전투는 오스만 제국의 대패로 끝나고, 바예지드 1세는 붙잡힌 뒤에 사망하였다. 티무르는 오스만 제국에 최후의 일격을 가하지 않고, 아나톨리아의 투르크계 후국들(바예지드 1세에게 한때 정복되었다)을 부흥시킨 뒤, 동쪽으로 되돌아갔다. 그는 중국 정복을 목표로 하였으나, 고령으로 뜻을 이루지 못한 채 병사하였다.

남겨진 오스만 제국의 영토는 바예지드 1세의 왕자들이 서로 다투는 전장이 되었는데, 십 년 이상에 달하는 내분 끝에 메흐메드 왕자가 통일에 성공하여 메흐메드 1세(재위 1413-21년)로 즉위하였다. 그와 뒤이은 무라드 2세(재위 1421-44년, 1446-51년)의 시대에 오스만 제국은 바예지드 1세 시대의 옛 영토를 회복한다.

15세기 전반의 오스만 제국은 티무르에게 당한 충격적인 패배로부터 부흥하여 새로운 아이덴티티를 확립할 필요성이 절실해졌다. 그때, 칭기스 칸과 몽골 제국의 권위를 지닌 티무르와 티무르 제국에 대항하기 위해 술탄이 찾은 아이덴티티는 "투르크계 오구즈족의 맹주인 카이으 씨족의 혈통"이라고 하는 것이었다.

2. 새로운 아이덴티티: 오구즈족의 맹주 카이으 씨족의 혈통

전술하였듯이 오스만 왕가의 혈통은 원래는 애매한 것이었다. 그러나 무라드 2세의 시대부터 기록된 오스만 제국의 여러 연대기는 오스만 왕가가 뛰어난 혈통이라는 점을 보이기 위해 왕가의 선조의 계보를 지어내서 기록하게 된다.

어느 초기 연대기에서나 공통되는 것은 오스만 왕가는 『구약성서』에도 등장하는 예언자 노아(이슬람에서도 중요한 예언자로 간주된다)의 아들 야벳의 혈통이라고 하는 점이다. 이슬람 세계의 전승에서는 노아에게 셈, 함, 야벳이라는 세 아들이 있었다. 그 가운데 셈의 자손은 유대인과 아랍인, 함의 자손은 흑인, 야벳의 자손은 그 밖의 사람들(투르크인도 여기에 포함된다)로 여겨졌다.

또 야벳의 수 세대 뒤에 오스만 왕가의 선조로서 오구즈 칸이라고 하는 인물이 등장하는데, 이 오구즈 칸을 선조로 삼는 것도 여러 연대기에서 공통된다. 오구즈 칸이란 오구즈 전승(오구즈족에 전해 오는 전설)에 등장하는 투르크인의 왕으로, 실재하는 인물은 아니지만 오구즈족의 사람들에게 위대한 왕으로 간주된다.

오구즈 전승에 따르면 오구즈 칸에게는 여섯 명의 아들이 있었다. 귄(해), 아이(달), 이을드즈(별), 괵(하늘), 다아(산), 데니즈(바다)이다. 이 여섯 명의 아들들은 각각 네 명의 아들을 두었다(〈그림 1〉 참조). 이 오구즈 칸의 24명의 손자들이 오구즈 24씨족 명칭의 시조로 여겨진다. 물론 이는 전설이지만, 이슬람 세계에서 활약한 투르크계 왕조의 대부분은 이 24씨족 중 어느 하나를 자신의 출신으로 삼았다. 예컨대 셀주크조는 크늑 씨족, 카라만 후국은 아프샤르 씨족을 칭하였다.

오스만 왕가가 본래 오구즈족의 어느 씨족에 속해 있었는지는 확실하지

<table>
<tr><td rowspan="3">오구즈 Oğuz</td></tr>
</table>

귄 Gün	카이으 Kayı, 바야트 Bayat, 알카블르 Alkavlı, 카라 아울 Kara Avul
아이 Ay	야즈르 Yazır, 되에게르 Döeger, 두르두르가 Durdurga, 야푸를르 Yapurlı
이을드즈 Yıdız	아프샤르 Avşar, 크즉 Kızık, 베이딜리 Beğdili, 카르큰 Karkın [이상 보족 Bozok 제부(諸部)]
괵 Gök	바이은드르 Bayandır, 베제네 Becene, 차울두르 Çavuldur, 체프니 Çepni
다아 Dağ	살루르 Salur, 에이뮈르 Eymür, 알라유틀루 Alayutlu, 위뤼귀르 Ürügür
데니즈 Dengiz	이그디르 Yigdir, 뷔그뒤즈 Bügdüz, 이바 Yiva, 크늑 Kınık [이상 위촉 Üçok 제부(諸部)]

그림 1　오구즈 24씨족의 계보도

출전: 小笠原弘幸(2009: 3)

않다.[6] 그러나 무라드 2세 시대인 1424년, 야즈즈올루가 저술한 『셀주크 왕가의 역사』에서는 오스만 왕가는 오구즈 칸의 맏아들 귄의 맏아들인 카이으를 씨족 명칭의 시조로 하는 카이으 씨족 출신이라고 기록되었다. 게다가 오스만 제국 이전에 나타난 오구즈 전승에는 기록되어 있지 않지만, 야즈즈올루는 "카이으 씨족은 오구즈족을 통솔하는 존재이다"라고도 기록하고 있다.

　　카이으 씨족의 오스만 왕가야말로 오구즈족의 왕이다―이러한 주장은

6　예컨대 성립 연대는 야즈즈올루보다 늦지만, 오래된 정보를 활용하고 있다고 여겨지는 『아시윽파샤자데사(史)』(15세기 말 성립)에서는 오스만 왕가는 오구즈 칸의 넷째 아들 괵의 혈통이라고 기술하고 있다(小笠原弘幸, 2014: 40).

티무르의 침공 후, 티무르에 의해 투르크계 후국이 부활한 아나톨리아에서 오스만 제국의 지배의 정통성을 주장하기 위해 중요한 역할을 하였다고 생각된다. 15세기 동안은 카이으 씨족이 아닌 계보를 채용하는 역사서도 있었으나, 16세기 초에는 오스만 왕가가 카이으 씨족 출신이라고 하는 인식은 완전히 정착하게 된다. 술탄이 즉위할 때의 의식에서 사용된 검이나, 원정에 사용된 대포에는 카이으 씨족의 부족인(部族印, 탐가)이 새겨져 있다.

다만, 카이으 씨족이 고귀한 혈통이라고 하는 어필은 16세기 중엽 이후 급속히 누그러져 간다. 이것은 후술하듯이 오스만 제국의 아이덴티티의 역점이 투르크인의 왕이라고 하는 것보다는 이슬람 세계의 왕이라고 하는 것으로 변화한 데 따른 것으로 생각된다.

IV. 성스러운 제왕—마흐디와 사힙 키란: 15세기 후반-16세기 전반

1. 이슬람 세계로 뻗어나가는 오스만 제국

메흐메드 1세와 무라드 2세의 시대에 세력을 회복한 오스만 제국은 15세기 후반에 큰 비약을 이룬다. 무라드 2세의 뒤를 이은 제7대 술탄 메흐메드 2세(재위 1444-46년, 1451-81년)는 정복왕으로 불린다. 즉위 후 얼마 안 된 1453년에 비잔틴 제국의 수도 콘스탄티노플을 정복했기 때문이다. 이 도시는 이후 오스만 제국의 수도가 되어, 서서히 이스탄불로 불리게 된다. 또 메흐메드 2세는 동서로 영토를 확대하여 오스만 제국의 영토를 한층 넓혔다. 그의 시대에 오스만 제국은 명실공히 '제국'이라고 하기에 적합한 존재가 된다.

메흐메드 2세의 뒤를 이은 바예지드 2세(재위 1481-1512년)의 시대에는 눈에 띄는 대외 원정은 없었지만, 국내의 체제가 정비되고 문화적으로 번영하였다. 치세는 짧았으나, 그의 뒤를 이은 셀림 1세(재위 1512-20년)는 오스만 제국을 크게 확대한 술탄이다. 1514년에는 이란에서 대두한 사파비조를 찰디란 전투에서 격파하고, 1517년에는 시리아·이집트를 지배하고 있던 맘루크조를 정복하였다. 이에 따라 오스만 제국의 영역이 단숨에 확대되었을 뿐만 아니라, 메카와 메디나라고 하는 이슬람의 양대 성지를 비호 아래 두게 되었다.

제10대 술탄 쉴레이만 1세(재위 1520-66년)는 입법자 또는 장엄왕이라고도 불린다. 그는 즉위 직후부터 정력적으로 원정을 거듭하였다. 베오그라드(1521년), 로도스 섬(1522년), 헝가리(1526년)를 연달아 정복하고, 1529년에는 합스부르크 제국의 수도 빈을 포위하였다. 빈 공략은 실패로 끝났으나, 유럽 여러 나라에 오스만 제국의 위세를 과시하게 되었다.

이렇게 15세기 후반부터 16세기 전반에 걸쳐서는 카리스마적인 술탄들이 규모가 큰 정복 활동을 차례로 성공시킨 시대였다. 그렇다면 이 시대, 술탄들은 어떤 아이덴티티를 찾았던 것일까.

2. 성스러운 제왕이라고 하는 아이덴티티: 마흐디이자 사힙 키란

앞 절에서 서술하였듯이 오스만 왕가의 투르크적인 고귀한 혈통의 창조는 16세기 초에 확립되었다. 그러나 오스만 제국 주변의 투르크계 군후국(君侯國)은 메흐메드 2세의 시대부터 차례로 병합되어 가서, 셀림 1세의 시대에 완전히 소멸하고 있다. 그 때문에 투르크적인 혈통을 어필할 필요성은 오스만 제국의 확대와 동시에 저하되어 갔다고 생각된다. 그래서 15세기 후반부터 오스만 왕가는 새로운 권위를 지닌 아이덴티티를 모색하게 된다.

술탄들이 찾은 것은 투르크계의 혈통보다도 보편성을 지닌, 이슬람에 기반한, 특히 신비주의적인 성성(聖性)을 지닌 왕이라고 하는 아이덴티티였다. 물론 오스만 왕가는 가지라고 하는 이슬람적 권위를 가장 이른 시기부터 지니고 있었다. 그러나 15세기 후반에는 보다 직접적인 형태로 왕의 존재 그 자체가 성스러운 것이라고 주장되었다. 이 주장은 '마흐디(mahdī)'와 '사힙 키란(sâhib-kırân)'이라고 하는 두 가지 칭호에 가탁하여 행해졌다.

이슬람 신앙의 근본 가운데 하나로서, 유대교나 기독교와 마찬가지로 현세는 언젠가 종말을 맞고, 최후의 심판을 거쳐 내세가 시작된다고 하는 것이 있다. 종말의 도래가 구체적으로 어떻게 찾아오는지에 대해 정설은 없지만, 종말 전에 마흐디(구세주)[7]가 나타나 일정 기간 공정한 통치를 실현한다고 인식되고 있다. 오스만 제국에서는 메흐메드 2세가 맨 먼저 마흐디를 칭하였다. "콘스탄티노플의 정복은 종말의 징조이다"라고 하는 하디스(예언자 무함마드의 언행 기록)가 전해지고 있으며, 바로 메흐메드 2세가 콘스탄티노플을 정복하였기 때문이다(Ogasawara, 2017: 41). 또한 셀림 1세나 쉴레이만 1세도 마흐디로 칭송되고, 공정한 통치를 실현하는 왕이라고 여겨졌다. 이러한 마흐디 이해는 정통파인 순나파 신학이 아니라 신비주의적인 이해에 기반한 것이었다(Fleischer, 1992: 164).

또 '합(合)의 소유주'(사힙 키란)라고 하는 칭호도 셀림 1세나 쉴레이만 1세에 대해 사용되었다. 이 칭호는 점성술적 이해에 따르면 목성과 금성이 합쳐지는 길조의 때에 탄생한 인물에게 주어진다. 이슬람 세계에서는 티무르가 이 칭호로 불렸고, 이후로는 세계를 정복할 만큼 신이 가상히 여기는 정복자에게 주어졌다. 쉴레이만 1세 시대에 『국토의 계층』이라고 하는 역사서를 쓴 젤랄자데는 알렉산더 대왕, 칭기스 칸, 그리고 티무르가 '합의 소유주'이며, 셀림 1세도 오래 살았다면 그 대열에 섰을 것이라고 한다(Şahin, 2013: 62).[8] 젤랄자데에게는 쉴레이만 1세야말로 오스만 제국 초의 '합의 소유주'이며, 세계를 지배하기에 적합한 존재인 것이었다.

마흐디나 사힙 키란이라고 하는 칭호를 통해서, 군주에게 성성(聖性)을 부여하려고 하는 관념은 오스만 제국만이 아니라, 동시대의 사파비조나 무굴 제국에서도 사용되었다(Moin, 2012). 즉 이슬람력 1000년(서력 1592년)이라는 밀레니엄을 맞이하려고 하는 당시의 이슬람 세계에서 군주를 성스러운 특별한 존재라고 하는 것은 공유되고 있던 가치관이었다고 할 수 있다.

---

7 또한, 예수는 '마시흐(Mesih, 이쪽도 '구세주'로 번역된다)'로 불린다. 종말의 때에 예수의 역할은 명확히 규정되어 있지 않지만, 종말에 등장하여 가짜 구세주(다잘, Dajjal)와 싸운다고 여겨진다. 마흐디는 마시흐와는 다른 인물이라고 하는 해석도 있다. 마시흐와 마흐디의 관련은 여전히 명확히 규정되어 있지 않지만, 마흐디가 가짜 구세주와 싸우고, 그 배후에서 예수가 기도한다고도 한다(菊地達也, 2009: 131-145).

8 16세기 말의 역사가 알리도 이 견해를 답습하고 있다.

V. 순나파의 칼리프로서의 술탄: 16세기 중엽 이후

1. 오스만 제국의 통치체제의 확립

쉴레이만 1세의 치세는 반세기에 달하는 오랜 기간이었기 때문에 그 성격도 도중에 변화를 보였다. 치세 전반에 쉴레이만 1세는 그 카리스마성을 유감없이 발휘하여 성스러운 제왕으로서 다수의 정복 활동을 벌였다. 그러나 치세 중반부터 대외 정책은 소극적으로 되고, 내정에 주력하게 된다. 이 시대에 제국의 국정과 법이 정비되었다. 그가 '입법왕(카누니)'으로 불리는 이유이다.

쉴레이만 1세의 뒤를 이은 셀림 2세, 무라드 3세, 메흐메드 3세는 쉴레이만 1세 후기의 계승자라고 할 수 있다. 그들의 시대에 대외적으로는 큰 성과는 없었으나, 제국의 체제는 보다 정치해져 갔다. 이러한 안정된 시대에는 술탄이 지닌 아이덴티티도 변용된다. 특히 쉴레이만 1세 치세 말기인 1550년대에는 술탄을 마흐디로 간주하는 인식이 힘을 잃어 갔다(Fleischer, 1992: 171).[9] 이는 정복 활동이 잦아듦과 동시에 지배가 안정됨으로써 종말론(이것은 사회의 불안정성을 야기한다)에 결부된 마흐디의 관념이 힘을 잃어 갔다고 생각할 수 있다.

2. 정통적인 순나파의 맹주: 칼리프

신비주의에 영향을 받은 성스러운 제왕이라고 하는 아이덴티티를 대신하여 등장한 것은 정통적인 순나파의 맹주—즉 칼리프라고 하는 아이덴티티이다.

무릇 칼리프란 '대리인'의 의미이다. 예언자 무함마드가 후계자를 지명하지 않은 채 사거하였을 때, 남겨진 무슬림들은 예언자 무함마드의 대리인으로 아부 바크르를 선출하였다. 이를 '정통 칼리프'라고 한다. 이후 아부 바크르를 포함하여 정통 칼리프는 4대 이어지며, 모두 세습이 아닌 합의에 의해 선출되

---

9   이슬람력 1000년(서력 1592년)을 눈앞에 둔 단계에서 술탄의 마흐디성(性)이 소실된다고 하는 것은 기이하게 생각될지도 모르겠다. 그러나 이 시기에는 종말은 아직 먼 훗날이라고 하는 논고가 쓰이고 있다. 이 점으로부터, 사회적 혼란을 야기할지도 모르는 종말과 결부되는 마흐디라고 하는 아이덴티티는 이 시기에는 기피되었다고 하는 해석이 가능하다.

어 무슬림 공동체를 이끌었다. 우마이야조나 압바스조의 시대에는 칼리프의 권위가 증대되어, 세습에 의해 계승되며 절대적인 군주로서의 성격을 띠게 된다.

압바스조의 시대에 순나파의 정치학에서는 칼리프제의 이론화가 진행되었다. 예컨대 11세기에 저술된, 칼리프론을 다룬 알 마와르디의 『통치의 제규칙』에 의하면 칼리프에 취임할 수 있는 조건으로 육신이 온전할 것과 쿠라이시족(예언자 무함마드의 출신 부족)일 것이 규정되어 있다(アル=マーワルディー, 2006: 6-43).

압바스조는 전술하였듯이 1258년 몽골의 침공에 의해 멸망하지만, 칼리프의 후예는 맘루크조로 망명하여 면면히 이어졌다.

3. 순나파의 칼리프로서의 술탄

오스만 제국의 술탄은 15세기 전반 무라드 2세부터 칼리프를 칭하게 되었다. 그러나 이 '칼리프'라고 하는 칭호는 전술한 순나파의 정치학에서 규정된 '정식' 칼리프는 아니다. 이슬람 신비주의의 이해에 기초한, 신에게 축복받은 군주라고 하는 의미로 사용되었던 칭호이며, 이 의미에서는 앞 절에서 거론한 '마흐디'나 '사힙 키란'과 같은 성격을 지닌 것이었다(Yılmaz, 2018).

그러나 오스만 제국 술탄이 지닌 '칼리프' 칭호는 쉴레이만 1세 치세 중반부터 순나파 법 이론상의 칼리프로서의 의미를 띠게 된다. 당초 쉴레이만 1세에 앞서 셀림 1세 시대에 순나파 이슬람 세계의 중핵인 아랍 지역을 정복한 이후, 오스만 제국에서는 서서히 융통성 있는 신비주의적인 이슬람이 아니라, 전통적으로 정통적인 순나파를 수용하기 시작하였다. 라이벌이었던 사파비조가 과격한 시아파이며, 거기에 대항할 필요가 있었던 점도 오스만 제국에서 순나파화를 촉진시켰다.

술탄을 순나파 정치학에 준하는 칼리프로서 지위를 부여한 가장 유명한 시도는 뤼트피 파샤에 의한 칼리프론이다. 뤼트피는 쉴레이만 1세 시대에 대재상을 지낸 적도 있는 지식인이며, 역사서와 정책론 등을 쓰고 있다. 뤼트피가 논한 것은 다음과 같은 것이었다(Gibb, 1962: 287-295).

이슬람법에 의하면, 예언자 무함마드의 대리로서의 칼리프(정통 칼리프나 우마이야조, 압바스조의 칼리프)는 무함마드의 출신 부족인 쿠라이시족 출신이 아니고서는 취임할 수 없다. 오스만 제국의 군주는 물론 쿠라이시족이 아니다. 그러나 공정한 군주(즉 오스만 제국의 군주)라면, 쿠라이시족이 아니더라도 칼리프에 취임해도 상관없다.

또한 16세기 후반에 셰이휠이슬람(오스만 제국에서 종교적 위계의 최고위)을 지냈던 에뷔수우드는 정치이론의 상세한 내용에 간여하지 않고, 오스만 제국 술탄은 칼리프라는 전제로 다양한 법 판단을 내려갔다(Imber, 1997: 98-110).

이러한 영향으로 오스만 제국의 군주가 바로 칼리프—즉, 순나파 이슬람 세계의 맹주—라고 하는 기성 사실은 이후 오스만 제국의 사람들에게 널리 공유되었다.[10]

VI. 부차적 아이덴티티로서의 몽골과 로마

1. 몽골(칭기스 칸의 혈통)이라고 하는 아이덴티티

마지막으로 오스만 제국 술탄의 주된 아이덴티티라고는 할 수 없지만, '몽골 (칭기스 칸의 혈통)'과 '로마 황제'라고 하는 요소에 대해서 간단히 검토해 두겠다.

투르크인과 몽골인은 현재 학문적으로는 민족 계통을 달리한다. 투르크어와 몽골어도 다른 계통의 언어이다. 그러나 고지(故地)가 가깝고 양쪽 모두

---

10   또한, "16세기 초에 셀림 1세가 이집트와 시리아를 지배하고 있던 맘루크조를 정복했을 때, 맘루크조에 망명하고 있던 압바스조의 칼리프에게서 칼리프 자리를 '선양' 받아, 이후 오스만 제국의 술탄은 칼리프도 겸하게 되었다"라고 하는 설이 있다. 그러나 사실인즉 칼리프 자리의 선양이라고 하는 언설은 18세기 말, 오스만 제국이 러시아와의 전쟁에 대패하고 나서 내세워졌던 것이다. 이때, 오스만 제국의 동생뻘로 무슬림 국가였던 크리미아 칸국이 러시아의 보호국이 되었다. 이러한 상황에서 크리미아 칸국에 최소한 종교적 권위라도 미치게 하고자, 술탄이 칼리프 자리를 겸하고 있음을 강조하기 위해 끄집어낸 일화인 것이다.

유목기마민족이라고 하는 공통성으로부터 전통적으로 양자는 뿌리를 같이하는 집단이라고 생각되고 있었다. 투르크인의 조상이 오구즈 칸이라고 여겨지고 있던 것은 전술하였는데, 이슬람 세계에서는 몽골인도 오구즈 칸의 후예로 자리매김하였다. 다만, 몽골계의 여러 왕조는 오구즈 24씨족 중 어느 씨족에 속하고 있는가 하는 점에는 개의치 않는 것이 일반적이다.

제 II 절에서 서술하였듯이 몽골군은 압바스조를 멸망시키고 이슬람 세계에 재앙을 초래한 가공할 적이었다. 아나톨리아도 몽골의 지배하에 놓였고, 가장 이른 시기의 오스만 제국도 일 칸조에 종속하여 공납하고 있었다. 이러한 역사적 경험은 오스만 제국의 연대기에도 반영되어 있다. 오스만 1세의 부친 에르투룰이나 오스만 1세에 대한 기술은 다분히 전설적이기는 하나, 거기에는 몽골군(사료 속에서는 '타타르'로 표기되는 것이 일반적이다)이 가공할 적으로 등장한다. 몽골인은 압바스조를 멸망시키고, 셀주크조의 술탄을 궁지에 몰아넣은 존재였다. 그리고 오스만 1세 등은 (사실(史實)과는 달리) 셀주크조를 도와 몽골에 승리하는 영웅으로 묘사되고 있다.

이렇듯 확실히 몽골은 이슬람 세계에서 '적'이었다. 그러나 일 칸조는 이슬람을 받아들여, 라시드웃딘의 『집사』를 비롯한 몽골계의 여러 왕조에서 저술된 페르시아어 역사서는 기본적으로 몽골의 군주들을 칭송하고 있다. 오스만 제국의 역사 서술도 16세기 후반부터 이러한 페르시아어 역사 서술의 영향을 받아 몽골 군주를 높이 평가하게 된다.

거기에 더해 몽골을 자신들의 '혈족'이라고 하는 인식도 오스만 왕가에는 있었다. 15세기 후반에 오스만 제국의 속국이 되었던 크리미아 칸국은 몽골의 후예가 흑해 북안에 세운 국가이다. 크리미아 칸국의 왕자는 인질로 이스탄불에 체재하였는데, 그들은 오스만 궁정의 의례에서 높은 지위를 차지하였다. 17세기에는 오스만 왕가가 단절될 경우, 크리미아 칸국의 왕족이 오스만 제국의 술탄 자리를 잇는다고 하는 소문도 돌았다(단, 공적인 결정은 아니다). 16세기 이후 오스만 제국에서 쓰인 다수의 계보서에서도 오구즈 칸부터 칭기스 칸의 가계와 오스만의 가계가 나뉜다고 하는 형태로 칭기스 칸과 오스만이 친척이라고 하는 점이 제시되었다. 16세기 후반에 작성된, 그림이 들어간 『계보서』에서는 칭기스 칸을 비롯한 몽골 군주들은 오스만 제국의 술탄들에 필적할 정도로 비중 있는 대우를 받고 있다(Ogasawara, 2018: 18).

즉, 몽골이라고 하는 요소는 오스만 왕가의 아이덴티티의 일부를 이루고 있었다고 할 수 있을 것이다. 다만, 몽골은 어디까지나 먼 '친척'이며, 그 중요성은 낮았던 점은 부언해 두겠다.

2. 오스만 제국은 로마의 후계자인가?

종종 선행연구에서는 오스만 제국의 군주는 '로마 황제'의 후계자라고 하는 자기 인식을 가지고 있었다고 논해진다.[11] 콘스탄디노플을 정복하고, 비잔틴 제국(동로마 제국)을 멸망시킨 뒤, 술탄은 로마 제국을 계승한 자를 자임했다고 한다. 확실히 오스만 제국의 군주는 수많은 미칭 가운데 하나로서 '카이사르'라고 하는 로마의 영웅 줄리어스 시저에서 유래하는 칭호를 사용하고 있다. 그러나 술탄이 보다 적극적인 형태로 스스로를 로마 제국이나 로마 황제의 후계자라고 간주한 사료는 존재하지 않는다.

유일한 예로 쉴레이만 1세는 합스부르크 제국의 카를 5세가 신성로마제국 황제로서 대관한 것에 대해, "로마 제국 황제를 참칭하는 자"라며 분노했다고 하는 사례가 있다. 그러나 이것은 이탈리아인이 전하고 있을 뿐이며, 오스만 제국 측의 사료에서는 카를 5세나 그의 동생 페르디난트가 "사힙 키란을 참칭"했다고 기록되어 있다(Şahin, 2013: 76). 요컨대 술탄이나 오스만 제국의 사람들에게 엄밀한 의미에서 "역사적인 로마 제국의 황제"인지 아닌지는 중요하지 않았다고 하는 것이 된다. 쉴레이만 1세는 합스부르크 제국의 군주를 격이 낮은 존재로 간주하고 있었기 때문에, 그런 그들이 "여느 왕보다 위대한 칭호"

---

11 그 효시가 되었던 것은 오스만 제국사의 대가 이날즉이 저술한 통사, İnalcık(1973)이다. 여기에서 그는 "동로마 제국의 수도 콘스탄티노플을 보유한 것으로, 메흐메드 (2세)는 그 자신을 로마 제국 유일의 정통 후계자로 간주하였다"라고 전거를 들지 않은 채 서술하고 있다.

를 칭한 것에 대해 분노한 것이다.

그러므로 오스만 제국 술탄이 로마 제국의 후계자라고 하는 의식을 갖고 있었다는 것은 틀린 것은 아니지만, 미약한 것이었다고 할 수 있다.[12] 물론 로마 제국과 오스만 제국의 지배 영역은 상당히 겹쳐 있고, 그 역사적 역할은 비슷한 점이 있다. 국민국가의 테두리를 넘어 환지중해적 시야에서 역사 서술을 구상할 때, 로마와 오스만의 유사성에 대해 생각하는 것은 일정한 유효성이 있을지도 모른다.[13]

VII. 맺음말

이상의 논의를 요약하면, 오스만 제국 군주가 지닌 아이덴티티의 변천은 다음과 같다.

① 오스만 왕가의 군주가 지니고 있던 아이덴티티는 우선, 신앙 전사의 우두머리라고 하는 것이었다. 그러나 1402년 티무르에게 패배하고, 그로부터 다시 일어서는 데 있어 새로운 아이덴티티가 모색되었다.

② 새롭게 요구되었던 것은 투르크인의 왕다운 존재라고 하는 것이었다. 이러한 의식은 오구즈족의 카이으 씨족 출신이라고 하는 계보가 창조되는 것으로 완성되었다. 다만 이 아이덴티티가 강하게 주장되었던 것은 16세기 초까지이다. 15세기 말부터 16세기에 걸쳐, 라이벌이었던 아나톨리아의 투르크계 후국이 일소되자 그 중요성은 저하되어 갔다.

---

12 오스만 제국 술탄의 로마 황제 의식에 대한 몇 안 되는 예증이 네지프올루가 소개하는(Necipoğlu, 1989), 쉴레이만 1세의 사중관(四重冠)이다. 이것은 로마 교황의 삼중관을 능가하기 위해, 대재상 이브라힘이 이탈리아의 장인에게 특별 주문한 것이다. 다만, 이 관은 로마 황제가 아니라 알렉산더 대왕의 관으로 의식되었다.

13 이 주제에 대해서는 藤波伸嘉(2013)를 참조. 전근대에 관한 주장은 문제가 있으나, 근대에 관한 기술은 시사하는 바가 크다.

표 1　오스만 제국 군주의 아이덴티티: 요소별 변천

세기	가지	카이으 씨족	성스러운 왕	순나파 칼리프	몽골	로마
14	○	×	×	×	×	×
15 전반	○	○	△	×	×	×
15 후반	○	○	○	×	×	△
16 전반	○	△	○	△	×	△
16 후반	△	△	△	○	△	×

③ 15세기 후반부터 16세기 전반에 걸쳐서는 신비적인 축복을 부여받은 '신성한 왕'이라고 하는 아이덴티티도 존재하였다. 이 관념은 쉴레이만 1세 시대, 특별한 힘을 부여받았던 세계의 왕이 칭한 '합의 소유주'라고 하는 칭호에 가탁하여 완성되었다고 할 수 있다.

④ 다만 이러한 신비적인 왕이라고 하는 관념은 16세기 중반에는 영향력을 상실한다. 한편, 오스만 제국의 군주는 순나파의 법 이론상의 칼리프라고 하는 인식이 이 시기에 발전하였다. 16세기 후반 이후의 오스만 군주는 "순나파의 이슬람 정치이론에 의거하여 올바르게 인정받은" 존재가 되었던 것이다.

오스만 제국 술탄이 지닌 아이덴티티는 국소적·속인적인 제한된 영향력을 지닌 자(신앙 전사, 카이으 씨족)에서 보다 보편적인 많은 사람들을 끌어당길 수 있는 자(성스러운 제왕, 칼리프)로, 제국의 발전에 따라 변천해 갔다고 평가할 수 있다. 그중에서도 정통적인 순나파의 칼리프라고 하는 아이덴티티는 오스만 제국 말기까지 계속되어 이 나라의 정통성을 뒷받침한 것이다.

본 장의 검토는 어디까지나 오스만 제국의 '군주'가 지닌 아이덴티티에 국한된 것이다. 제국의 엘리트나 일반 민중이 어떤 아이덴티티를 품고 있었는지는 별고의 과제이다.

참고문헌

연구서 및 연구논문

菊地達也. 2009. 『イスラーム教 「異端」と「正統」の思想史』. 東京: 講談社

藤波伸嘉. 2013. "オスマンとローマ: 近代バルカン史学史再考." 『史学雑誌』 122(6), 1083-1108.

小笠原弘幸. 2009. "古典期オスマン帝国における正統の創造——オグズ伝承の分析から." 『史学雑誌』 118(11), 3

_____. 2014. 『イスラーム世界における王朝起源論の生成と変容: 古典期オスマン帝国の系譜伝承をめぐって』. 東京: 刀水書房.

アル＝マーワルディー. 湯川武 監訳. 2006. 『統治の諸規則』. 東京: 慶應義塾大学出版会.

Fleischer, Cornell. 1992. "The Lawgiver as Messiah: The Making of the Imperial Image in the Reign of Süleymân." In Gilles Veinstein, ed. *Soliman Le Magnifique et Son Temps*: *Actes Du Colloque de Paris, Galeries Nationales Du Grand Palais, 7-10 Mars* 1990. Paris: La Documentation française.

Gibb, Hamilton A. R. 1962. "Luṭfī Paşa on the Ottoman Caliphate." *Oriens* 15, 287-295.

Imber, Colin. 1997. *Ebu's-suʿud*: *The Islamic Legal Tradition*. Edinburgh: Edinburgh University Press.

_____. 2005. "Frozen Legitimacy." In Hakan T. Karateke and Maurus Reinkowski, eds. *Legitimizing the Order*: *The Ottoman Rhetoric of State Power*, 99-107. Leiden: Brill.

İnalcık, Halil. 1973. *The Ottoman Empire*: *The Classical Age, 1300 - 1600*. London: Weidenfeld and Nicolson.

Moin, A. Azfar. 2012. *The Millennial Sovereign*: *Sacred Kingship and Sainthood in Islam*. New York: Columbia University Press.

Necipoğlu, Gülru. 1989. "Süleyman the Magnificent and the Representation of

Power in the Context of Ottoman-Hapsburg-Papal Rivalry." *The Art Bulletin* 71(3), 401-427.

Ogasawara, Hiroyuki. 2017. "The Quest for the Biblical Ancestors: the Legitimacy and Identity of the Ottoman Dynasty in the Fifteenth-sixteenth Centuries." *Turcica* 48, 37-63.

_____. 2018. "Enter the Mongols: A Study of the Ottoman Historiography in the 15th and 16th Centuries." *Osmanlı Araştırmaları* 51, 1-28.

Özcan, Abdülkadir. 1996. "Gazi." In *Türkiye Diyanet Vakfı İslam Ansiklopedisi*, vol. 13, 443-445.

Şahin, Kaya. 2013. *Empire and Power in the Reign of Süleyman*: *Narrating the Sixteenth-Century Ottoman World*. New York: Cambridge University Press.

Yinanç, Mükrimin Halil. 1948. "Ertuğrul Gâzî." In *İslam Ansiklopedisi*, vol. 4, 328-337.

Yılmaz, Hüseyin. 2018. *Caliphate Redefined*: *The Mystical Turn in Ottoman Political Thought*, Princeton: Princeton University Press.

제9장

인도를 상상하다: 여신, 지도, 이름

구하원(서울대학교 아시아언어문명학부)

I. 머리말

나라를 여성으로 표현한 예는 18세기 말부터 유럽 각국에서 찾아볼 수 있으며, 대표적인 이미지로 스피리돈 로마(Spiridione Roma, 1737-81)의 〈브리타니아(Britannia)에게 부(富)를 바치는 동양〉(1778)을 꼽을 수 있다(그림 1). 이는 영국 동인도회사(East India Company)가 사옥 천장화로 주문했던 작품으로, 브리타니아를 마치 그리스나 로마 신화의 여신처럼 그리고 있다. 당시 이를 묘사했던 이들에 따르면 브리타니아의 뒤에 보이는 활달하고 건강한 아이들은 동인도회사를 상징하였으며, 멀리서 다가오는 범선은 해양을 통해 동인도회사가 끌어들인 부(富)를 그린 것이었다. 단단한 바위 아래에는 그녀를 지키는 사자가 앉아있고, 갠지스(Ganges)강의 신은 물병을 기울여 강물을 부어내고 있다. 상업의 신 머큐리(Mercury)의 인도를 받아 브리타니아에게 보석이 가득 담긴 바구니를 바치는 캘커타(Calcutta; 現 Kolkata)[1]와 차 상자를 옆에 두고 거대

---

1   이 글에서는 인도어를 가능한 한 원어에 가까운 발음으로 표기하였다. 다만, 우리나라에서 익숙하게 통용되는 단어의 경우 본래 발음과 차이가 나더라도 기존의 표기를 따랐다(예, 타고르). 영

그림 1　스피리돈 로마(Spiridione Roma), 〈브리타니아에게 부(富)를 바치는 동양(The East offering its riches to Britannia)〉
1778, 캔버스에 유화, 영국도서관(British Library) 소장. ⓒBritish Library Board, Foster 245.

그림 2　작가 미상, 〈바라뜨 마따(Bharat Mata)〉
20세기, by twitter(@saurabhavsbjp)

한 청화백자를 든 중국은 여성으로 그려졌다(1778: 628-629).

　　인도인들이 그린 인도의 표상(表象) 역시 19세기 말부터 오늘날까지 여성의 모습으로 나타난다. 가슴을 드러내고 복종적인 자세의 흑인 여성으로 표현한 로마와 달리, 요즈음의 "인도"는 전통적인 의상을 입고 사자에 기댄 힌두 여신으로 표현된 예가 대부분이다(그림 2). 그러나 식민 통치하 20세기 초반부터 이미 새로운 근대적인 국가(nation)를 힌두 여신의 모습으로 그리는 것에 대해 이견이 있었던 것으로 보이며, 이는 다종교, 다언어, 다민족으로 이루어진 인도 아대륙의 여러 공동체를 하나로 결집하기에는 부족하였기 때문이었을 것이다. 그리하여 종교적 색채를 중화하기 위한 일환으로 여신의 형상에 아대륙의 지도를 접목한 실험들이 받아들여지면서 현재 대중적으로 유통되는 표상이 구축되었다고 할 수 있다.

───

국 식민 통치 하 도시나 지명은 당시 불렸던 이름으로 표기하였으며, 괄호 안에 현재 이름을 넣었다.

이 글에서는 인도라는 국가의 정체성을 여신으로 재현한 과정과 나라 이름이 결정되기까지의 역사를 함께 고찰하고자 한다. 인도인들이 스스로 부른 이름과 무관하게, 로마의 작품이 그려졌던 18세기 말까지도 영국의 인도 식민지는 캘커타라는 도시의 이름으로 지칭되었다. 이후 무굴제국에서 통용되었던 "힌두스딴(Hindustan)"과 유럽에서 일반적으로 사용되던 "인디아(India)"가 혼용되었으나, 인도인들 사이에서 이를 점차 거부하는 움직임이 일어나기 시작하였다. 마침내 독립 후 새로운 국가의 이름을 지으면서 산스끄리뜨어에서 비롯한 "바라뜨(Bhārat)"와 영국 지배자들의 이름이었던 "인디아"를 동격으로 사용하게 되었으며, 이는 힌두교라는 종교 혹은 전통과 유럽의 근대성을 동시에 취하려는 의지를 반영한 결정이었다.

II. 여신으로서의 인도: 바르마와 타고르[2]

20세기 초반 인도 회화사에서 가장 중요한 두 작가였던 라자 라비 바르마(Raja Ravi Varma, 1848-1906)와 아바닌드라나트 타고르(Abanindranath Tagore, 1871-1951)의 회화에 나타나는 여성상을 중심으로 인도가 여신으로 표상되고 받아들여진 과정을 우선 살펴보고자 한다. 19세기 말부터 바르마는 수많은 여신이나 여성의 초상화를 남기며 전형적인 힌두 여신의 모습을 구축하여 영국인들뿐 아니라 인도 엘리트층에게도 크게 환영받았다. 그러나 유화라는 이질적인 매체와 양식, 전통에 지나치게 의존한 정체성을 거부하는 움직임이 일어나면서 외면받기 시작하였다. 벵골 분할령(Partition of Bengal, 1905) 이후 이를 대체하며 범(凡) 아시아주의와 인도적 면모를 강조했던 타고르의 여성상이 인기를 끌었으나, 이 역시 식민 지배로부터 독립하기 위해 필요한 강력한 이미지나 근대성을 충분히 표현하지 못했다는 치명적인 단점이 있었다. 이들은 인도 근

---

2 II장과 III장 내용 중 일부는 기출간한 필자의 논문에서 발췌하였음을 밝힌다(구하원, 2009).

대회화의 대표적인 작가로 꼽혔으며, 부유하고 높은 신분 출신으로 근대적인 화가에 대한 인식과 위상을 높이는 데 기여한 것으로 평가받고 있다.[3] 두 사람이 개인적으로 서로 만나거나 교류했다는 기록은 없으나, 타고르는 시기적으로 조금 일찍 활동했던 바르마의 작품들에 대해 잘 알고 있었던 것으로 보인다.[4] 그러나 바르마와 타고르 두 사람이 사용한 매체나 양식의 차이에도 불구하고, 이들이 그린 여성들의 모습을 통해 "서구의 문명과 상반되는 '인도'라는 통일된 근대국가의 개념이 시각적으로 구축"되었다고 할 수 있다(구하원, 2009: 121).

바르마에 대한 연구는 그의 동생 라자 라자 바르마(Raja Raja Varma, 1848–1906)의 일기(Varma et al., 2005) 및 봄베이(Bombay; 現 Mumbai)에 설립했던 석판화 공장에 대한 기록을 통해 다수 이루어졌다(Neumayer et al., 2003 외). 19세기 말 인도 남서부 뜨라반꼬르(Travancore) 왕국에서 높은 신분으로 태어난 바르마는 유화라는 새로운 매체와 유럽 아카데미풍 회화를 받아들여 왕족들의 초상화를 그리기 시작했다(Kapur, 2000: 148). 그는 당시 가장 명망 높던 마드라스 미술대전에서 수차례 대상을 수상하며 큰 인기를 끌기 시작했고[5] 1880년대 이후부터 인도 전역을 동생과 여행하면서 영국인들이나 지역 왕조의 주문을 받

---

3 인도 근대 미술에서 바르마와 타고르의 역할에 대한 이해는 인도 미술사학자 빠르타 미떠(Partha Mitter)와 따빠띠 구하–타꾸르따(Tapati Guha-Thakurta)의 연구에서 시작되었다고 할 수 있다. 미떠(1994; 2001; 2007 외)는 서구 미술의 도입부터 독립 후 인도 현대 미술의 발전까지 살펴본 연구를 다수 출간하였으며, 구하–타꾸르따(1992; 2004 외)는 18세기 이후 벵골의 회화와 건축, 문화를 중심으로 다양한 연구를 진행하였다.

4 아바닌드라나트의 삼촌이자 아시아 최초의 노벨 문학상 수상자 라빈드라나트 타고르(Rabindranath Tagore, 1861-1941)는 1892년 라자 라비 바르마의 회화를 처음 접한 후 깊은 인상을 받았다는 기록을 남기고 있다(Venniyoor, 1981: 33). 또한 1893년 조카 아바닌드라나트에게 바르마의 작품 사진을 선물했다는 기록도 전해진다(Sarkar, 1998: 44).

5 1850년대부터 영국 지배자들이 캘커타나 마드라스(Madras; 現 Chennai), 라호르(Lahore) 등 대도시에 미술학교를 설립하면서 새로운 화가 계층이 일어났으며, 인도 엘리트층도 미술대전이나 전시회 등을 적극적으로 후원하며 참여하기 시작하였다(Mitter, 1994: 30-31).

은 작품을 제작하기 시작하였다. 바르마는 1892년 시카고에서 개최되었던 콜럼버스 박람회(Columbian Exposition)에 〈아빠 오신다(Here comes Papa)〉, 〈우물가에서(At the Well)〉 등 10점의 유화를 출품하여 민족지학 부문에서 은메달을 수상하면서 더욱 명성을 떨치게 되었다(Mathur, 2007: 106). 당시의 출품작은 다양한 지역과 종교, 계층의 여성을 그리며 다인종·다종교 공동체로서 인도를 시각적으로 표현했다고 볼 수 있다. 또 다른 예로 〈음악가들의 은하수(Galaxy of Musicians)〉(1889) 역시 피부색이나 머리 모양, 의상이 서로 다른 열한 명의 여성이 여러 가지 악기를 연주하는 모습을 그리고 있다(그림 3). 일반적으로 볼 수 있는 힌두 여성 외에도 이마 옆으로 머리를 올린 인도 남부의 여성, 서양 옷을 입은 혼혈 여성 등이 바이올린과 비나(vīṇā) 등을 연주하는 모습은 지역이나 종교를 아우르는 공동체로서 인도 아대륙을 표현하고 있다. 실제로 인도에서는 18세기 말부터 생김새나 의상, 들고 다니는 물건 등으로 다양한 집단을 유형화하여 그린 회화나 사진집도 제작된 예가 있다.[6] 바르마는 이러한 예들을 쉽게 접했을 것으로 추정되는데, 〈음악가들의 은하수〉 역시 1885년 봄베이에서 첫 국민회의가 개최된 후 인도 엘리트들 사이에 민족의식이 새롭게 고취되면서 인종적·종교적·지역적 분류를 유형화하여 반영한 작품이라고 할 수 있다.

그러나 바르마는 1890년대 이후부터 이처럼 다양한 모습의 여성 대신 힌두 신화의 장면이나 여신을 그린 작품에 집중하면서 매우 동질적인(homogeneous) 모습으로 인도 여성을 표현하기 시작하였다. 산스끄리뜨어 문학이나 힌두교 경전에 대한 지식이 해박했던 바르마는 『마하바라따』나 『라마야나』 등 전통적인 서사시에서 회화에 적합한 극적인 소재와 장면을 선별하여 그렸

---

6 영국인 후원자가 주문을 받아 인도인 화가가 그린 "회사양식 회화(Company Style Paintings)"는 화훼 영모나 유적지, 축제 외에 다양한 직종과 카스트의 인도인들의 초상을 시리즈로 그린 경우가 많았다(Dalrymple, 2020). 사진 기술이 도입된 후 영국 총독부는 이러한 인물 사진을 엮어 만든 책을 관료들에게 배포하기도 했다(Watson et al., 1868).

던 것으로 보인다. 문학적 소재를 그린 작품과 함께 락슈미(Lakṣmī)와 사라스와띠(Saraswatī), 두르가(Durgā) 등 여러 여신을 그리면서 이전과 달리 모든 여성을 북인도식 사리(sārī)를 입은 모습으로 그렸다. 실제로 바르마 형제는 고대 인도의 서사시를 소재로 삼으면서 19세기 여성의 의복이나 머리 모양 등을 그리는 것이 적절치 않다고 생각했으며, 1888년에는 인도 북부 여러 지역을 여행하며(Venniyoor, 1981: 27) 남아있는 유적이나 유물로 전통적인 의상 등을 고증하여 그리고자 하였다. 그러나 그들은 무슬림 통치로 인해 인도 고유의 의상이 변화하였다고 결론 내리며, 그 대신 『마하바라따』나 『라마야나』의 배경이면서 고대 인도 문명의 중심지로 꼽혔던 북인도의 여성들이 입었던 사리를 주로 그리기 시작하였다. 당시 북인도의 여성들은 속치마와 상체를 가리는 블라우스를 입은 후 사리를 걸쳤는데[7], 이는 19세기 말 영국 선교사들이나 서구식 교육을 받은 인도 남성들이 빅토리아 시대의 윤리와 도덕의식에 맞추어 높은 카스트 여성들이 입던 사리를 변용한 것이었다(Ramaswamy, 2010: Location 698-701).

바르마의 대표적인 여신 그림으로 〈두르가〉(1898)를 꼽을 수 있다(그림 4). 붉은 사리를 입고 화려한 황금관과 장신구를 착용한 여성은 네 개의 손에 각각 전쟁과 평화, 국가의 힘을 상징하는 화살과 종려나무 잎, 막대기와 덫을 들고 두 마리의 사자 앞에 서 있다(Neumayer et al., 2003: 60). 일반적으로 두르가는 인도의 전통적인 경전인 뿌라나(purāṇa)에 가장 먼저 등장한 여신으로 꼽히며, 호랑이를 타고 물소 악귀를 물리침으로써 세상을 구하는 강력한 전사(戰士)로 알려져 있다. 그러나 바르마의 두르가는 전사보다 단정하고 온화한 표정을 지닌 여염집 규수의 모습이다. 다만, 19세기에 영국의 상징으로 널리 쓰이던 사자 두 마리를 길들인 듯한 모습으로 그 잠재적인 힘을 그리고 있다. 〈두르가〉와 같이 여신을 그린 아카데미풍의 유화들은 인도인 엘리트층뿐

---

7   이와 같은 니비(nivi: '치마') 양식은 오늘날도 인도에서 사리를 입는 가장 보편적인 방식이라고 한다.

그림 3　라자 라비 바르마, 〈음악가들의 은하수(*Galaxy of Musicians*)〉
1889, 캔버스에 유화, 마이소르(Mysore) 재건모한 궁(Jaganmohan Palace) 소장.

그림 4　라자 라비 바르마, 〈누르가(*Durgā*)〉
1898, 캔버스에 유화.

아니라 영국인들에게도 큰 인기를 끌었으며, 1894년 이후 석판화로 제작되어 인도 전역에 널리 퍼지기 시작하였다. 이 과정에서 "인도"는 다양한 집단의 여성이 공존하는 공동체 대신, 북인도의 힌두 여신으로 규격화된 존재로서 자리 잡았다고 할 수 있다.

III.　어머니가 된 인도의 여신들.

1905년 영국 총독은 화가로서 바르마의 업적을 인정하여 당시 최고의 영예로 꼽히던 카이저 이 힌드(Kaiser-i Hind: "인도의 황제") 메달을 수여하였다(Mitter, 1994: 215). 그러나 같은 해 벵골 분할령이 선포되면서 캘커타를 중심으로 반영감정이 고조되었으며, 동시에 영국인들에게도 높은 평가를 받던 바르마의 회화에 대한 비판이 일어나기 시작하였다. 특히 후대 벵골화파(Bengal School of Art) 혹은 신인도화파(New Indian School of Art)로 분류되었던 작가들은 바르마의 유화를 "우둔하고 품위 없는" 회화라고 비판하면서(Dehejia, 2001: 409-

410) 수채화나 구아슈(gouache) 등 새로운 매체와 양식을 찾으려는 노력을 기울였다. 이러한 움직임의 대표주자로 꼽혔던 아바닌드라나트 타고르는 수많은 문인이나 화가들과 교류하던 캘커타 유력 가문 출신이었다. 타고르는 1896년 캘커타 미술학교장으로 부임했던 에른스트 하벨(Ernst B. Havell, 1861-1934)과 친분을 맺으면서 인도의 전통적인 회화에 관심을 가지기 시작했으며, 이후 무굴제국의 세밀화 등을 공부하면서 직접 작품을 남기기 시작하였다(Chakravorty, 2006). 타고르의 초기 작품들은 대체로 역사나 문학에서 소재를 찾으며 무굴 세밀화의 미학을 반영한 것으로 보인다. 그리고 1900년 일본 미술평론가 오카쿠라 가쿠조(Okakura Kakuzo, 1863-1913)[8]와 그의 제자들이 캘커타를 방문하였을 때 이들로부터 일본화(Nihonga)의 수묵기법과 가벼운 필치를 습득하여, 유럽의 물질문명과 견줄 수 있는 범아시아적인 예술을 추구하기 시작하였다(Tagore, 1960). 1902년 타고르는 캘커타 미술학교의 교감으로 부임하였으며, 이후 벵골과 인도 미술계에 큰 영향을 끼치기 시작하였다(Chattopadhyay, 1987).

타고르의 대표적인 작품으로 〈바라뜨 마따(*Bhārat Mātā*: "어머니 인도")〉(1905)를 꼽아야 할 것이다(그림 5). 연꽃이 피어있고 안개 낀 물가에 서 있는 여성은 주홍색 사리를 입고 간소한 팔찌와 목걸이로만 장식한 모습이다. 머리 뒤로 밝은 후광이 비치며 네 개의 팔을 가진 것으로 보아 여신임을 알 수 있다. 손에는 신성한 목면과 밀, 묵주, 책, 즉 인도인에게 필요한 의(衣)와 식(食), 종교적 해탈, 세속의 지식을 들고 있다. 옅은 수채물감을 사용하여 마치 먹물이 번지는 듯한 효과를 볼 수 있으며, 바르마의 풍만하고 화려한 여성들과 비교했을 때 우아하고 담백한 모습이다. 타고르는 처음 이 작품을 준비하였을

---

8   오카쿠라 가쿠조는 오카쿠라 덴신으로도 알려져 있으며 메이지 유신 후 일본화와 전통 일본미술의 부활을 주장했던 미술비평가였다. 그는 『동양의 이상(*Ideals of the East*)』(1903)에서 서구와 구별되는 아시아 미술의 특성으로 "절대자와 보편자에 대한 사랑", 즉 정신성을 꼽았다(Okakura, 1920: 1).

때 결혼한 딸을 모델로 삼았다고 하며, 벵골 분할령으로 고통받는 벵골인들을 감싸 안는다는 의미에서 〈방가 마따(*Banga Mātā*: "벵골의 어머니")〉라는 제목을 붙였다고 한다. 그러나 민족주의 운동이 격화되면서 『반데 마따람(*Vande Mātaram*: "(나는) 어머니에게 절하노라")』이라는 노래가 유행하였고, 이 작품 역시 〈바라뜨 마따〉라는 제목을 얻게 되었다. 이후 이 작품은 영국의 식민 통치에서 벗어나고자 하는 인도인들의 염원을 담은 작품으로 인식되면서 바라뜨를 처음으로 표상한 예로 꼽히게 되었다(Ramaswamy, 2010: Location 246). 당시 바르마의 회화에 대해 서구적이면서 비인도적이라는 비판을 쏟아내던 니베디따(Nivedita, 1867-1911)나 쿠마라스와미(Ananda Coomaraswamy, 1877-1947) 등의 비평가늘은 타고르의 회화를 징송하였으며[9] 미술사학사 구하-나꾸르따는 〈바라뜨 마따〉가 세속을 초월한 개념으로 인도를 형상화하였다고 평가하였다(Guha-Thakurta, 1992: 260).

이와 같이 바르마의 〈두르가〉나 여신 그림, 타고르의 〈바라뜨 마따〉는 영국 식민 통치하 스스로를 공동체로 인식하기 시작했던 인도인들에게 새로운 국가적 표상을 제공하였다. 바르마는 유럽의 매체와 양식으로 인도인들에게 친숙한 이미지였던 힌두 여신에 근대성을 부여하였으나, 그의 여신상은 스와데시(*svadeś*)·스와라지(*svarāj*) 운동이 일어나면서 서구의 물질문명과는 구별되는 인도를 추구하던 민족주의자들로부터 외면받기 시작하였다. 이에 타고르는 서구 아카데미풍 회화와 달리 정신성을 부각하며 어머니의 이미지를 덧입힘으로써, 신앙이나 욕망의 대상을 넘는 애국심을 불러일으키는 데 성공하

---

9   니베디따, 혹은 마가렛 노블(Margaret Noble)은 아일랜드 출신으로 힌두교 수행자 스와미 비베까난다(Swami Vivekananda, 1863-1902)의 제자로 입문한 후 인도 민족주의 운동에 적극적으로 참여하였다. 그녀는 미술비평가로도 활동하면서 바르마의 회화를 비판하고(Nivedita, 1907: 120), 오카쿠라 가쿠조의 범동양적 미학을 인도에 처음 소개하며 민족주의 예술을 부흥시키고자 노력한 것으로 알려져 있다(Guha-Thakurta, 1992: 167). 쿠마라스와미는 실론인 아버지와 영국인 어머니 사이에서 태어나 영국에서 교육받고 오랜기간 인도미술사를 연구하였다. 그는 특히 불교와 자이나교 미술, 라자스탄 세밀화 등 인도 전통미술을 연구하면서 20세기초 스와데시에 부합하는 미의식을 형성하는 데 큰 영향을 끼쳤다(Coomaraswamy, 1908; 1912).

였다. 그러나 이미 타고르를 위시한 일부 민족주의자들은 〈바라뜨 마따〉가 반영 민족주의 운동의 상징으로 사용되었을 때 일어날 문제들을 알고 있었을 것이다. 타고르 가문은 오래전부터 신상 숭배보다 브라흐만(*brahman*)이라는 절대 진리를 추구하는 개혁적인 힌두교 운동인 브라흐모 사마즈(Brahmo Samaj)를 후원했으며, 이들에게 여신은 우상으로써의 의미를 피할 수 없는 양가적인 존재였다.[10] 즉 근대성을 지닌 새로운 국가로서의 인도를 표상하기에 여신은 지나치게 종교적이며 전근대적인 도상이었다고 할 수 있다.

〈바라뜨 마따〉의 종교적인 편향성도 문제시되었다. 20세기 초 반영 민족주의 운동이 거세지면서 인도의 과거 황금기를 조명하는 움직임이 같이 일어났으며, 이에 따라 힌두교를 인도의 사상적·종교적 기반으로 삼는 힌두 민족주의가 성장하고 있었다. 힌두 민족주의자들에 따르면 인도의 황금기는 굽따 왕조(Gupta dynasty, 331-550) 등 산스끄리뜨어 문학과 힌두교가 융성했던 시기였으나, 12세기 이후 인도 아대륙에 무슬림들이 진출하면서 쇠퇴하기 시작하였다는 것이었다(이지은, 2016 외). 그러나 이러한 역사관은 인도, 특히 동북부 벵골 인구 중 상당수를 차지하였던 무슬림들이 받아들이기 어려운 생각이었으며, 인도를 힌두 여신으로 그리는 것 역시 힌두민족주의에 반대하는 이들에게는 부담스러웠다고 할 수 있다. 이런 의미에서 바르마의 〈두르가〉나 타고르의 〈바라뜨 마따〉는 피할 수 없는 한계를 지닌 상징이었다. 그럼에도 불구하고 그들이 그린 여신은 독립 당시에 이르러서도 문맹률이 90%에 가까웠던 인도인들에게 시각적으로 지대한 영향을 끼쳤다고 할 수 있다. 그리하여 이러한

---

10 1828년경 캘커타의 개혁가 람모한 로이(Rammohan Roy, 1772-1833)와 드와르까나트 타고르(Dwarkanath Tagore, 1794-1846)가 시작하였던 브라흐모 운동은 당시 절대적인 진리인 브라흐만을 따르며 힌두교의 여러 신들이나 우상 숭배, 카스트 등을 부정하였다. 드와르까나트 타고르는 아바닌드라나트의 증조부로, 서구식 교육을 받고 영국 식민 통치하에서 석탄, 차, 아편무역으로 큰 부를 축적하고 인도인으로서 최초로 캘커타에 은행을 설립하기도 하였다. 1905년 이후 타고르 집안은 문화예술계에 큰 영향을 끼쳤을 뿐 아니라 스와데시·스와라지 운동에 적극적으로 참여하며 반영 민족주의 운동에 앞장서는 모습을 보였다(Sarkar, 1973: 47-91).

그림 5 　아바닌드라나트 타고르, 〈바라뜨 마따(*Bhārat Mātā*)〉
1905, 종이에 수채화, 캘커타 라빈드라 바라띠 협회(Rabindra Bharati Society) 수장

그림 6 　바라뜨 마따 만디르(Bhārat Mātā Mandir), 바라나시(Varanasi)
1936, 저자 사진

여신 이미지에 드러난 단점을 보완하기 위해 여러 시도가 이루어졌으며, 그 예로 지도의 등장과 나라 이름의 변화를 꼽을 수 있다.

IV. 지도와 이름: 서구와 근대를 접목하다

역사학자 라마스와미에 따르면 전근대적인 힌두 여신의 이미지에 근대성을 부여하기 위해 20세기 초부터 여신의 몸과 인도 아대륙의 지도를 접목하는 것을 볼 수 있다(Ramaswamy, 2010: Location 172-174). 근대 유럽의 지도는 단순히 장소를 기록할 뿐 아니라 "그 정확성이나 성격과 무관하게 지도가 지니는 지식의 아우라"를 통해 그 장소를 소유하고 지배하고 있음을 상징하였다(Alpers, 1987). 근대적인 지도는 절대적인 방위와 축척, 기호 등을 이용하여 객관성을 확보하였으며, 지도에 표기된 경계를 통해 근대국가의 구체적인 모습을 형상화하였다. 그리하여 인도를 힌두 여신으로 표상하는 것을 불편해했던 개혁적인 인도인들 중 아예 아대륙의 지도를 인도의 상징으로 삼고자 한 이들도 있었다. 예를 들어 간다나 네루와 함께 반영 민족주의 운동에 앞장섰던 베나레스(Benares; 現 Varanasi)의 거상 쉬브 쁘라사드 굽따(Shiv Prasad Gupta, 1883-1944)는 베나레스에 대학교와 병원을 설립하고 신문사를 운영하는 등 사회개혁에 앞장서면서 1936년 바라뜨 마따 만디르(Bhārat Mātā Mandir: "어머니 인도 사원")를 지었다(그림 6). 신상을 성소에 모시는 일반적인 힌두 사원과 달리 바라뜨 마따 만디르는 히말라야 산맥과 갠지스 강 등 각종 지형 요소를 대리석으로 조각한 인도 아대륙 지도를 사원 중앙에 배치하였다. 그리고 아대륙의 수많은 강과 산이 항존해온 것처럼 인도라는 국가 역시 자연스러운 존재로 정상화(normalize)하고자 하였다. 사원의 준공 행사에는 당시 반영 운동에서 핵심적인 역할을 하던 인도국민회의(Indian National Congress)의 주요 인물들도 빠짐없이 참석하였으며, 이를 통해 그들이 근대적이며 객관적인 형상으로 새로운 국가 인도를 그리고자 한 것을 엿볼 수 있다.

그러나 근대적인 지도는 인도라는 공동체를 상상하는 데 도움을 줬으나 열렬한 경배와 애국심을 불러일으키기에는 시각적으로 부족하였다고 할 수 있다. 이미 라빈드라나트 타고르는 소설 주인공의 목소리를 빌어 선과 면만으로 이루어진 "지도를 사랑할 수 없음"을 이야기하기도 하였다.[11] 결국 이러한 난제를 해결할 방법중 하나는 "어머니"의 몸에 인도의 지도를 접목하는 것이었다. 이때 단아하고 신실한 타고르의 〈바라뜨 마따〉보다는 바르마의 여신이 선호되었는데, 바르마의 여신들은 영국 식민 통치하에서 핍박당하는 고통스러운 현실에 불구하고 화려한 전통을 기반으로 언젠가 부활할 능력을 지닌 이미지로 여겨진 듯하다. 결국 바르마의 〈두르가〉와 같은 여신의 이미지에 인도 지도를 접목함으로써, 여신에 대한 경배와 어머니(혹은 나라)에 대한 사랑, 근대적인 지식을 기반으로 아대륙에 대한 소유의 의미까지 포괄하는 새로운 인

---

11 라빈드라나트 타고르의 『가정과 세계(*The Home and the World*)』(1872)에서 주인공 산딥과 비말라는 지도를 사랑하기 어렵다는 이야기를 나눈다(Ramaswamy, 2010: Location 1892에서 재인용).

도의 표상이 대안으로 떠올랐던 것이다.

전통과 근대성을 접목하려는 노력은 인도의 이름들에서도 볼 수 있다. 우리에게 익숙한 "인도(印度)"는 현장(玄奘, 602-64)의 『대당서역기(大唐西域記)』 이후 동아시아에서 널리 사용되었으나, 그 이전까지는 천축(天竺)이라는 이름으로도 알려져 있었다. 인도와 천축은 둘 다 힌두(hindu)를 한역한 결과로, 현재 인더스강(Indus River)의 이름에서 비롯된 지명이다. 인더스강은 산스끄리뜨어로 신두(Sindhu)라 불렸으며, 이 지명은 페르시아로 전래되면서 힌두(Hindu)가 되었다. 인도 아대륙 서쪽에서는 기원전 3세기부터 "힌두강 너머의 땅"이라는 의미로 힌두스딴(Hindustan), 그리고 그 곳에 사는 사람들이라는 의미의 힌두(Hindu)라는 용어가 사용되었던 것으로 알려져 있다.[12] 이 용어는 중국뿐 아니라 그리스와 로마까지 전래되어 인디카(Indika) 혹은 인디아(India)로 변형되었으며(Clémentin-Ojha, 2014), 12세기 이후 중앙아시아에서 인도로 진출했던 무슬림 왕조들 역시 인도 아대륙을 힌두스딴이라 부른 것을 볼 수 있다.[13] 영국 동인도회사 역시 인도에 진출하면서 힌두스탄(Hindoostan)이라는 지명을 사용하였으며, 이는 "무굴 황제가 다스리는 땅"을 뜻하기도 하였다 (Barrow, 2003: 39).

그러나 20세기 초 영국 식민 지배에 저항하는 힌두 민족주의가 성장하면서 힌두스딴이라는 용어에 대한 반감이 일어나는 것을 볼 수 있다. 특히 인도가 무슬림 지배로 인해 쇠락하였다는 힌두민족주의 역사관에 따라 무굴제국 등 무슬림 왕조가 지배한 땅을 일컫는 힌두스딴을 대체할 용어가 필요해졌고, 인도 지식인들이 뿌라나 등 역사서를 연구하는 과정에서 결국 바라뜨(Bhārat)라는 용어가 새로운 의미를 획득하였다고 볼 수 있다. 바라뜨는 『마하바라따』

---

12 힌두스딴(Hindustan)을 산스끄리뜨식 표기에 따라 힌두스탄(Hindusthan)으로 쓰는 경우도 있다(Barrow, 2003: 38).

13 예를 들어 16세기 무굴제국의 세 번째 황제 아크바르 치하 집필되었던 『아이니 아크바리 (Ain-i-Akbari)』도 인도 아대륙을 힌두스딴이라 부르고 있다(Abul Fazl Allami et al., 1976).

에 등장하는 인도인들의 조상 바라따(Bhārata)에서 비롯된 이름이었다. 전통적으로 인도의 종교 문헌들은 자신들이 사는 땅을 일컬어 바라따의 대륙인 바라따바르샤(Bhāratavarṣa), 잠부드위빠(Jambudvīpa; 閻浮提), 혹은 아리야바르따(Āryāvarta:"아리아인들의 땅")라 불렀다. 그러나 최근 이러한 이름이 변모한 과정을 살핀 연구에 따르면, 바라따바르샤나 잠부드위빠, 아리야바르따는 인도 아대륙을 지칭하였으나 매우 유동적인 개념이었으며, "인도 아대륙을 바라뜨라고 불렀다"는 인식이 확산된 것 역시 20세기 초반이라는 주장을 볼 수 있다(Barrow, 2003).

바라뜨는 "특정한 사회질서가 유지되는", 즉 다르마(dharma)에 따라 움직이는 곳이라는 의미였으며(Barrow, 2003), 『마누 스므리띠(Manusmṛti: "마누법전")』에 따르면 아리야바르따 역시 믈레차(mleccha), 즉 외국인들이 다스리는 땅과 달리 브라흐만들이 제사를 지낼 수 있는 곳을 의미하였다(Habib, 1997: 5). 이러한 이름은 실재하는 나라라기보다 추상적인 개념이었던 것이다. 다만 인도 아대륙 전체가 하나의 정치적 단위였던 시기가 극히 짧았던 것을 고려하면, 수많은 나라로 쪼개져 전륜성왕(轉輪聖王)에 의한 통일을 기다리는 "전세계"라는 개념의 바라뜨는 일면 아대륙의 실제 크기와 정치적 상황, 다양한 문화를 반영한다고 볼 수 있다. 바라뜨는 정치적 단위는 물론 근대적 의미의 국경과 물리력을 동반하는 나라는 더더욱 아니었으나, 이상향으로써 20세기 초반부터 힌두스딴 등을 대체하기 시작하였다. 예를 들어 영국 식민 지배에 대항하여 무력 투쟁을 주장했던 급진적 민족주의자 비삔 찬드라 빨(Bipin Chandra Pal, 1858-1932)은 "우리는 한 번도 (우리의 땅을) 인디아나 힌두스딴이라 부른 적이 없으며, 우리의 이름은 오늘도 바라뜨바르샤일 뿐"이라고 주장하기도 하였다(Clémentin-Ojha, 2014: 6). 산스끄리뜨어에서 비롯된 바라뜨는 일면 무굴제국과 동일시되었던 힌두스딴보다 전통적이었고, "인디아"처럼 서구에서 널리 사용되던 용어가 아니었기에 당대 힌두민족주의자들에게 매력적인 이름으로 자리를 잡을 수 있었던 것이다.

그러나, 바르마나 타고르의 힌두 여신들과 마찬가지로 바라뜨 역시 한계가 있는 개념이었다. 바라따바르샤는 인도 아대륙의 힌두교도들에게만 조국(祖國)이라는 의미로 받아들여졌으며, 결과적으로 무슬림이나 기독교도 등은 배제한 개념이었다. 그리고 1947년 독립 후 새로운 헌법을 제정하면서 국가 명칭에 대한 논쟁이 격렬하게 일어났다. 힌두교도들은 "바라뜨"를 받아들일 수 있었으나 파키스탄과 달리 세속국가임을 천명하며 독립했던 인도 공화국의 세속주의 지도자들은 이를 반이성적이며 국가 통합을 저해하는 이름으로 여기기도 하였다(Goswamy, 2004: 3). 결과적으로 인도 공화국은 1950년 헌법을 제정하면서 그 첫 문장으로 "인디아, 즉 바라뜨(India, that is Bharat)"를 넣으며 두 이름을 동등하게 명시하기 시작하였다. 힌두 중심의 반영 민족주의 운동으로 성장한 바라뜨와 함께 유럽에서 널리 사용되었던 인디아를 동일한 위상으로 세우면서, 힌두교 중심의 종교적 성격에서 벗어난 근대적 국가를 지향하는 마음을 담은 것이었다.

V. 맺음말

새로운 독립국가 인도의 이름이 결정되는 과정은 인도의 표상이 변화하는 과정과 맞물려 있다고 할 수 있다. 바르마와 타고르의 기록과 작품을 살펴보았을 때에도 이러한 모습이 보인다. 식민 통치하 반영 민족주의 운동에 직접 투신하지 않았던 바르마는 영어에 능통했음에도 불구하고, 작품 제목이나 동생의 기록에 따르면 인도/인디아라는 이름을 거의 사용하지 않았다. 대신 "바로다의 마하라자(Maharaja of Baroda)"나 "신디아의 라자(Scindia's Raja)" 등 인도 왕조의 이름이나 봄베이, 아즈메르(Ajmer) 등 도시 이름 등만 등장한다. 그는 처음에는 인도를 통일된 국가적 정체성을 지닌 존재로 인식하지 않았던 것으로 보였으나 이후 힌두 신화와 문학 등 전통적인 소재나 여신들을 그리면서 점차 일관성을 지닌 모습으로 이를 표현하기 시작하였다. 그럼에도 불구하고 바르마가 그린 인도 여성들은 그 혼종적인 양식 등으로 인해 "인디아", 즉 아대륙 외부에서 비롯되어 그리스-로마부터 19세기 영국까지 타자(他者)가 붙인 이름과 비교할 수 있다.

이와 달리, 반영 운동에 적극적으로 참여하였던 벵골 지식인들의 정신세계를 대변했던 타고르의 회화를 통해 "바라뜨"의 의미가 변화한 과정을 볼 수 있다. 타고르가 "인디아"나 "힌두스딴"이라는 용어를 사용하지 않고 〈바라뜨마따〉라는 새로운 제목을 선택한 것은 무굴제국이나 유럽에서 보는 인도와 차별화할 수 있는 국가정체성을 추구한 결과였다. 그러나 어머니라는 경배 대상을 이용했음에도 불구하고 독립 전후 힌두 여신이라는 이미지는 전근대적이며 지나치게 종교적이었으며, 이를 극복하기 위하여 다양한 시도들이 이루어졌다. 결국 20세기 초 인도의 민족주의자들은 여신의 몸과 아대륙의 지도를 접목함으로써 힌두교라는 종교 혹은 전통과 유럽의 근대성을 동시에 취하며 새로운 국가로서의 정체성을 세우려고 하였고, 국가의 이름에도 이러한 의지를 보여주고자 했던 것이다.

참고문헌

연구서 및 연구논문

구하원. 2009. "인도 근대 미술의 여성상과 민족주의(Nationalism)의 성장: 바르마와 타고르의 회화를 중심으로." 『美術史學硏究』 262집, 99-127.

이지은. 2016. "서구와 탈서구, 근대와 탈근대: 인도 역사학의 여정." 강정인 외. 『탈서구중심주의는 가능한가-비서구적 성찰과 대응』, 247-290, 서울: 대우학술총서.

Abul Fazl Allami. H. Blochmann and H.S. Jarrett trans. 1976. *The Ain-i Akbari by Abu'l-Fazl Allami*. III vols. Reprint.[Calcutta: Asiatic Society of Bengal].

Alpers, Svetlana. 1987. "The Mapping Impulse in Dutch Art." in David Woodward ed. *Art and Cartography: Six Historical Essays*. Chicago; London: The University of Chicago Press.

Barrow, Ian J. 2003. "From Hindustan to India: Naming Change in Changing Names." *South Asia: Journal of South Asian Studies* 26(1), 37-49.

Chakravorty, Ramendranath ed. 2006. *Abanindranath Tagore: His Early Work*. Kolkata: Indian Museum.

Chattopadhyay, Ratnabali. 1987. "Nationalism and Form in Indian Painting: A Study of the Bengal School." *Journal of Arts & Ideas* 14-15, 5-46.

Clémentin-Ojha, Catherine. 2014. "'India, that is Bharat...': One Country, Two Names." *South Asia Multidisciplinary Academic Journal* 10, 1-21.

Coomaraswamy, Ananda K. 1908. *The Aims of Indian Art*. Broad Campden: Essex House Press.

_____. 1912. *Art and Swadeshi*. Madras: Ganesh.

Dalrymple, William. 2020. *Forgotten Masters: Indian Painting for the East India Company*. London: The Wallace Collection-Philip Wilson Publishers.

Dehejia, Vidya 저. 이숙희 역. 2001. 『인도미술』. 서울: 한길아트

Goswamy, Manu. 2004. *Producing India: From Colonial Economy to National Space.* Chicago: University of Chicago Press.

Guha-Thakurta, Tapati. 1992. *The Making of a New 'Indian' Art: Artists, Aesthetics and Nationalism in Bengal, C. 1850-1920.* Cambridge: Cambridge University Press.

_____. 2004. *Monuments, Objects, Histories: Institutions of Art in Colonial and Postcolonial India.* New York: Columbia University Press.

Habib, Irfan. 1997. "The formation of India: Notes on the History of an Idea." *Social Scientist* 25(7/8), 3-10.

Kapur, Geeta. 2000. "Representational Dilemma of a Nineteenth-Century Painter: Raja Ravi Varma." Geeta Kapur ed. *When was Modernism: Essays on Contemporary Cultural Practice in India.* New Delhi: Tulika Books.

Mathur, Saloni. 2007. *India by Design: Colonial History and Cultural Display.* Berkeley: University of California Press.

Mitter, Partha. 1994. *Art and Nationalism in Colonial India: 1850-1922.* Cambridge; New York: Cambridge University Press.

_____. 2001. *Indian Art.* Oxford: Oxford University Press.

_____. 2007. *The Triumph of Modernism: India's Artists and the Avant-Garde, 1922-1947.* London: Reaktion Books.

Neumayer, Erwin, and Christine Schelberger. 2003. *Popular Indian Art: Raja Ravi Varma and the Printed Gods of India.* New Delhi: Oxford University Press.

Nivedita. 1907. "The Function of Art in Shaping Nationality: Notes on Bharat Mata." *The Modern Review* II, 120-122.

Okakura, Kakuzo. 1920. *The Ideals of the East.* Reprint. London: E. P. Dutton and Co.

Ramaswamy, Sumathi. 2010. *The Goddess and the Nation: Mapping Mother India.* Durham: Duke University Press. Kindle.

Sarkar, Sandip. 1998. "Influence of Raja Ravi Varma in Bengal." Ratan Parimoo ed. *The Language of Raja Ravi Varma*. Baroda: Maharaja Fatehsingh Museum Trust.

Sarkar, Sumit. 1973. *The Swadeshi Movement in Bengal, 1905-9*. New Delhi: People's Publishing House.

Tagore, S. N. 1960. "Okakura Kakuzo." *Visva-Bharati Quarterly* 25(3&4), 50-60.

Unknown. 1778. "Explanation of an allegoric picture." *Gentleman's Magazine*. 48 (Supplement), 628 – 629.

Varma, C. Raja Raja, Erwin Neumayer, and Christine Schelberger. 2005. *Raja Ravi Varma, Portrait of an Artist: The Diary of C. Raja Raja Varma*. New Delhi: Oxford University Press.

Venniyoor, E.M.J. 1981. *Raja Ravi Varma*. Trivundrum: Government of Kerala.

Watson, John Forbes, and John William Kaye. 1868. *The People of India: A Series of Photographic Illustrations, with Descriptive Letterpress, of the Races and Tribes of Hindustan, Originally Prepared Under the Authority of the Government of India, and Reproduced by Order of the Secretary of State for India in Council*. London: India Museum.

찾아보기

ㄱ

가지(gâzî) 246, 248-250, 255, 261, 263

강인(羌人) 14-19, 21-35

강희제(康熙帝) 127

건문제(建文帝) 61-63, 71, 74

고려-조선 교체기 44

『고려사(高麗史)』 45, 47-60, 63-70, 73

공민왕(恭愍王)=왕전(王顓) 44-52, 54-55, 60-67, 69, 71-74

관세자주권 163, 165-167, 169, 171-172

구메무라(久米村) 189-193, 201, 203

군마(軍馬) 66-69, 71, 73-74

군현 12-14, 16-22, 24, 26, 29-35

귀의(歸義) 12-13, 17-18, 21, 25-26, 31, 33-34

ㄴ

나하(那覇) 189-191, 193, 201

남정원(藍鼎元) 113, 129-130

남중국해 177-178, 181, 187, 198, 201

네덜란드동인도회사(VOC) 112-113, 121-125, 127, 135, 145-150, 153-154, 157

ㄷ

대만 111-118, 122-136

대만당 146-150, 160

도요토미 히데요시(豊臣秀吉) 80, 87, 91

동아시아 국제질서 43-44

동인도회사 267, 279

동중국해 177-178, 187, 192, 200

ㄹ

로마 246, 259, 261-263

루쿤 앗 딘 211, 213-216, 238, 240

류큐=오키나와 177, 180-181, 183-203

ㅁ

마흐디 254-258

만국진량(萬國津梁) 184-186, 188-189, 191-192, 201

『명태조실록(明太祖實錄)』 41-72

목축 18, 22, 25-26, 31-32

몽골 246-247, 251-252, 258-261, 263

무국(武國) 79-82, 84, 87-88, 91-95, 97-100, 107

무덕양도(武德兩道) 99, 101, 106, 108

무위(武威) 11, 29, 80-82, 87-90, 97, 99-102, 104-106, 108

무편(武篇) 81-82, 93, 99, 103-108

몽케 209-210, 212, 219-228, 230-235, 238-239

ㅂ

바라뜨 268-269, 274-282

바락 212, 235-236, 238, 240

바르마, 라자 라비 269-276, 278, 280-281

복속 11-16, 18, 20-21, 26-27, 29, 32-35

ㅅ

사자조(使者條) 23-24, 26, 34

사힙 키란 254-256, 258, 261

삼국관(三國觀) 79-80, 95, 98, 107

샹스 앗 딘 209-240

세공(歲貢) 52-60, 66-68

속국 12-13, 15-16, 22, 29-31, 34

속국 210-213, 216-217, 225, 227-230, 238, 240

수피즘 249

순나파 245-246, 249, 256-259, 263

술탄 245-247, 249-252, 254-255, 257-263

시랑(施琅) 113, 125-128, 130

신국(神國) 79-88, 90-95, 97, 107

『신장공기(信長公記)』 82, 95-98, 101-107

ㅇ

아바카 212, 234-237, 239-240

양안 관계(兩岸關係) 111

어머니 인도 274, 278

어위광(御威光) 81-82, 88, 99, 103-106, 108

여신 267-269, 271-278, 280-282

오구즈족 246, 251-253, 262

오다 노부나가(織田信長) 80, 82, 95, 97, 101

오스만 제국 245-263

요(徭) 23-25, 31

우왕(禑王) 44, 51-60, 62, 64, 66-71, 73-74

원-명 교체기 43

유순과 야사 214, 225-226

이방원(李芳遠)=조선 태종 61-62, 74

이성계(李成桂)=조선 태조 40, 61

이화당 165, 170

인디아 269, 279-282

ㅈ

자바당 148-149, 153, 161, 166-167, 169, 288

자유시장 162-163, 165-166, 169, 171-172

정난(靖難) 41, 62, 74

정성공(鄭成功) 112, 124-125

정씨 집단(鄭氏集團) 113, 124-127, 147

정제당 140, 155-156, 158-162, 164-173

정화(鄭和) 181-184, 190-191, 196, 201

조공(朝貢) 39, 44-45, 52, 69, 179-195, 197, 199-203

주원장(朱元璋)=홍무제(洪武帝)=명(明) 태조(太祖) 39, 43-50, 52-54, 56-57, 59-74

중화제국 수사학 41-43, 69, 71

지도 267-269, 277-278, 281-282

ㅊ

책봉(册封) 39-40, 44-55, 57-58, 60-67, 69, 71-74

칙령 213-214, 216, 220-230, 232-234, 236, 238

카르트朝=카르트 왕조 209-214, 238-240

카이으 씨족 246, 251-254, 262-263

칼리프 246, 257-259, 263

ㅌ

타고르, 아바닌드라나트 267, 269-270, 274-278, 280-282

태고당 164-165, 170, 174

ㅍ

팽호(澎湖) 111-123, 125-136

ㅎ

해금(海禁) 179-180, 182, 186, 189, 192, 195, 201

해양 질서 177-181, 183-185, 190-193, 199, 200-203

헤라트 211, 214-216, 219-238, 240

호강교위(護羌校尉) 19, 26-27, 30-31, 34

호강사자(護羌使者) 23, 26-28, 31, 34-35

호시(互市) 180, 183, 200, 202

홍계참안(紅溪慘案) 154

홍콩 159-162, 164-174

후라산 215, 220-222, 224-225, 231-232, 234-240

힌두스딴 269, 279-280, 282